Manus Diamant

Geheimauftrag:
Mission Eichmann

анус Диамант не любит давать инте… аш разговор только для того, чтобы … одых людей, приехавших в Израиль … пришлось ни пережить, ни слышать … итает Диамант, - это крепить связи м… во всех странах мира. И добивать… ым напоминанием о Катастрофе.

арк Либовин

…вицы на поиски своей се-
…ме, выдавая себя за хри-
…й еврей по имени Манус
…онцлагерь Освенцим. Там
…был день, майский, свети-
…усского войска. Мы зашли
…чего страшного и просто
…, сидел в разных странах,
… видел умиравших от го-

…из камер пыток
…ме", что значит

…арней и девушек
…вку, готовясь к

постепенно ухудшались, пока … инициатива в нагнетании ненав… ничего плохого не сделали и ни…

20 апреля 1939 года, в ден… брался в местную газету "Кат… манском культурном центре. В… ставка фотоснимков фюрера от… ли стекло железными прутьям… польские полицейские. Офицер, … приятелем моего отца. Он улы… ловался отцу:

- Ваш сын, пан Диамант, ещ… ровую войну.

Люди тогда еще могли шут… живыми и не на костылях.

Это был медовый месяц в с… ей. В марте 1939 года при деле… кусок чешской земли...

А через два месяца Германи… мецкого меньшинства на польск… ния "исконно немецких земель с…

Мой отец хорошо читал пол…

Le dépistage des neuf maîtresses d'Eichmann a abouti à sa capture

JERUSALEM (De notre correspondant) — C'est grâce au dépistage successif de ses neuf maîtresses, qui représentaient à elles seules toutes les couches sociales, puisqu'il y avait parmi elles aussi bien des servantes qu'une baronne hongroise qu'Eichmann a pu être découvert et finalement capturé. Les diverses étapes de cette dramatique "chasse à l'homme" ont été rélatées aujourd'hui au cours d'une conférence de presse par l'ingénieur israélien Simon Wiesenthal qui, pendant plusieurs années, a poursuivi le criminel de guerre nazi.

Après avoir enquêté en lemagne, Wiesenthal avait pu prouver, pour commencer, la fausseté de certains rapports selon lesquels Eichformant au vieil adage "suivez la femme", l'ingénieur parvint à répérer successivement neuf maîtresses du criminel de guerre nazi. C'est d'ailleurs grâce à une de ces femmes qu'une photographie d'Eichmann tomba, pour la première fois, entre les mains d'un autre enquêteur israélien Manus Diamant.

Par la suite, une lettre adressée par le grand Moufti de Jérusalem à un ami allemand permit de conclure que le criminel de guerre nazi ne se trouvait ni en Allemagne, ni au Moyen-Orient.

Les traces d'Eichmann ont été retrouvées grâce à une autre lettre, celle-ci écrite par un ancien allemand devenu péroniste à un ami en Allemagne, et indiquant qu'Eichmann travaillait à la …

מנוס ד…
המשימ…
לזיהוי…
השביע…
"המציא…
המציאו…
נאצים.

R. Schliesser sprach in Jerusalem mit dem Eichmann-Jäger

„Manus" Diamands Jagd nach dem „Endlöser"! Ex-Geliebte Eichmanns brachte das erste Foto

In der zweiten Reihe des Jerusalemer Beit Ha'am, etwa fünf Meter von dem Angeklagten Adolf Eichmann entfernt, und nur durch die kugelsichere Glaswand von ihm getrennt, saß an diesen Tagen Henrik „Manus" Diamand, 36, der als erster ein Foto Eichmanns auftrieb. Jahrelang hat dieser Mann den Spuren Eichmanns nachgespürt. Was fühlt er nun, da der „Endlöser" endlich auf der Anklagebank sitzt?

„Es war der größte Tag meines Lebens, als ich Eichmann Montag vor der Menorah, dem Wappen des Staates Israel, angeklagt sah", sagte mir „Manus", der jetzt in Tel Aviv lebt, dann zögerte er eine Sekunde und fügte hinzu: „Seit er dort sitzt, ist von mir jeder Haß abgefallen, obgleich ich Eichmann direkt für den Tod meiner Eltern verantwortlich mache. Schade, daß man statt der Menorah nicht einen leuchtend gelben Judenstern vor Eichmanns Augen gehängt hat."

Der untersetzte, sympathische Israeli war als 17jähriger in Maria Lanzendorf bei Wien interniert. „Ich galt als Arier, als Pole, nur vier jüdische Krankenschwestern, die ebenfalls arische Papiere hatten und Am Steinhof arbeiteten, wußten davon."

Diese Krankenschwestern steckten ihm dann die Papiere eines Krakauer Medizinstudenten zu. Er flüchtete zweimal aus Maria-Lanzendorf. Beim zweitenmal glückte es. Er fuhr nach Graz und wurde über das Arbeitsamt an das Krankenhaus vermittelt.

Arbeit in der „Kalten Klinik"

Er kam zu Dr. Jagositsch. „Ich erzählte ihm, daß ich so wenige Semester gehabt hatte, daß ich wenig Ahnung hätte", berichtet Henrik Diamand. „Daraufhin sagte man mir: Macht nichts, Sie arbeiten in der ‚Kalten Klinik'." Von Graz flüchtete er dann nach Ungarn. „Bis Kriegsende war ich Mitglied der ‚Wada Haganah Hazalah'. Wir haben Leute nach Ungarn geschmuggelt und Waffen besorgt. Wir dachten nicht, daß wir Juden das Kriegsende überleben würden. Wir lebten in einem Keller versteckt, und schließlich kamen die Russen", berichtet Henrik Diamand weiter.

Doch nun, im Jerusalemer Beit Ha'am, wo dieser gleiche Eichmann, dessen Foto er so verbissen gesucht hat, auf der Anklagebank sitzt, scheint Henrik „Manus" Diamand die eigene Vergangenheit eher unwirklich. Er war einer der wenigen Israeli, die Eichmann bereits sahen, als er vor einem israelischen Gericht angeklagt war. Henrik Diamand ist überzeugt, daß Eichmann, den er für den Tod seiner Eltern verantwortlich macht, zum Tode verurteilt werden wird. „Selbst wenn man heute in Israel anderer Meinungen ist, so glaube ich, daß Eichmann zum Tode verurteilt und auch hingerichtet wird", versicherte mir „Manus".

Nach Kriegsende hatte er mit der Jagd nach den Judenverfolgern von Kattowitz, seiner Vaterstadt, begonnen. Dann kam er nach Wien, wo Asher Ben Nathan damals unter dem Decknamen „Arthur" nicht nur die illegale Auswanderung nach Israel, sondern auch die Jagd nach Kriegsverbrechern leitete.

„Wissen Sie", sagte mir Diamand jetzt in Jerusalem, „alles, was über meine erotischen Abenteuer im Zusammenhang mit der Suche nach einem Foto Eichmanns bisher geschrieben wurde, ist purer Schwindel. Ich stieß lediglich zu guter Letzt auf diese Frau Mistelbach. Ihr Großvater hatte eine Dachpappenfabrik in Dopl besessen, die von Eichmann aufgekauft und in ein Umschulungslager für Juden umgewandelt wurde. Der Großvater dieser Frau war Jude, was Eichmann nicht hinderte, mit ihr ein Verhältnis zu beginnen."

Eichmann kein Oesterreicher Auch Joel Brand in Jerusalem

Der gestrige Prozeßtag in Jerusalem war wegen des Sabbaths nur sehr kurz. Man verhandelte nur etwas mehr als eine Stunde. Aber gerade diese kurze Zeit brachte zwei Überraschungen für das Auditorium:

- **Es wurde festgestellt, daß Eichmann nie Österreicher gewesen ist, was Österreichs Beobachter mit Genugtuung zur Kenntnis nehmen konnte.**
- **Die Behauptung des Eichmann-Verteidigers Dr. Servatius, sein Mandant sei unschuldig und stelle auch heute keine Gefahr mehr für die Menschheit dar, da er sich seit 1945 als ehrlicher Bürger erwiesen habe, fand vor allem bei den deutschen Journalisten keine Gegenliebe.**

Der gestrigen Verhandlung wohnte mit besonderer Erlaubnis der Ungar Joel Brand bei, der gegen Kriegsende versucht hatte, eine Million Juden aus den Fängen Eichmanns gegen Lieferung von Lastautos zu erretten. Brand soll auch im bevorstehenden Prozeß gegen Eichmann-Adjutant Franz Novak, der in Wien abgeurteilt werden wird, aussagen.

Die Verhandlung gegen Eichmann wird Montag fortgesetzt.

…ozeß- …egriff …uldig …n ist, …sogar …deon …e un- …s Ge- …sener …

…und …t ist … ihm … ehe- …Mann. … der …t die …g des …en in

Odsłonięcie obelisku w Katowicach

Pamięci Żydów

kiego Oddziału Towarzystwa Społeczno-Kulturalnego Żydów w Polsce ukonstytuował się dopiero jednak przed dwoma laty. Autorem projektu i realizatorem dzieła jest artysta rzeźbiarz **Mirosław Kiciński.**

Pomysł budowy pomnika zrodził się w działającym Zwia…

MANUS DIAMANT

∎∎∎

GEHEIMAUFTRAG:
MISSION EICHMANN

aufgezeichnet von
Moshe Meisels

mit einem Vorwort
von Simon Wiesenthal

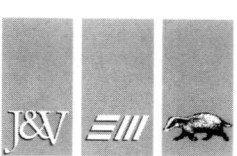

ISBN 3-224-17696-2

© 1995 by J&V • Edition Wien • Dachs-Verlag Ges.m.b.H., Wien
Alle Rechte vorbehalten

Fachlektorat: Hans Safrian

Umschlag: Bruno Wegscheider
Druck und Bindung: Theiss, Wolfsberg
95 03 07/50/1

Inhalt

Vorwort von Simon Wiesenthal	7
Vorwort des Autors	9
Dem Hakenkreuz gegenüber	11
Jugendjahre	19
Warschau	29
Nicht wie Lämmer zur Schlachtbank I	33
Abschied für immer	39
Mit dem Zylinderkoffer nach Auschwitz	43
Nicht wie Lämmer zur Schlachtbank II	47
Cienciny, ein abgelegenes Bergdorf	57
Schwanzparade	61
U-Boot sucht Herzl	67
Frau Benedikt – Wien ist gefährlich	73
Schüsse am Wiener Westbahnhof	79
Gefälschte Papiere	83
Madame Butterfly	89

Verhaftung am Donaukanal	95
Das Straflager Maria Lanzendorf	99
In der Todeszelle	103
Endgültige Flucht aus Maria Lanzendorf	109
Doktor Janowski in der „kalten Klink"	113
Lusia	121
Liebe unter dem „Grossen Bären"	123
Pension Krakowitz	131
Die Partisanin Jovanka	137
Das Feldgericht	143
Ausbruch aus dem Rombach-Gefängnis	153
Die deutsche Reichsbahn rollt für den Führer	159
„Uhu klebt alles"	167
Befreiung	171
Zurück nach Kattowitz	179
Auschwitz	185
Juden sind nicht mehr vogelfrei	189
Eine Dokumentationsstelle für deutsche NS-Verbrecher	197
Operation Eichmann	203
Vera Eichmann	221
Ausblick: Die Fackel	231

Vorwort
von Simon Wiesenthal

In diesem Buch werden Sie über die Jahre des jüdischen Widerstandes während des Zweiten Weltkrieges lesen, vom Überfall der Deutschen auf Polen bis zur Einwanderung des Autors Manus Diamant in Israel. Manus Diamants Tätigkeit im Widerstand begann, als er 17 Jahre alt war, aber vielleicht wurde die Saat zu seiner Einstellung schon viel früher gelegt. Als Kind sah er in Kattowitz an dem Gebäude, das seinem Wohnhaus gegenüberlag und das deutsche Konsulat beherbergte, das erste Mal nach Hitlers Machtergreifung die Hakenkreuzfahne und fragte nach deren Bedeutung – die Antwort hat ihn und seine Einstellung geprägt.

Um einige Stationen im abenteuerlichen Leben von Manus Diamant zu erwähnen – er schloß sich einer Gruppe junger Leute an, die versuchten, die ersten verbrecherischen Maßnahmen der Nazis gegen die Juden nach der Besetzung Polens zu hintertreiben, ihnen zu entgehen und anderen Gefährdeten zu helfen. Aber auch Manus Diamant wurde zur Flucht aus dem Ghetto geholfen, nämlich vom Österreicher Johann Pscheidt, der ihm falsche Papiere verschaffte, so daß er nach Graz ausweichen konnte, um dort mit falschen Papieren als Arzt in der pathologischen Abteilung des Landeskrankenhauses zu arbeiten. Von hier floh er nach Budapest in Ungarn, das von den Nazis noch nicht besetzt war. Rumänien war die nächste Station dieser unfreiwilligen Reise durch Osteuropa, und immer wieder traf er auch Gleichgesinnte, mit denen er zusammenarbeitete, vielen Menschen die Flucht nach Israel ermöglichte und unter Lebensgefahr Menschen rettete. Farbig und in der Diktion eines Gespräches mit einem Freund schildert Manus Diamant auch seine Erlebnisse in dem von den Deutschen besetzten Ungarn, wohin er aus Rumänien wieder zurückgekehrt war und wo er sich und seinen Freunden nur durch Zivilcourage und Geistesgegenwart das Schlimmste ersparen konnte.

Vor Kriegsende hatte es ihn nach Wien verschlagen, und hier schloß er sich einer Gruppe an, die nach Gerechtigkeit suchte. Ihr Wunsch war es, mit Hilfe von Prozessen gegen die Nazis, die ungeheure Verbrechen begangen hatten, diese Untaten für alle Ewigkeit zu dokumentieren und dafür zu sorgen, daß sie niemals vergessen werden sollten. So wird der Autor 1946 Mitglied der Operation Eichmann, zu der er einen wichtigen Beitrag leistete, u. a. indem er das erste und einzige Foto Eichmanns fand. Erst 14 Jahre später wurde der Fall erfolgreich abgeschlossen.

Ich habe immer behauptet, daß es viel mehr jüdischen Widerstand gegen die Nazis gegeben hat, als man heute dokumentieren kann oder wovon Kunde geblieben ist. Denn nur zu oft mußte dieser Widerstand mit dem Leben bezahlt werden, und oft geschah dies an Orten, über die kein Überlebender mehr berichten kann.

Auch aus diesem Grund ist das Buch von Manus Diamant lesenswert und – besonders für die Jugend – wichtig und interessant, damit sie nicht glauben, daß sich die Juden wie Lämmer haben abschlachten lassen.

Ebenso verhielt es sich mit den unbekannt gebliebenen Menschen, die in verschiedenen, von den Nazis besetzten Ländern Juden unter Lebensgefahr geholfen haben. Ihre Zahl ist viel größer als die Zahl derer, die von „Yad Vashem" als die „Gerechten der Völker" geehrt wurden, weil die, denen geholfen worden war, letztendlich nicht überlebt haben. Manus Diamant hat für seinen Retter und den Retter seiner Kameraden, Johann Pscheidt, bei „Yad Vashem" die Aufnahme in den Kreis der „Gerechten der Völker" beantragt; er wurde auch entsprechend geehrt, und ein Baum, der den Namen von Johann Pscheidt trägt, wurde in der Allee der „Gerechten der Völker" gepflanzt.

Manus Diamant war zu Beginn der sechziger Jahre Mitbegründer der Organisation „Massua" im Kibutz Tel-Jizhak in Israel, die es sich zur Aufgabe gemacht hat, jungen ausländischen Besuchern in dreitägigen Seminaren einen Überblick über die Geschichte und die Leiden der Juden während der Nazizeit und über den Antisemitismus zu geben, aber auch, um vom jüdischen Widerstand zu berichten. Dieser Aufgabe widmet sich Manus Diamant auch heute noch im Rahmen der „Massua" mit ganzer Kraft als Zeitzeuge und Vorbild.

Simon Wiesenthal

Vorwort des Autors

Dieses Buch schildert meine Erlebnissen zur Zeit des Dritten Reiches, Erlebnisse, die ich – in meiner Heimat wie auch in den okkupierten Gebieten – im Kampf gegen die Schergen der nationalsozialistischen Vernichtungsmaschinerie gemacht habe. Es erzählt über Adolf Eichmann, den obersten Verantwortlichen für den Völkermord an sechs Millionen Juden und über die Operation Eichmann, über den Versuch, Adolf Eichmann zu finden und ihn der Gerechtigkeit zuzuführen. Es ist für mich aber auch von großer Bedeutung, im vorliegenden Buch Gelegenheit zu haben, über Nichtjuden zu schreiben, die Juden in der finstersten Zeit ihrer Geschichte unter Lebensgefahr gerettet haben. Ich selbst und einige meiner Kameraden wurden von dem Österreicher Johann Pscheidt gerettet.

Dreißig Jahre nach den von mir geschilderten Ereignissen und Erlebnissen trieb es mich, diese niederzuschreiben. Ich möchte damit den Menschen dieser Welt, der Jugend, insbesondere der Jugend in Deutschland und Österreich, diese Mahnung und Botschaft übermitteln. Sollte dies gelingen, so habe ich meine wichtigste Lebensaufgabe erfüllt.

Manus Diamant

Dem Hakenkreuz gegenüber

Bei meiner ersten Begegnung mit dem Hakenkreuz war ich 11 Jahre alt. Es war im Februar 1933. Meine Familie wohnte damals in einem dreistöckigen Haus in der Zabrskastraße 5 in Kattowitz. Oft saß ich angelehnt an das Gitter vor dem Fenster in unserer Wohnung im dritten Stock, schaute auf die Straße, las ein Buch oder träumte vor mich hin. Mit besonderem Interesse beobachtete ich immer das gegenüberliegende Gebäude, das einem alten Schloß mit einem Turm ähnelte. Auf seinem Mast wehte eine dreifarbige Flagge. Von Zeit zu Zeit öffnete ein livrierter Torwächter das große Eisentor und ließ elegant gekleidete Männer und Frauen passieren. In dem Gebäude war das deutsche Generalkonsulat untergebracht.

Eines Tages erblickte ich neben der mir seit Jahren bekannten Flagge eine zweite mit einem merkwürdigen Symbol, dem Hakenkreuz. Für mich als Pfadfinder glich es dem indischen Zeichen, das Gefahr bedeutete. Als ich meinen ältesten Bruder Ahron fragte, was es damit auf sich habe, sagte er, dies sei die Fahne des bösen Mannes, der im Nachbarland an die Macht gekommen war. Man erzählte mir, daß ein neuer Haman[1] in Deutschland auferstanden sei.

Die Gestalt Hamans war in meinem Bewußtsein mit den Klappern verbunden, die wir im Tempel betätigten, wenn am Purimfest[2] das Buch Esther verlesen wurde und der Name des bösen Haman fiel. Wir Kinder warteten nur auf die Gelegenheit, einen ordentlichen Krach zu schlagen. Wir veranstalteten sogar eine Art Wettbewerb, wer von uns den ärgsten Lärm machen konnte. Und nun sah ich plötzlich die Hakenkreuz-Fahne eines neuen Haman vor mir.

---

1 *Haman:* Persischer Wesir, der die Juden mit der Ausrottung bedrohte und schließlich gehängt wurde.
2 *Purimfest:* Jüdisches Freudenfest zur Erinnerung an die Errettung der persischen Juden durch Esther und Mordechai vor den Anschlägen Hamans.

Mein Vater hatte oft geschäftlich in Deutschland und auch Österreich zu tun. Nach jeder Reise berichtete er uns von Adolf Hitler und dem neuen Regime in Deutschland, das die Existenz der dortigen Juden gefährdete. Dieser Adolf Hitler hatte auch ein Buch mit dem Titel „Mein Kampf", voller Haß gegen das jüdische Volk, veröffentlicht. Den Erzählungen meines Vaters nach verschlimmerte sich die Lage der Juden in Deutschland zusehends. Vor den jüdischen Geschäften – so sagte er uns – stünden Männer in braunen Uniformen mit Transparenten „Kauft nicht bei Juden".

Kattowitz war eine Grenzstadt. In unserem Haus gab es zwanzig Wohnungen, und in fast allen wohnten Deutsche, die kaum Polnisch sprachen. Wenn ich andere Kinder besuchte, entdeckte ich manchmal ein Bild, das einen Mann mit einem Schnurrbart und einer schwarzen Locke zeigte. Die Kinder erklärten mir dann voller Bewunderung, daß dieser Mann Adolf Hitler sei, der Führer.

Auch im Haus der „Kattowitzer Zeitung" war ein riesiges Bild von Hitler im Schaufenster, und ab und zu stieß ich sogar auf Demonstrationen deutscher Stadtbewohner, die Transparente trugen und Parolen riefen. Aber diesen Vorfällen schenkte ich damals nur geringe Aufmerksamkeit. Der Schulunterricht und meine Tätigkeit in der zionistischen Pfadfinderbewegung Hanoar Hazioni nahmen mich voll in Anspruch. Deutschland war für mich weit entfernt.

Nur die neue Fahne mit dem Hakenkreuz auf dem Gebäude des deutschen Generalkonsulats weckte jeden Tag von neuem mein Interesse. Wenn ich in der Früh aufstand, fiel mein Blick auf sie, und abends beim Schlafengehen hatte ich sie auch vor Augen. Damals konnte ich noch nicht ahnen, daß mich das Hakenkreuz noch viele Jahre verfolgen, ja daß es im Grunde mein ganzes Leben bestimmen würde.

Im Laufe der Zeit hörte und verstand ich mehr und mehr, was man den Juden jenseits der Grenze antat. Ich erfuhr von Verfolgungen, Verhaftungen, Schlägereien, Folterungen und Konzentrationslagern. Das Hakenkreuz mir gegenüber ließ mir keine Ruhe. Es erweckte in mir ein immer deutlicheres Haßgefühl.

Vorerst reagierte ich jedoch wie jeder Junge in meinem Alter, der Abenteuer und Lausbubenstreiche sucht. Als es finster wurde und die Lichter im Gebäude gegenüber ausgingen, stahl ich mich aus unserer Wohnung auf die Straße, ging leise auf Zehenspitzen zum Konsulatsgebäude und riß die kleinen Hakenkreuzfahnen von den Mercedeswagen, die vor dem Haus geparkt waren.

Mit der Zeit faßte ich mehr Mut, und in der Nacht malte ich einmal einen großen Davidstern auf die Wand des Konsulats. Am Tag nach dem Weltmeisterschaftskampf 1938 zwischen dem deutschen Boxer Max Schmeling und dem schwarzen Amerikaner Joe Louis, in dem Schmeling in der ersten Runde k.o. geschlagen wurde, sah ich in einer Lokalzeitung ein Bild mit der Überschrift: „Die weiße Rasse zu Füßen eines Schwarzen." Ich kaufte mehrere Exemplare, schnitt die Abbildungen heraus und warf sie in den Briefkasten des Konsulats, was mir nach meiner Entdeckung Prügel eintrug.

Meine Kameraden in der Jugendbewegung Hanoar Hazioni und ich begannen, Protestaktionen gegen die Deutschen zu organisieren. Unter anderem wollten wir zum Beispiel die Juden zu einem Boykott der Kinos, die deutsche Filme zeigten, bewegen.

Unsere Tätigkeit gegen die Deutschen erreichte 1939, am Geburtstag Hitlers, dem 20. April, ihren Höhepunkt. Am späten Abend marschierten wir zum Gebäude der „Kattowitzer Zeitung", in dem auch das deutsche Kulturzentrum untergebracht war, in der 3-Maya-Straße im Zentrum der Stadt. Das Haus war festlich beleuchtet und geschmückt. Eine große Hakenkreuzfahne wehte auf seinem Dach. In den Schaufenstern wurden Bilder Hitlers aus seinen Kinderjahren bis zu seiner Ernennung zum Kanzler des Dritten Reiches ausgestellt.

Als wir uns dem Gebäude näherten und ich das Hakenkreuz sah, packte mich wilder Zorn. Ich hob einen größeren Stein auf und warf ihn gegen ein Schaufenster. Meine Kameraden machten es mir nach. Ein Steinhagel ging auf das Gebäude nieder, und alle Schaufenster klirrten. Als wir uns aus dem Staub machen wollten, stand da plötzlich eine Gruppe von polnischen Polizisten, die uns umringten. Sie verhafteten uns und brachten uns zu einer Polizeistation. Nachdem sie unsere Namen und Aussagen registriert hatten, wurden wir freigelassen.

Zwischen Polen und Deutschland herrschten damals gerade politische Spannungen, da Deutschland die Rückgabe Danzigs und Schlesiens forderte. Daher behandelte uns die polnische Polizei wie mit Glacéhandschuhen. Am Tag darauf sagte der Polizeioffizier schmunzelnd zu meinem Vater: „Ihr Sohn sollte besser aufhören, gegen den deutschen Nachbarn vorzugehen, sonst bricht noch ein Krieg zwischen Deutschland und Polen aus!" Mein Vater aber mußte meinetwegen eine hohe Geldstrafe bezahlen.

Es war an einem der letzten Tage im September 1939 in der polnischen Hauptstadt Warschau. Hungernd und von einer großen Müdigkeit erfaßt, die von Schlaflosigkeit im Laufe mehrerer Nächte herrührte, in denen deutsche Flugzeuge Warschau fortwährend bombardierten und mit Artillerie beschossen, näherte ich mich dem Stadtzentrum. Es war ein grauer Herbsttag. Schwere Wolken hingen über der Stadt. Eine ungewohnte und sonderbare Stille hatte das Krachen der Bomben und den Kanonendonner abgelöst. In der Stadt verbreitete sich das Gerücht, daß Warschau kapituliert habe und die Bevölkerung bereits die Luftschutzkeller verlassen könne. Plötzlich befand ich mich auf dem Hauptplatz der Stadt, ängstlich und zitternd. Vor mir spielte sich eine denkwürdige Szene ab: Ein deutscher Soldat, der erste, den ich in meinem Leben sah, stand auf dem Platz, umgeben von Männern, Frauen und Kindern, unterhielt sich mit ihnen, lächelte ihnen zu und teilte Süßigkeiten aus. Er war ohne Mütze, ein junger Bursche mit blonden Haaren und blauen Augen, ein Sohn der Rasse, die die Deutschen als höchststehende Rasse bezeichneten. Ich hatte Mühe, mir vorzustellen, daß er dem Militär des Dritten Reichs angehörte, das im Laufe der letzten Wochen eine hilflose und wehrlose Zivilbevölkerung bombardiert und beschossen hatte.

Ich näherte mich mit zögernden Schritten der Gruppe, bis ich ihm direkt gegenüberstand. Er sprach mit leiser und sanfter Stimme, streichelte die Köpfe der Kinder, verteilte Bonbons und wechselte freundliche Worte mit den Frauen. Er stand in der Mitte des Hauptplatzes von Warschau und hielt sein Gewehr umfaßt, als ob es kein Gestern und Vorgestern gegeben hätte, als ob nichts geschehen wäre. Ich hörte, wie einige der Umstehenden in gebrochenem Deutsch zu ihm sagten: „Deutsche gut ... Juden nicht gut ..." Sie wollten Süßigkeiten und Zigaretten bekommen. Als ich die schmeichelnden Worte der Polen hörte, die dem jungen deutschen Soldaten gefallen wollten, dachte ich mir: Noch gestern und vorgestern hatten sie als Pfadfinder mit uns an einer gemeinsamen Front gestanden und Schulter an Schulter gegen den gemeinsamen deutschen Feind gekämpft – und wie schnell hatten sie nun die die Front gewechselt ...

Einen Moment lang wandte mir der junge Deutsche seinen Blick zu. Ich rührte mich nicht von der Stelle und schaute ihm direkt in die Augen. Sofort kehrte er zu seiner Unterhaltung mit den Umstehenden zurück. Plötzlich sah ich etwas auf seiner Uniform: ein kleines Hakenkreuz. Das gleiche Hakenkreuz, das ich täglich vom Fenster unserer Wohnung in Kattowitz aus gesehen hatte. Das gleiche Hakenkreuz, das für mich zum Symbol für Verbrechen, für Verfolgungen und Folterungen meiner jüdischen Brüder jenseits der Grenze geworden war. Einige Minuten lang fixierte ich das kleine Hakenkreuz, am ganzen Körper zitternd. In diesem Augenblick schwor ich, daß ich nie mehr ruhen und rasten wollte, bis das Blut meiner Brüder gerächt war.

In diesem Augenblick begann mein Feldzug, der eines Opfers, das Naziverbrecher verfolgt und sich rächt.

JUGENDJAHRE

Ich wurde 1922 in der Stadt Kattowitz geboren. Kattowitz war in meiner Kindheit eine schöne, moderne Stadt.

Ich habe viel in meinem Leben gesehen und erlebt, erinnere mich jedoch am lebhaftesten an mein Elternhaus und an die Pfadfindergruppe, deren Mitglied ich war. Ich erinnere mich an alle, die nicht mehr leben. An meine Großeltern und Eltern, an meine Brüder und an meine Schwester, an meine Freunde und Freundinnen.

Mein Vater wurde im Jahr 1887 im zaristischen Rußland, im Städtchen Michow, geboren, zirka zehn Jahre vor dem ersten Zionistenkongreß in Basel. Er war das jüngste von fünf Kindern und wuchs mit drei Brüdern und einer Schwester auf. Er besuchte das deutsche Gymnasium in Krakau.

Ich erinnere mich an die Geschichte, die mir mein Vater wiederholt über seine Kindheit erzählte. Über seinen Bibellehrer, der eines Tages entdeckte, daß irgend jemand ständig die Wäsche stahl, die seine Frau auf dem Dachboden aufgehängt hatte. Der Lehrer war ein armer Mann, und der Diebstahl löste bei ihm und seiner Frau Ärger und Besorgnis aus. Was war dagegen zu tun? Ein paar Kinder, darunter mein Vater, beschlossen, dem Dieb eine Falle zu stellen, um ihn in flagranti zu erwischen. Um Mitternacht lagen die Kinder aufgeregt und neugierig auf der Lauer. Plötzlich hörten sie das Geräusch eines herannahenden Pferdes. Durch den Spalt eines kleinen Fensters sahen sie die Spitze eines Bajonetts, das sich der auf dem Dachboden aufgehängten Wäsche näherte und die Wäschestücke vom Strick holte. Das Bajonett befand sich in der Hand eines Kosaken. Die Kosaken waren dafür bekannt, daß sie von Schwert und Diebstahl lebten und insbesondere die Juden haßten und tätlich angriffen.

Mein Vater umklammerte das Bajonett und ließ es trotz der Schreie und Flüche des Kosaken nicht los. Schließlich galoppierte der Kosake davon, und das Bajonett ließ er in den Händen meines Vaters zurück. Von damals bis zum Kriegsausbruch blieb das Bajonett in unserem Haus.

Diese Heldentat meines Vaters machte als Kind einen tiefen Eindruck auf mich.

Nach einiger Zeit übersiedelte mein Vater aus Michow in die Stadt Sosnowitz, die sich in einem Gebiet von Kohlengruben befand. Viele Juden zogen in diese Stadt, um dort Arbeit zu finden. Darunter das Ehepaar Czapelski, das eine Reihe hübscher Töchter hatte. Ein Gerücht ging um, daß ein polnischer Adeliger zum Judentum übergetreten sei, weil er sich in eine Jüdin verliebt hatte. Mein Vater hatte ein Auge auf eines der Czapelski-Mädchen geworfen, auf die schöne Beltscha, und sie heirateten im Jahre 1912.

Mein Vater war seiner Frau und uns Kindern zärtlich zugetan. Er verwöhnte uns, wo er nur konnte. In seinen Augen waren wir die schönsten, besten und gescheitesten Kinder der Welt. Ich erinnere mich, daß ich von meinem Vater nur drei Mal geschlagen wurde. Das erste Mal als kleines Kind, als ich mit dem Bügeleisen und der Steckdose herumspielte. Das zweite Mal, als ich von der Volksschule ein Zeugnis mit einem „Nicht genügend" in Mathematik nach Hause brachte. Da war die Hölle los: „Mathematik ist lebenswichtig in dieser Welt", schrie mein Vater. „Mathematik ist wie eine Weltsprache." Da half auch nichts, daß ich in Geschichte und Bibelkunde der Beste in der Klasse war und alle Daten von Königen und Kriegen auswendig konnte. Erst als ich ihm sagte, daß sein geliebter Kaiser Franz Joseph am 18. August Geburtstag hatte, also am selben Tag wie ich, konnte ich ihn ein wenig besänftigen.

Das dritte Mal bezog ich Prügel, als ich im Winter 1940 um zwei Uhr früh nach Hause kam, obwohl ab acht Uhr abends Ausgangsperre war. Mein Vater bemerkte Lippenstiftspuren auf meinem Gesicht. Ich hatte bei einem Rendezvous mit meiner Freundin Hanka, von mir Haneczka gerufen, die Sperrstunde und den Krieg vergessen und war erst um zehn Uhr in der Nacht von ihr weggegangen.

Ein Schupo-Streifenwagen[1] hielt mich an. „Was treibst du dich auf der Straße herum, du Jude. Du hast die Sperrstunde nicht eingehalten. Steig ein." Durch das Fenster des Polizeiwagens konnte ich sehen, daß wir in Richtung Mislo-

---

1 *Schupo:* Schutzpolizei. Im Deutschen Reich bis 1945 die Vollzugspolizei der größeren Ortspolizeiverwaltungen.

witz fuhren. Mir wurde ganz schwarz vor den Augen. Mislowitz war ein berüchtigtes Gestapogefängnis.

Nach einer Weile bemerkte ich in der Entfernung einige Lagerfeuer, auf die der Polizeiwagen zusteuerte. Ich verspürte so etwas wie Erleichterung, denn Lagerfeuer erinnerten mich an meine Pfadfinderzeiten. Bald darauf erblickte ich Straßendirnen, die sich am Feuer wärmten. Die zwei Schupos stiegen aus, nahmen zwei Decken aus dem Wagen und gingen zu den Dirnen. Der Streifenwagen stand direkt unter einer Straßenlaterne, so daß ich nicht unbemerkt davonlaufen hätte können. Statt dessen kroch ich vorsichtig unter den Wagen und hielt mich an der Unterseite des Fahrzeugbodens fest.

Als die Schupo-Polizisten zurückkamen, sahen sie, daß der Wagen leer war. Fluchend stiegen sie ein und fuhren davon. Ich umklammerte in einer fast übermenschlichen Anstrengung das Untergestell des Wagens und ließ mich sogleich zu Boden fallen, als wir aus dem Schein der Straßenlaterne in ein dunkles Wegstück gelangt waren. Ich befand mich in Sicherheit.

Natürlich hatte sich mein Vater mittlerweile die größten Sorgen gemacht. Und als ich endlich zu Hause ankam, entlud sich die Spannung in einer tüchtigen Ohrfeige.

Mein Vater war Vertreter einer großen Kohlenfirma. Infolge seiner Geschäfte konnte er seine Familie gut erhalten und seinen Kindern die beste Ausbildung zukommen lassen. Er genoß in der jüdischen Gemeinde ein hohes Ansehen. Im Rahmen seiner Arbeit pflegte er in viele Länder zu reisen. Ich erinnere mich an seine Erzählungen über die Wunder der westlichen Kultur. Ganz besonders hatte es ihm die Schönheit Wiens angetan, wo er seine Hauptgeschäfte abwickelte. Er brachte uns Kindern immer Geschenke aus Wien mit, Süßigkeiten, Würstchen und Spielsachen.

Meine Mutter Bella war eine überaus schöne und gütige Frau. Sie trug Sorge für unsere Erziehung und wachte unermüdlich über das Wohlergehen der Familie. Ihr Haus war immer offen für notleidende Mitmenschen, für Arme und Kranke. Am Freitag vor Sabbatbeginn pflegte sie bedürftige Menschen einzuladen und ihnen vor unserem Haus einen Teller mit warmer Suppe zu geben. Wohltätigkeit war in ihren Augen das größte Gebot der jüdischen Religion.

Ihr Testament wurde uns von einem jüdischen Polizisten überbracht, der sich am Deportationsort befunden hatte. Es war auf einem Fetzen Packpapier geschrieben, das einzige Papier, das der Mann hatte auftreiben können. In klarer

Schrift, als hätte sie den Tod nicht gefürchtet, stand darauf zu lesen: „Steht eurem Vater bei. Schmuel (mein Bruder) soll bei seiner Freundin bleiben. Samek (mein anderer Bruder) soll auf seine Gesundheit achten. Manus hat zu viel Energie, die in die richtigen Bahnen gelenkt werden muß. Paßt auf Hadassa auf, damit sie nicht von den schrecklichen Verhältnissen zermürbt wird, in denen wir leben."

Mein ältester Bruder Ahron war eine außerordentliche Persönlichkeit. Er war begeisterter Skiläufer und nahm sogar an Skirennen teil. Er liebte die Poesie und Literatur und verfaßte auch selbst Gedichte. Sogar in der polnischen Schule, die stark antisemitisch geprägt war, wurden seine Gedichte veröffentlicht. Im Alter von vierundzwanzig Jahren brachte er einen Gedichtband heraus. Bereits als Junge gründete er mit ein paar Freunden eine Bibliothek, die sie „Scholem Alechem" nannten. Seine Gedichte sind im Krieg verlorengegangen. Wir haben nur ein einziges davon gefunden, das er uns vor seiner Verhaftung aus Warschau schickte.

Schmuel war anders als Ahron. Er sah blendend aus und stand mit beiden Beinen auf dem Boden der Realität. Er war technisch begabt und steckte immer voller neuer Ideen und Erfindungen. Ständig war er auf der Suche nach Möglichkeiten, wie diese Ideen realisiert werden könnten.

Schmuels Fähigkeiten zeigten sich während des Krieges: Nachdem wir aus Kattowitz ausgewiesen worden und nach Sosnowitz in eine kleine Wohnung unseres Onkels übersiedelt waren, gerieten wir in große finanzielle Schwierigkeiten. Schmuel fiel die Aufgabe zu, für die Verpflegung der Familie zu sorgen. Er leitete den Shop Kernstock, in dem Spiele für die Soldaten der deutschen Wehrmacht hergestellt wurden.

Mein Bruder Samek war als Kind kränklich und wurde deshalb von unserer Mutter sehr verwöhnt. Wir mußten immer auf ihn Rücksicht nehmen. Er lebte ständig in einer Traumwelt, aber so versponnen er auch war, hatte er doch manchmal recht kluge und vernünftige Einfälle. Die Rettung unserer Schwester Hadassa auf dem Höhepunkt der Deportationen war seiner Initiative zu verdanken.

Hadassa war fünf Jahre jünger als ich und stand als einziges Mädchen unter vier Jungen im Mittelpunkt der familiären Aufmerksamkeit. Als sie zwölf Jahre alt war, brach der Krieg aus und riß sie mit einem Schlag aus der unbekümmerten Kindheit. Nur vier Jahre später, 1943, als knapp Sechzehnjährige, sollte sie unter Lebensgefahr mit arischen Papieren nach Breslau reisen, um sich vor den Nazi-Schergen in Sicherheit zu bringen.

Ich besuchte zwei Jahre die deutsche Minderheitenschule und später eine Schule, die nach Berek Josselewicz benannt war, einem jüdischen Oberst der polnischen Armee während des Aufstands der Polen gegen Rußland im Jahre 1794.

Es war eine gemischte Schule für jüdische und christliche Kinder, die aber getrennt unterrichtet wurden, die jüdischen Kinder an den Vormittagen, die polnischen nachmittags. Trotz dieser Trennung kam es immer wieder zu Auseinandersetzungen zwischen uns. Jedes Mal, wenn wir jüdische Schüler auf polnische trafen, traktierten diese uns mit Schimpfworten und Flüchen. Ich erinnere mich an einen Zwischenfall, der mir bei meinen Freunden viel Achtung eintrug, obwohl ich dabei den Kürzeren zog: In unserer Schule gab es einen Jungen namens Wladek, der uns auf Schritt und Tritt verfolgte. Er war sehr kräftig und einige Jahre älter als ich. Jedes Mal, wenn er uns auch nur aus der Ferne sah, schrie er uns die ärgsten Schimpfworte entgegen. Alle jüdischen Kinder hatten Angst vor ihm.

Einmal, als er uns wieder wüst beschimpfte, packte mich eine solche Wut, daß ich nicht wie alle anderen das Weite suchte, sondern wie angewurzelt stehenblieb. Verblüfft kam Wladek auf mich zu. Als er nur noch einige Meter von mir entfernt war, stürzte ich mich auf ihn und schlug ihm mit einer Gummistange ins Gesicht.

Einen Augenblick war er wie gelähmt. Blut tropfte aus seiner Nase. Er fing sich jedoch rasch und umklammerte mich mit seinen muskulösen Armen. Vergeblich versuchte ich, mich zu befreien. Er warf mich zu Boden und prügelte wild auf mich ein. Ich gab keinen Laut von mir, obwohl ich schon aus vielen Schrammen blutete. Zum Schluß versetzte er mir noch einen letzten Fußtritt in den Bauch und schrie: „Das wird dir eine Lehre sein!"

Nachdem er sich davongemacht hatte, kamen meine Kameraden zu mir gelaufen und halfen mir wieder auf die Beine. Nur langsam legte sich meine Benommenheit. Von diesem Tag an behandelten sie mich wie einen Helden. Endlich hatte einer von uns den Mut gehabt, sich Wladek in den Weg zu stellen.

Meine Freunde trugen mich dann auf den Schultern nach Hause. Als mir mein Vater Vorwürfe machte, weil ich mit Wladek eine Prügelei angefangen hatte, erinnerte ich ihn an sein Erlebnis mit dem Kosaken. „Auch du hast doch damals angefangen, als dieser Kosak die Wäsche stahl", sagte ich. Da mußte er lächeln und meinte, zu meinen Freunden gewandt: „Ich habe immer gesagt, daß mein Kleiner das Zeug zu einem Anführer hat. Er wird es noch weit bringen ..."

Meine erste Lehrerin, Judwiga, war eine junge Polin mit langem schwarzem Haar, das ihr weit über die Schulter hinabreichte, und auffallend vollen Brüsten. Wenn sie durch die Bankreihen ging, roch ich ihr starkes Parfum. Ich war Judwigas erklärter Liebling. Wenn sie die Klasse verließ, durfte ich während ihrer Abwesenheit für Ruhe sorgen. Mein damaliger bester Freund hieß Schlamek – heute ist Schlamek als Dr. Salomon Goldmann Leiter der Erziehungsabteilung der Jewish Agency in den USA –, und als wir uns nach 60 Jahren in New York wiedersahen und bis spät in die Nacht hinein Kindheitserinnerungen austauschten, fragte mich Schlamek spontan: „Erinnerst du dich an unsere Volksschullehrerin, ich habe ihren Namen vergessen. Wie hieß sie, die mit den vollen Brüsten und dem starken Parfumgeruch?" Natürlich erinnerte ich mich an sie, und wir mußten herzlich lachen, weil diese junge polnische Lehrerin offenbar auf uns beide einen so nachhaltigen Eindruck gemacht hatte.

Meine erste Kindheitserinnerung geht jedoch auf den „Cheder", die religiöse Grundschule, zurück. Ich war vier Jahre alt, als ich wie jeder jüdische Junge nach dem Willen meines Vaters in eine solche Schule geschickt wurde, um die Thora (Bibel) zu lernen. Ich lernte Lesen und Schreiben in der Sprache der Bibel von einem jungen, bärtigen Lehrer, der stets eine Baskenmütze trug. Er war ein strenger, nervöser und pedantischer Mann. Wenn einer von uns nicht gut vorbereitet war und Fehler beim Lesen machte, schlug er ihn mit dem Lineal.

Ich war ein sehr lebhafter Junge, dem das Lesen nicht selten Schwierigkeiten machte. Deshalb schrieb ich in meine Bibel mit winziger Schrift die polnische Übersetzung des hebräischen Textes hinein, um nicht ins Stocken zu geraten und bei den Prüfungen gut abschneiden zu können. Eines Tages jedoch nahm der Lehrer meine Bibel zur Hand und entdeckte die Übersetzung. Natürlich leugnete ich zuerst alles. Da mußte ich mich vor den großen Thorastand in der Klasse stellen und schwören, daß ich die polnische Übersetzung nicht hineingeschrieben hatte. Und als ich zögerte, wurde ich gehörig verprügelt.

Obwohl der Lehrer so streng war, entwickelte ich ein ausgesprochenes Interesse für die Geschichten der Bibel und für Geschichte allgemein, und ich habe mir dies bis heute bewahrt.

An manchen Nachmittagen ging ich in die Synagoge. Ich fühlte mich angezogen von der Stimmung dort – die Stille, die Dunkelheit und die seltsamen Gerüche. Ich liebte es, den Predigern zu lauschen, und erinnere mich besonders an eine Predigt, die mich mein ganzes Leben lang begleitet und mir sogar geholfen hat, die gefährlichsten Situationen einigermaßen heil zu überstehen. Diese Predigt handelte von zwei verschiedenen Arten des Fischfanges: Das eine Mal wird mit Hilfe einer Angel gefischt, das andere Mal mit Hilfe eines Netzes. Im ersten Fall ist der Fisch sofort tot, im anderen Fall fast sicher noch am Leben, er zappelt mit letzten Kräften im Netz. Er ist gefangen, findet sich jedoch mit seinem Los nicht ab: Er hat noch Hoffnung, dem Tod zu entrinnen, vielleicht wird ein Wunder geschehen, das Netz wird zerreißen und sich auflösen. Der Fisch ist so etwas wie ein lebendiger Toter. Er weiß, daß sein Schicksal besiegelt ist, aber er hofft und glaubt noch.

Ich war ein kleiner Junge und begriff die Bedeutung der Predigt noch nicht. Die Geschichte übte jedoch eine starke Wirkung auf mich aus und blieb mir im Gedächtnis haften. Erst als Erwachsener erfaßte ich ihren tieferen Sinn: Im Augenblick der Todesgefahr darf der Mensch die Hoffnung nie verlieren.

Kein einziges Mal in meinem Leben, nicht bei meinen Verhaftungen und nicht bei meinen Fluchtversuchen, gab ich je auf. Bei meiner Flucht aus dem Lager Maria Lanzendorf hatten die Wächter auf mich geschossen, aber sie hatten mich, wie durch ein Wunder, nur verwundet. Und in jenem Moment kam mir diese Predigt in den Sinn. Ich glaubte, hoffte – und war gerettet.

In Kattowitz wohnte im ersten Stock unseres Hauses die polnische Familie Wojniak. Frau Wojniak freundete sich mit meiner Mutter an. Der kleine Antek Wojniak war in meinem Alter, und wir hatten den gleichen Schulweg. Bei ihm zu Hause schmückten große Gemälde mit polnischen Königen darauf die Wände. König Stephan Báthory, König Kasimir, der, wie ich aus den Erzählungen hörte, den aus Spanien vertriebenen Juden erlaubt hatte, sich in Polen niederzulassen, und andere Könige. Ich blickte mit Ehrfurcht auf all die edlen Gesichter, aber manchmal fragte ich mich, wo unsere Könige wohl sein mochten, die jüdischen Könige.

Nach der ersten Religionsstunde, in der Antek hörte, daß die Juden Jesus

Christus gekreuzigt hatten, kühlte seine Beziehung zu mir aber merklich ab. In jener Zeit war es auch, daß ich zum ersten Mal das Knallen von Schüssen hörte. Es war an einem Nachmittag. Die Straßen des Viertels leerten sich im Nu, und die Bewohner sperrten sich ängstlich und furchtsam in ihren Häusern ein. Ich blickte aus meinem Zimmerfenster auf die Straße. Dort wimmelte es plötzlich von Polizisten in Uniform, teils zu Fuß, teils auch zu Pferd. In der Mitte sah ich Grubenarbeiter, die sich langsam vorwärtsbewegten. Ich wußte, daß es in der Umgebung unserer Stadt Kohlengruben gab. Oft begegnete ich Männern mit Stahlhelmen, die Laternen in der Hand trugen. Einmal war ich sogar Zeuge des Leichenbegängnisses eines Arbeiters, der mit anderen Grubenarbeitern unter den Trümmern einer eingestürzten Grube verschüttet worden war. Wie meine Mutter mir später erzählte, war in den Kohlengruben ein Streik um höhere Löhne ausgebrochen. Die Arbeiter hatten die Gruben verlassen und waren in einem Protestmarsch in die Stadt gezogen.

Ich sah, wie die Polizisten über die Arbeiter herfielen und sie mit Stahlruten schlugen. Wieder ertönten Schüsse. Ich verstand die Ursache der Unruhen damals nicht und bemitleidete die armen Kohlenarbeiter, die dem Zorn und der Gewalt der Polizisten ausgesetzt waren, zutiefst. Ich sah, daß einige von ihnen bluteten und manche anderen zusammenbrachen. Die Polizei schoß auf die Flüchtenden. Die Demonstranten versuchten, die berittenen Polizisten zu behindern, indem sie die Pferde mit Stecknadeln traktierten. Ich war zum ersten Mal Zeuge einer solchen Demonstration und empfand spontan Abscheu vor dem brutalen Vorgehen der Polizisten.

■ ■ ■

Mit neun Jahren hörte ich zum ersten Mal etwas über Palästina. Meine Brüder nahmen mich an einem Sabbatnachmittag in die Wohnung der Familie Glezer mit, die eine Ziegelfabrik besaß. Die fünfzehnjährige Tochter, Riwka Leah – die später Mitglied des Kibbuz Beth Hashita in Israel werden sollte –, arbeitete bei der Organisation der zionistischen Jugend in ihrem Viertel mit. Sie erzählte uns über die ersten idealistischen Pioniere, die nach Palästina gekommen waren und das Land bebaut hatten, und über jüdische Jugendliche, die die Schulbank verließen und sich auf die Gründung eines jüdischen Staates vorbereiteten. Riwka Leah erklärte immer wieder, daß nur ein jüdischer Staat eine entsprechende Antwort auf das Problem des Antisemitismus sein konnte.

Ich erinnere mich an ein Purimfest im Kinosaal in unserer Nachbarschaft. Riwka Leah hatte den Saal gemietet, aber nach der Feier stellte es sich heraus, daß sie nicht genug Geld hatte, um dem Kinobesitzer die Saalmiete zu bezahlen. Dieser wurde zornig und schrie und schimpfte auf sie ein. In seiner Wut packte er sie grob und stieß sie in den Kasten des Souffleurs und schloß die Luke. Darauf drangen wir in den Keller des Gebäudes ein, öffneten einen Seiteneingang und befreiten Riwka. Dies war meine erste „zionistische Aktion".

Als ich zwölf Jahre alt war, nahmen mich meine Brüder zum ersten Mal in die zionistische Jugendbewegung „Hanoar Hazioni" mit, die sich in der Opolskastraße befand. Ich schloß mich dieser Bewegung begeistert an. Von unserem Instruktor Stasiek Zimmermann (heute Schlomo Dori, Mitglied des Kibbuz Jifat) hörte ich über den Zionismus und dessen Begründer Theodor Herzl.

Insbesondere fühlte ich mich von den Pfadfindern und dem Vorbild ihres Gründers, Robert Stephenson Baden-Powell, angezogen. Er verkörperte für mich die ideale Vaterfigur. An der Wand des Klubs befand sich das Wahrzeichen der Pfadfinder – eine Lilie.

Als Pfadfinder unterschieden wir uns von den Gleichaltrigen. Wir wurden dazu erzogen, nicht zu rauchen, keine Salontänze zu tanzen und keinen Alkohol zu trinken. Statt dessen mußten wir Gutes tun und versuchen, stets für andere dazusein.

Wir bemühten uns auch, andere Jungen zum Beitritt in die „Hanoar Hazioni" zu bewegen. Dies war keine leichte Aufgabe, da viele Juden, die nach dem Ersten Weltkrieg nach Kattowitz gekommen waren, Assimilanten waren, die nichts für den Zionismus übrig hatten.

Oft kam mein Großvater zu Besuch nach Kattowitz. Er war ein gütiger Mann mit weißem Bart, der ihm ein würdevolles Aussehen verlieh. Er war stets tadellos gekleidet. Den Polen gegenüber verhielt er sich jedoch merkwürdig unterwürfig. Als ich einmal mit ihm spazierenging, kam der Briefträger, der eine Uniform trug, vorbei. Da zog mein Großvater vor ihm den Hut. Dies empfand ich als eine Geste der Erniedrigung. Mir schoß das Blut in den Kopf. Ich lief zum Briefträger, entriß ihm den Sack und warf ihn zu Boden. Hunderte Briefe und Postkarten fielen heraus, und der Wind wirbelte sie davon. Der Briefträger wurde bleich vor Schreck. Es dauerte eine Weile, bis er die Poststücke wieder eingesammelt hatte. Nach einer Stunde erschien er in unserer Wohnung und beschwerte sich bei meinem Vater über mein Betragen. Mein Vater war wütend auf mich. Als er mich zur Rede stellte, sagte ich nur: „Warum hat der Großvater vor einem Uniformierten seinen Hut gezogen – nur weil er eine Uniform trägt?"

■ ■ ■

Nach der Volksschule besuchte ich das polnische Gymnasium in der Adam-Miczkiewiczstraße, das auch eine jüdische Minderheit unter seinen Schülern aufwies. Ich war ein mittelmäßiger Schüler, interessierte mich jedoch, wie schon erwähnt, sehr für Geschichte.

Die Jugendbewegung wurde für mich immer mehr zu einem Zuhause. Die Mitglieder unserer Bewegung waren von der zionistischen Idee begeistert und dachten nicht an eine Fortsetzung des Studiums an der Universität. Wir strebten eine landwirtschaftliche Ausbildung an, um in einem Kibbuz in Palästina zu leben. Mein Bruder Ahron studierte bereits an der Universität von Krakau Landwirtschaft, um sich auf die Auswanderung nach Palästina vorzubereiten, und er war auch im zionistischen Studentenverband tätig.

Als ich 1946 bei Freunden zum Abendessen eingeladen war, kam ich neben einen Universitätsprofessor namens Heinrich Schmidt zu sitzen. Als ich ihn um eine Zigarette bat, musterte er mich genau und fragte dann, ob ich vielleicht einen Bruder hätte, der Ahron heiße. Ich bejahte mit erstickter Stimme, und da fing Professor Schmidt an, Ahrons letztes Gedicht zu rezitieren. Ich mußte mit Mühe meine Tränen zurückhalten und erzählte ihm, daß Aron nicht mehr am Leben war. Der Professor hatte Ahron in Studententagen kennengelernt und war zutiefst erschüttert über das Schicksal, das ihm widerfahren war.

Im Sommer organisierte unsere Bewegung Ferienlager, in denen wir unter anderem auch eine Pfadfinderausbildung erhielten. Wir bauten Zelte, nahmen an Judokursen teil und führten ein Dasein in freier Natur, als Vorbereitung auf unser zukünftiges Leben in Palästina. Rückblickend glaube ich, daß es besonders die Pfadfinderei war, die meinen Kameradschaftssinn und überhaupt mein Verhalten gegenüber meinen Nächsten geformt hat. Vielleicht gab mir dies die Kraft, mehrmals meine Kameraden unter Lebensgefahr zu retten. Wenn die Regierungen der Welt die Pfadfinderbewegungen mehr unterstützten und förderten, würden sie sich den Bau vieler Gefängnisse ersparen. Bis zum heutigen Tag findet sich das Symbol der Lilie in meinen Büchern, auf meinem Briefpapier und auf meiner Krawattennadel.

Von jenseits der deutschen Grenze gelangten zu uns immer mehr Greuelmeldungen über die Verfolgung der Juden. Es kamen Flüchtlinge aus Deutschland über die Grenze, die uns von der Lage der Juden in Deutschland berichteten. Das Hakenkreuz, das ich zum ersten Mal 1933 gesehen hatte, drang immer öfter und deutlicher in unser Bewußtsein. Und eines Tages wurden wir mit der bitteren Realität konfrontiert. Im Sommer 1938 beschloß Hitler, Zehntausende Juden, die polnische Staatsbürger waren, in einer Nacht aus Deutschland nach Polen zu deportieren. Es handelte sich um die erste Deportation von Juden im 20. Jahrhundert. Hunderte von ihnen kamen aus Zbonszi nach Kattowitz. Zum ersten Mal sah ich hungrige, obdachlose, deportierte jüdische Flüchtlinge, die mit ihren wenigen Habseligkeiten in meiner Heimatstadt eintrafen. Frauen, Männer und Kinder, die nicht wußten, wohin sie sich wenden sollten. Mitglieder der Jugendbewegungen meldeten sich freiwillig, um ihnen zu helfen und ihnen ihr schweres Los zu erleichtern. Wir brachten sie mit Hilfe der jüdischen Gemeinde und jüdischer Organisationen in der jüdischen Schule der Stadt unter. Wir errichteten Zelte im Hof der Schule und gaben ihnen Decken, Kleidung und Nahrungsmittel. Einige von ihnen quartierten wir auch bei uns in den Häusern ein. Zum ersten Mal fühlte ich eine tiefe Solidarität mit meinem verfolgten Volk.

Im Jahre 1939 verschlechterten sich die Beziehungen zwischen den beiden Ländern – bis zum Ausbruch der Krise. Die Deutschen beschuldigten die Polen, die deutsche Minderheit im Grenzgebiet zu verfolgen. Sie forderten die Rückgabe von Gebieten, die ihnen vor dem Ersten Weltkrieg gehörten und die nun von Deutschsprachigen bewohnt waren – Danzig und den Korridor. Die nationalistische polnische Propaganda erreichte ihren Höhepunkt. Die polnische Bevölkerung wurde gewarnt, daß die Deutschen sich wieder wie schon in der Vergangenheit Polens bemächtigen wollten, und daß man sämtliche Mittel ergreifen müsse, um dies zu vereiteln. Die Stimmung in unserem Haus, in dem ja viele Deutsche lebten, wurde immer beklemmender. Die Nachbarn beobachteten uns mit zunehmend offener Feindseligkeit.

Mitte August 1939 nahm ich an einem Seminar für Instruktoren der zionistischen Pfadfinderbewegung „Hanoar Hazioni" in den Beskiden teil. Da erhielt ich eines Tages ein Telegramm meines Vaters, in dem er mich aufforderte, sofort nach Hause zurückzukehren. Als ich eintraf, fand ich meine Familie höchst besorgt vor. Die Koffer waren schon zum Aufbruch gepackt. Mein Vater erklärte mir, daß wahrscheinlich schon in den nächsten Tagen Krieg zwischen Polen und Deutschland ausbrechen könne. Die Lage in Kattowitz, das ja nahe der deutschen Grenze lag, wurde immer gefährlicher. Daher wollten mein Vater und meine Mutter mit meiner Schwester Hadassa und mir nach Warschau zu meinem Bruder Ahron fahren.

Man glaubte damals, den Erfahrungen des Ersten Weltkriegs zufolge, die Deutschen würden ein Jahr brauchen, um bis nach Warschau zu gelangen. Daher erschien uns die polnische Hauptstadt temporär als sicheres Asyl. Meine Brüder Schmuel und Samek blieben in Kattowitz.

WARSCHAU

Es war die Nacht zwischen dem ersten und zweiten September 1939, in einem Kohlenkeller des Hauses, den wir in einen Luftschutzkeller verwandelt hatten. Wir – mein Vater, meine Mutter, meine Schwester und ich – hörten von nah und fern Alarmsirenen und Bombeneinschläge. Wir wußten, daß das deutsche Militär nach Polen eingedrungen war, und daß die deutsche Luftwaffe Warschau bombardierte. Wir hörten Luftabwehrkanonen, die den Himmel über der polnischen Hauptstadt absicherten. Jeder Bombeneinschlag vergrößerte unsere Furcht. Ich fühlte die Hand meiner Schwester Hadassa, die die meine festhielt. Ich zitterte vor Angst.

Vor einigen Tagen waren wir in Warschau angekommen. Mein Bruder Ahron hatte mittlerweile sein Studium in Krakau beendet und arbeitete jetzt im Landwirtschaftsministerium in Warschau. Die Bevölkerung Warschaus lebte in banger Angst vor dem Ausbruch des Krieges. Ein jeder bereitete Nahrungsmittelvorräte vor und richtete Luftschutzkeller ein. Trotz der Warnungen Hitlers hoffte man noch, die Kriegsgefahr könne im letzten Moment abgewendet werden.

Aber in der Nacht zwischen erstem und zweitem September 1939 war das Schlimmste schon eingetreten. Warschau wurde von der Luft aus bombardiert, Häuser gingen in Flammen auf und fielen in sich zusammen. Wir drängten uns im Luftschutzkeller aneinander.

Als ich am nächsten Tag auf die Straße ging, sah ich da und dort Trümmer von eingestürzten Häusern, die in der Nacht bombardiert worden waren. Manchmal leuchteten noch Flammenzungen auf. Zum ersten Mal in meinem Leben sah ich auf dem Gerüst eines Hauses die Leichen von zwei Arbeitern, die während des Bombardements getötet wurden. Die Straßen waren wie ausgestorben. Offiziere der polnischen Kavallerie – die Polen setzten Pferdekompagnien gegen die deutschen Truppen ein – und Soldaten in Uniformen ritten oder gingen an mir vorbei. Ich sah Bewohner, die Steinblöcke entfernten und unter ihnen nach Menschen und Dingen gruben. Ambulanzen mit Alarmsirenen rasten vorüber. An den Mauern der Häuser sah ich Transparente der polnischen Regierung und des Generalstabs mit der Aufschrift: „Der ewige Feind Polens ist wieder in unser Land eingedrungen. Wir müssen unser Vaterland, unsere Ehre, Tradition und Freiheit verteidigen."

Ich erinnere mich an eine Begegnung in der Woche vor Ausbruch des Krieges. Wir – meine Mutter, Hadassa und ich – saßen in einem Kaffeehaus in Warschau. Meine Mutter erzählte einer Bekannten, daß wir bei unserer Flucht aus Kattowitz gezwungen waren, ein beträchtliches Vermögen an Schmuck und anderen Wertgegenständen zurückzulassen. Währenddessen fiel mir auf, daß ein älterer Mann an einem der Nachbartische unser Gespräch aufmerksam verfolgte. Plötzlich stand er auf, trat zu uns und sagte lächelnd zu meiner Mutter: „Sie bedauern, daß Sie Juwelen in Ihrem Haus zurücklassen mußten." Er zeigte auf Hadassa und mich: „Hier haben Sie zwei Juwelen!" Ich blickte ihm ins Gesicht. Irgendwie kam er mir bekannt vor. Auf einmal erinnerte ich mich. „Haben Sie nicht vor einem Jahr einen Vortrag in Kattowitz gehalten?" fragte ich ihn. Er bejahte. „Dann sind Sie Dr. Janusz Korczak"[1], sagte ich. „Ich habe Ihre Bücher gelesen. Ich war bei Ihrem Vortrag." Er lächelte mich an und sagte: „Ja, der bin ich, Dr. Korczak." Ich ergriff voll Ehrfurcht seine Hand und drückte sie. Nicht jeden Tag hatte ich das Glück, einer so berühmten Persönlichkeit zu begegnen.

Am 3. September hörten wir im Radio die Kriegserklärungen Englands und Frankreichs. Ich stand eine geschlagene Stunde lang vor dem Gebäude des polnischen Außenministeriums. Das lange Warten lohnte sich. Plötzlich erschienen der polnische Außenminister und die Botschafter Großbritanniens und Frankreichs. Sie schüttelten einander die Hände und verkündeten, daß sich Großbritannien und Frankreich im Kriegszustand mit Deutschland befänden.

Zivilisten und polnische Soldaten gingen von Haus zu Haus, um Freiwillige anzuwerben, die bereit waren, für den Kriegsaufwand zu arbeiten. Ich lief kur-

---

[1] *Janusz Korczak (Henryk Goldschmidt):* 1879–1942, polnischer Schriftsteller, Pädagoge und Sozialarbeiter. Ging 1942 mit 200 Waisenkindern in Treblinka freiwillig in den Tod, weil er die Kinder nicht im Stich lassen wollte.

zentschlossen von zu Hause weg und folgte ihnen in der Uniform der Pfadfinder. In dieser Stunde fühlte ich mich als Kämpfer gegen das Hakenkreuz, das sich tief in meine Erinnerung eingegraben hatte. Ich half mit, am Rande der Stadt Panzerfallen zu graben. Wir arbeiteten von früh bis spät, Polen und Juden Schulter an Schulter. Hie und da wurde unsere Arbeit von den Luftalarmsirenen unterbrochen. Wir mußten in die Luftschutzkeller flüchten. Beim Entwarnungssignal setzten wir unsere Arbeit fort.

An den Abenden hörten wir regelmäßig die Sendungen im Radio. Es waren lauter Hiobsbotschaften für uns. Die deutschen Panzertruppen setzten täglich ihren Vorstoß fort, drangen immer tiefer nach Polen ein und besetzten auf ihrem Weg Dorf um Dorf und Stadt um Stadt.

Frühmorgens ging ich immer zur Bäckerei. Eine große Schlange von Menschen stand vor dem Eingang. Trotz der Bombardierungen und Luftalarme, in deren Verlauf schon mehrmals Wartende verletzt und auch getötet worden waren, blieben die Menschen stehen, zerstreuten sich wohl kurzzeitig bei Alarm, aber sammelten sich dann wieder. Die Bombardierungen wurden mit jedem Tag häufiger und massiver. Der Hunger wurde immer peinigender. Wir hatten uns nicht rechtzeitig mit Lebensmittelvorräten eingedeckt. Eines Tages erfuhr ich, daß im Pferdelager des Militärs die Kadaver von Pferden lagen, die während der Bombardierungen getötet worden waren. Ich ging zeitlich in der Früh hin. Als ich ankam, sah ich, wie die Leute sich mit Messern an den toten Pferden zu schaffen machten. Ich tat es ihnen nach und brachte meinen Anteil an Pferdefleisch nach Hause. Ich erzählte nur meinem Vater davon, da meine Mutter streng koscher war und sich sicherlich geweigert hätte, Pferdefleisch zu essen.

Der Ring um Warschau wurde immer enger. Viele junge Juden verließen die Stadt und flüchteten in östlicher Richtung. Wir konnten hören, wie die Artilleriegeschoße immer näher an uns herankamen. Wir wußten, daß die Deutschen die Hauptstadt Polens von allen Seiten umzingeln und in Kürze in sie eindringen würden. Am 26. September kapitulierte Warschau. Deutsche Panzer rollten durch die Straßen der Stadt. Die Bevölkerung litt Hunger und erwartete, daß die Deutschen ihre Not lindern würden.

Eine Woche später beobachtete ich in der Wohnung der Familie Hartmann, die auch aus Kattowitz nach Warschau gekommen war, vom Fenster aus die Siegesparade des deutschen Militärs und Adolf Hitlers. Wir wußten, was uns drohte, und bereuten, daß wir Warschau nicht rechtzeitig verlassen hatten. Dennoch waren wir der Überzeugung, daß der Krieg nach dem Eintritt Großbritanniens und Frankreichs nicht länger als ein paar Monate dauern würde. Bald wurden wir eines Besseren belehrt. Mein Vater beschloß, Warschau zu verlassen und wieder nach Sosnowitz, zehn Kilometer von Kattowitz entfernt, zu gehen.

Nicht wie Lämmer zur Schlachtbank I

Juden konnten nicht mehr nach Kattowitz zurückkehren. Von Warschau waren wir nun also in Sosnowitz gelandet. Auch meine Brüder Schmuel und Samek waren hierhergelangt, nachdem sie in Kattowitz von den Deutschen verhaftet worden waren und aus dem Gefangenenlager entkommen konnten. Nur mein Bruder Ahron blieb in Warschau zurück

In Sosnowitz nahm ich bald wieder mit meinen alten Kameraden von der „Hanoar Hazioni" Kontakt auf, von denen einige – Janek Zimmermann und seine Schwester Lala, Leon Blatt, Hipek Glizenstein, Ruth Landau, Mala Reich, Zela Grünberg, Schoschana Shalel u. a. – zwangsweise übersiedelt waren.

Wir kümmerten uns zuerst um die Jugendlichen zwischen 10 und 15 Jahren und sorgten dafür, daß sie eine grundlegende Schulbildung genossen, denn die Deutschen hatten die Schulen geschlossen.

Die Deutschen hatten einen Judenrat ernannt, an dessen Spitze Moniek – auch Mosche – Merin, Judenältester geheißen, stand. Der Judenrat führte Anweisungen der deutschen Behörden durch und gründete im Auftrag der Gestapo einen jüdischen Ordnungsdienst, den OD, eine Art Ghettopolizei. Die Mitglieder des OD trugen deutlich erkennbare Kappen und Armbinden.

Von Mitte Oktober 1939 an mußten die Juden eine Armbinde mit einem Stern darauf tragen und durften ab acht Uhr abends die Straße nicht mehr betreten. Sie durften sich nur auf vorher festgesetzten Straßen bewegen – allerdings wohnten Juden und Christen zusammen, das heißt, es handelte sich nicht um ein Ghetto. Große jüdische Betriebe wurden arisiert und Treuhänder eingesetzt. Mein Bruder Schmuel lernte einen Wiener Treuhänder namens Franz Österreicher kennen, der eine Drogeriegroßhandlung – „Reiner" – leitete. Schmuel kaufte von Österreicher verschiedene Chemikalien für die Erzeugung von Seife, künstlichem Süßstoff und anderen Gebrauchsmitteln für die Bevölkerung.

Die ganze Last der Verantwortung für die Erhaltung der Familie lag auf den Schultern meines Bruders Schmuel. Als wir in Sosnowitz ankamen, hatten meine Eltern ja bereits das ganze Vermögen zurückgelassen, und uns waren nur ein paar Koffer mit den allernotwendigsten Dingen, die wir zum Leben brauchten, geblieben. Mein Vater, dessen Geschäftskontakte vollkommen abgebrochen waren, konnte sich an die neuen Umstände nie gewöhnen und lebte sich in Sosnowitz nie wirklich ein.

■ ■ ■

Am 20. Januar 1940 erhielten wir die Nachricht von der Verhaftung meines Bruders Ahron. Am 18. Januar hatte ihn die Gestapo in Warschau festgenommen.

Meine Mutter und ich fuhren sogleich dorthin. In Warschau ging sie zur Gestapo-Dienststelle, mit Ahrons Bild in der Hand. Sie wurde von den Gestapo-Leuten mit der Behauptung, der Fall sei ihnen unbekannt, abgewiesen. Man versprach ihr aber, nachzuforschen. Zwei Wochen später reisten meine Mutter und ich wieder nach Warschau. Als sie zum zweiten Mal bei der Gestapo-Dienststelle vorstellig wurde, um etwas über meinen Bruder zu erfahren, wurde sie bedroht und geschlagen. Sie weinte verzweifelt und verlangte Ahron zu sehen. Ahron war ihr Erstgeborener, und er war ihr besonders ans Herz gewachsen. Zwei Wochen vor seiner Verhaftung hatten wir von ihm noch einen Brief mit seinem letzten Gedicht erhalten:

Eine Blume pflückte ich vom Grabe.
Ich gewann aus ihr Honig.
Und während ich noch
Die Kälte des Grabes spürte,
Fragte ich dich, meine Blume,
Die kindliche Frage:
Was erwartet uns Menschen dort?
(Übersetzung aus dem Polnischen)

Seit sie Ahron verhaftet hatten, war meine Mutter ein gebrochener Mensch. Ich habe sie nie wieder richtig lachen gesehen. Sie fiel in tiefe Trauer.

Wir hörten dann von Bekannten aus Warschau über eine Verhaftungswelle in den Kreisen jüdischer und polnischer Intelligenz, von der mehrere Ärzte, Anwälte und Ingenieure betroffen waren. Über deren Verbleib ließ sich nichts in Erfahrung bringen, die Menschen verschwanden einfach. Wir schrieben zahllose Briefe an KZ-Lager und Gefängnisse, um Ahrons Aufenthalt herauszufinden, aber vergeblich. Erst nach dem Kriege, als das berühmte Tagebuch des Historikers Ringelblum, das die Verhaftungen im Januar 1940 beschreibt, unter den Ruinen des Ghettos gefunden und an die Öffentlichkeit gebracht wurde, erfuhr ich, daß mein Bruder als Widerstandskämpfer ermordet worden war. Er war in der ersten Widerstandsgruppe gegen die Deutschen nach Ausbruch des Zweiten Weltkrieges aktiv gewesen.

Wie Ringelblum beschreibt, bildete sich Anfang Januar eine Untergrundbewegung, „KOT" genannt, der sich Mitglieder der jüdischen und polnischen Intelligenz anschlossen. Der Kommandant der Untergrundbewegung hieß Karzimierz Kot, ein Jude, der noch als Kind getauft worden war. Das Tagebuch Ringelblums ist das einzige Dokument, das Aufschluß gibt über die Geschichte der Juden im Ghetto seit dem Einmarsch der Deutschen im Jahr 1939 bis zum Mai 1943, als das ganze Ghetto nach dem Ghettoaufstand dem Erdboden gleichgemacht wurde – nach dem berühmten Wortlaut des Telegramms von Jürgen Stroop an Heinrich Himmler: „Es gibt in Warschau kein Judenviertel mehr." Der Mörder Stroop wurde nach dem Krieg auf der Ruine des Warschauer Ghettos gehängt. Mein Bruder und die Verhafteten wurden ins Pawiak-Gefängnis gebracht und ermordet.

In Sosnowitz wurden große, kriegswichtige Betriebe eingerichtet, die „Shops" hießen und für den Kriegsaufwand produzierten. Es gab einen großen Textilshop, „Hecht" aus Berlin, der Uniformen für die Wehrmacht herstellte, einen Shop für Militärschuhe, „Braun", einen Shop für Filz- und Strohschuhe für die Ostfront, „Gorecki", einen Zimmermann-Shop, „Skopek", und einen Shop für die Erzeugung von Spielen für die deutschen Truppen. Der Spiele-Shop gehörte einem Wiener namens Karl Franz Kernstock und wurde von meinem Bruder Schmuel geleitet. Kernstock war der typische gemütliche Wiener, aus Neuwaldegg, den wir durch Franz Österreicher kennengelernt hatten und zu dem das Parteiabzeichen gar nicht passen wollte. In seinem Shop arbeiteten jüdische Jugendliche im Alter von 12 bis 16 Jahren. Sie bekamen die roten Ausweise, die alle Arbeiter in kriegswichtigen Betrieben erhielten, was sie vor den Deportationen bewahrte.

Ich befand mich damals kurz im Ghetto Krakau, in dem unmenschliche Bedingungen herrschten. Als ich von dort zurückkehrte, wurde ich auch in meinem Wohnort Zeuge von strengen Maßnahmen gegen Juden. Die Deutschen gaben dem Judenrat Anweisungen, arbeitsfähige Juden zum Arbeitseinsatz zu organisieren. Jede Woche wurden einige Tausend nach Deutschland geschickt, in Arbeitslager, in denen denkbar schlechte Bedingungen herrschten. Kranke Leute wurden nach Auschwitz gebracht. Mitglieder des Judenrates und des jüdischen Ordnungsdienstes blieben mitsamt ihren Familien vor solchen Übergriffen verschont. Viel später berichtete mir unsere damalige Untermieterin Mania Schwarz, daß mein Vater mir auch einmal nahegelegt hatte, dem Ordnungsdienst beizutreten, um so unsere Familie zu retten. Da war ich in die Küche gegangen und hatte ein Küchenmesser geholt, hatte meine Hände flach auf den Tisch gelegt und gesagt: „Bitte, ich werde nie ein Polizist sein!"

Mit meinem besten Jugendfreund aus Kattowitz, Hipek Glitzenstein, begann ich bald, Ausweispapiere, Geburtsurkunden und Kennkarten zu fälschen, um uns auf die Gefahren, die immer drohender wurden, vorzubereiten. Wir verwendeten dazu „Tintentod" (der in jeder Papierwarenhandlung erhältlich war) und eine primitive Druckmaschine. Die Arbeit führten wir unter strengster Geheimhaltung im Keller des Kernstock-Shops zwischen Trödel und Schrott durch.

Als 1941 das „Unternehmen Barbarossa" gegen Rußland begann, hörten wir zum ersten Mal über die mörderische Tätigkeit der Ollendorf-Einsatztruppen. Die jüdische Bevölkerung in den von der Wehrmacht in Rußland besetzten Gebieten wurde von SS-Einheiten gesammelt. Die Menschen mußten sich entkleiden, ihre eigenen Gräber graben, und wurden dann erschossen, nicht ohne daß ihnen vorher noch die Wertsachen abgenommen wurden, um die Reichsbank damit zu füllen.

Uns war klar, daß sich diese Maßnahmen der Deutschen nicht auf Rußland beschränken würden. Der Mord der Einsatztruppen war nur der Anfang. Infolgedessen gründeten wir im Ghetto eine aktive Untergrundbewegung. Wir organisierten die sogenannten Dreier-Gruppen, wobei die einzelnen Gruppen nichts von den anderen wußten, denn schließlich mußten wir vor dem Judenrat und dem Ordnungsdienst auf der Hut sein.

Die Hauptorganisatoren der Untergrundbewegung waren Leon Blatt, Janek Zimmermann, Hipek Glitzenstein und ich – alle aus Kattowitz –, zusammen mit Führern der „Hanoar-Hazioni"-Bewegung aus Sosnowitz mit Jozek Kozuch an der Spitze, Samek Meitlis und seiner Frau Lola Pomeranzenblum, Bolek Kozuch, Karol Tuchschneider und Fredka Ochsenhändler, die später Jozek Kozuch heiratete. Wir begannen, von der polnischen Bevölkerung Waffen zu kaufen. Leon Blatt leitete diese Aktion und erwarb unter Lebensgefahr Waffen für den Widerstand. Die Mädchen, die bei den Schneider-Shops für die Fertigung von deutschen Uniformen arbeiteten, brachten uns Uniformen, die sie unter ihren Kleidern eng an den Körper wickelten und so aus den Shops schmuggelten.

Am 10. Mai 1942 fand die erste Aussiedlungsaktion nach Auschwitz statt. Wir hatten schon früher – durch einen anonymen Brief – von den geschlossenen Lastwagen, die als Vergasungsautos eingesetzte wurden, gehört. Sie waren zuerst in Kolo und Kalisch in Westpolen in Aktion getreten. Die Leute wurden in Lastwagen gepfercht, und dann wurden Auspuffgase ins Wageninnere geleitet. Die Leichen der Opfer warf man auf die Felder, häufte Holz darauf, übergoß sie mit Benzin und steckte sie in Brand. Vor der Verbrennung wurden den Frauen die Haare geschnitten, und ihre Wertsachen wurden „geerbt". Der anonyme Brief, in dem uns von diesen Greueltaten berichtet worden war, endete mit dem Satz: „Verbreitet die Nachricht, die Welt soll es wissen."

Von polnischen Lokomotivführern, die die Züge begleiteten, erfuhren wir, daß ausgesiedelte Juden ins Lager Auschwitz deportiert, in Gaskammern ermordet und in Krematorien verbrannt wurden.

Am 27. Mai fand die zweite Aussiedlungsaktion statt, die der Gestapo-Mann Angerer aus Tirol leitete. Ende Juni fand dann wieder eine Aktion statt, in der nur Kranke aus Wohnungen und aus dem Krankenhaus, sowie Kinder vom Waisenhaus in Viehwaggons hineingedrängt wurden. Mit dieser dritten Aktion wurde allen klar, daß Hitler-Deutschland die geplante Vernichtung des jüdischen Volkes in die Tat umsetzen würde.

Ich war der erste unter meinen Kameraden aus der Jugendbewegung, der engste Familienangehörige verlor – meinen Bruder Ahron und bei der zweiten Aussiedlungsaktion auch meine Mutter.

Abschied für immer

An jenem 27. Mai im Jahre 1942 stand die Sonne strahlend hell am blauen Himmel. Aber nur wenig von der Wärme, dem Sonnenlicht und den Sommergerüchen drang in unsere Wohnung in der Kowalskastraße 2 in Sosnowitz. Wir waren zu Hause – mein Vater, meine Mutter, meine Brüder Samek, Schmuel, meine Schwester Hadassa und ich. Wir fürchteten uns vor dem, was jetzt kommen würde. Ein OD-Mann hatte uns gewarnt, daß die deutschen Behörden dem Vorsitzenden des Judenrates Moniek Merin eine Liste von 2000 Juden übermittelt hatten, die für Osttransporte vorgesehen waren.

Was es bedeutete, nach Osten geschickt zu werden, wußten wir genau. Es war dies bereits die zweite Aktion. Vor ungefähr zwei Wochen hatte eine ähnliche Aktion stattgefunden: Bewaffnete SS-Leute waren in Begleitung jüdischer OD-Männer mit vorbereiteten Namenslisten in den Wohnungen der jüdischen Bevölkerung erschienen und hatten die Gesuchten oft mit Gewalt evakuiert. Dann waren sie irgendwohin gebracht worden, und man hatte nichts mehr von ihnen gehört, bis schließlich im Gebäude des Judenrates vorgedruckte Postkarten mit Unterschriften von einigen Deportierten eintrafen. Der Wortlaut war einheitlich: Wir fühlen uns wohl, es ist kein Grund zur Besorgnis vorhanden. Der Judenrat wollte alle glauben machen, daß die Deportierten zur Aussiedlung nach Theresienstadt geschickt wurden, ein Schwindel im Auftrag der Deutschen. Die Familienangehörigen der Deportierten glaubten den Nachrichten auf den Postkarten jedoch nicht. Sie wußten, daß es eine Deportation nach Auschwitz war, von wo man nicht zurückkehrte.

■ ■ ■

Die zweite Aktion begann am frühen Morgen. Der Lärm herannahender Kraftwagen erfüllte die Luft. Hundegebell, Schreie, Befehle. Alles zugleich. Wir wagten es nicht, aus dem Fenster zu schauen. Wir wußten: Sie näherten sich.

Unsere Wohnung hatte zwei Ausgänge. Plötzlich hörten wir Schläge mit Gewehrkolben an der Eingangstür. Eine heisere Männerstimme befahl: „Aufmachen!" Geistesgegenwärtig stieß meine Mutter meinen Vater, meine Brüder und Hadassa durch den zweiten Ausgang in den Korridor. Ein jüdischer OD-Mann, der dort stand, kehrte der Szene sogleich den Rücken zu. Meine Mutter und ich blieben in der Wohnung zurück. Wir öffneten die Tür. Ein SS-Mann und ein anderer OD-Mann, der unsere Adresse herausgefunden hatte, betraten die Wohnung und gingen von Zimmer zu Zimmer. „Wo sind die übrigen Familienmitglieder?" fragte der SS-Mann. „Sie sind nicht zu Hause", sagte meine Mutter ruhig und gelassen. Sein Befehl kam scharf und kurz: „Hinaus!" Wir durften nur wenige Sachen mitnehmen. Wir stiegen in einen Lastkraftwagen, in dem sich schon einige Juden befanden. Etliche davon kannten wir. Auf dem Weg wurden weitere Juden in den Wagen geschafft, Männer, Frauen und Kinder. Wir drängten uns ängstlich zusammen. SS-Leute und jüdische OD-Männer bewachten uns.

Man transportierte uns in den Hof der jüdischen Schule in der Demblinskastraße. Der Platz war bereits voller Juden, die aus allen Teilen der Stadt zu Fuß oder per Auto mit ihren letzten Habseligkeiten hierhergebracht worden waren. Damals sah ich den SS-Kommandanten unserer Stadt zum ersten Mal. Angerer stammte aus Tirol. Sein Kopf wirkte überproportional groß, und seine tiefliegenden Augen schimmerten hell und irgendwie durchsichtig.

Die Juden standen dicht an dicht im Hof. Angerer befand sich auf einer Rampe, und sein kalter Blick schweifte über die Menge. Die metallene Stimme löste in uns Furcht und Abscheu aus. Plötzlich zog er seine Pistole heraus und richtete sie auf das Tor hinter uns. Schüsse ertönten, dann herrschte Totenstille. Die SS-Leute brachten drei Leichen und legten sie vor Angerer hin. Angerer stieg von der Rampe herunter. Sein Gesicht verzog sich zu einem Lächeln. Er trat mit seinem Stiefel nach den Leichen und brüllte, zu uns gewandt: „Das wird euch eine Lehre sein! Wer zu fliehen versucht, wird so enden! Merkt euch das!"

Im Verlauf der deutschen Besatzung wurde ich Zeuge von Schlägen, Folterungen und Morden, aber dieser grausame Mord, der so kaltblütig durchgeführt wurde, ließ mir das Blut in den Kopf steigen. In einem ersten Impuls wollte ich mich auf den Mörder stürzen, aber ich unterließ es: In jenem Augenblick wäre eine solche Tat reiner Selbstmord gewesen und hätte zu nichts geführt.

Nach dem Appell brachte man uns in ein Waisenhaus in Bendzin, vier Kilometer von Sosnowitz entfernt. Wir fanden dort Juden aus der ganzen Umgebung. Mitglieder des jüdischen Ordnungsdienstes, mit einem Mann namens Bärenblatt an der Spitze, der sehr grausam zu uns war, bewachten uns. Als man auch Kranke, Invalide und alte Leute brachte, kam mir der Gedanke, daß unser Schicksal besiegelt war. Man würde uns von hier nach Auschwitz deportieren.

Auch die Ankunft des Vorsitzenden der Zentrale des Judenrates in Sosnowitz, Moniek Merin, verhieß nichts Gutes. Die Deutschen nutzten seine Angst aus, um uns durch Irreführung und List zu beschwichtigen. Aber das ganze Ausmaß des Betruges und des Unglücks, das uns erwartete, erfaßte ich erst, als man uns zu einem großen Platz führte und in zwei Gruppen teilte. Die Älteren, Kranken und Invaliden auf die eine Seite und die Jüngeren auf die andere. Angerer führte persönlich die Selektion durch. Seine Augen blitzten, als er auf meine Mutter wies, und dann brüllte er: „Du dahin ..." Darauf warf er mir einen haßerfüllten Blick zu und befahl mit heiserer Stimme: „Du dorthin ..."

Ich schlug die Augen nicht nieder, sondern starrte ihn in offener Herausforderung an, ohne mich zu rühren. Die gleiche Szene sollte sich nach Jahren bei einer anderen Gelegenheit wiederholen. Ich fuhr damals nach Innsbruck, wo Angerer im Gefängnis saß, zu einer Gegenüberstellung. Unter den zehn Sträflingen, die mir gezeigt wurden, erkannte ich Angerer sofort. Ich blickte ihm ins Gesicht. Eine Sekunde lang kreuzten sich unsere Blicke. Diesmal schlug der Mörder meiner Mutter die Augen nieder. Unsere neuerliche flüchtige Begegnung war damit zu Ende.

Meine Mutter und ich hielten einander umklammert, aber der jüdische OD-Mann trennte uns. Ich sah, wie meine Mutter zögernd auf die andere Seite ging. Plötzlich wandte sie ihren Kopf und blickte mich an. Sie bemühte sich, gefaßt zu erscheinen, um mir Hoffnung zu machen. Ich sah jedoch, daß sich Tränen in ihren Augen sammelten. Ich schrie „Mama, Mama! ..." und wollte zu ihr laufen, aber die jüdischen OD-Männer hinderten mich daran. „Du bist noch zu jung", sagte einer, „du mußt weiterleben."

In diesem Augenblick fragte ich mich, welche Welt Gott geschaffen hatte. Ich zweifelte an seiner Gerechtigkeit und seinem Erbarmen. Warum war es ausgerechnet unser Los, das Los der Juden, so zu leiden? Waren wir schlechter als die anderen? Wem hatten wir Unrecht getan? Hatten nicht die Erfindungen jüdischer Wissenschaftler Abertausende Deutsche, die uns nun verfolgten, vor dem Tod bewahrt? Im Laufe von 2000 Jahren hatten wir keinen Krieg gegen ein anderes Volk geführt. Hatten praktisch aufgehört, eine Nation zu sein. War es unser Schicksal, unsere Schuld, daß wir schwach waren und nur eine kleine Minderheit innerhalb der Völker bildeten?

Seither verfolgt mich der Blick meiner Mutter, als sie von mir ging. Ich kann diesen letzten Blick nicht vergessen. Er hat sich mir für immer ins Gedächtnis eingegraben. Dieser Ausdruck ihrer tiefsten Verzweiflung und ihr krampfhafter Versuch, die Tränen zurückzudrängen, um mir Mut zu geben. Sie wußte, daß ihr der Tod bevorstand. Dieser Blick war für mich wie ein Vermächtnis, nie zu vergessen und nie aufzuhören, Rache zu üben.

Mit dem Zylinderkoffer nach Auschwitz

Am 12. August 1942 forderten die Deutschen die jüdischen Einwohner in Sosnowitz auf, sich auf dem Fußballplatz in der Sw.-Jana-Straße zu versammeln. Der Judenrat verbreitete Flugblätter, die verkündeten, daß der Grund für diese Anordnung die Ausgabe neuer Kennkarten an die jüdische Bevölkerung sei.

Wir von der Untergrundbewegung wiesen die jüdische Bevölkerung an, sich nicht zum Sammelpunkt zu begeben, da es sich in Wahrheit um eine Deportation in ein Vernichtungslager handelte.

Dennoch folgten 26 000 Juden der Anweisung des Judenrates und gingen in die Falle. Fredka Kozuch und Sara Bergmann, die als Krankenschwestern im jüdischen Krankenhaus arbeiteten und sich in ihren weißen Kitteln frei auf dem Platz bewegen konnten, hatten je drei Kittel angezogen. Die überzähligen Kittel steckten sie Frauen und Müttern zu, die darunter sogar ihre Kinder verstecken konnten. Es fand eine Selektion unter der Leitung von Gestapo-Chef Dr. Hans Dreier aus Ostpreußen statt. Die Versammelten wurden in drei Gruppen eingeteilt. In der ersten Gruppe waren Leute, die in kriegswichtigen Betrieben arbeiteten; sie konnten, mit roten Ausweisen ausgestattet, nach Hause gehen.

Bei dieser Selektion wurden Familien getrennt: Frauen, ältere Männer und Kinder wurden an einem gesonderten Platz, der von SS-Leuten bewacht wurde, konzentriert, um deportiert zu werden. Kinder wurden von SS-Leuten mit Gewalt aus den Armen ihrer Mütter gerissen – wenn diese rote Arbeitsausweise besaßen – und brutal an den Platz für die Auszusiedelnden gezerrt. Kindern, die sich nicht von ihren Müttern trennen wollten und sich den Gestapo-Leuten wild widersetzten, wurden die Schädel zertrümmert, und die Mütter wurden einfach niedergeschossen. Eine Frau warf, in ihrem verzweifelten Versuch, sich selbst zu retten, ihr eigenes Kind weg. An jenem Tag haben sich auf dem Sportplatz menschliche Tragödien abgespielt, die ich nicht beschreiben kann.

In der zweiten Gruppe, ebenfalls Menschen, die von ihren Familien getrennt wurden, befanden sich arbeitsfähige Männer und Frauen, die keine Arbeitsausweise hatten. Sie wurden zum Arbeitseinsatz nach Deutschland deportiert.

Die dritte Gruppe bestand aus alten bzw. kränklich aussehenden Männern und Frauen Ende der Vierzig. Die hatten kein Recht mehr aufs Leben. Genauso wie jene Kinder und Jugendlichen, die auf Grund der „Weltanschauung" des Juristen Dreier zum Ermorden nach Auschwitz deportiert werden sollten.

Ich war als Sanitäter im weißen Kittel auf dem Sportplatz und konnte nicht fassen, was sich dort abspielte – zu welch grauenvollen Taten die Gestapo-Leute fähig waren: unschuldige, wehrlose Kinder und Frauen auf so bestialische Weise zu ermorden. Dies alles geschah auf Befehl des Gestapo-Chefs Hans Dreier. Die Leute begriffen, daß ihnen der Tod bevorstand, und es gab Selbstmordversuche von Angehörigen der Familien, die durch die Gestapo getrennt wurden. Heute noch fällt es mir schwer, zu glauben, daß Menschen zu solcher Grausamkeit imstande sind. Nach 50 Jahren kann ich es immer noch nicht begreifen.

Am Ausgangstor, wo sich jene Gruppe befand, welche nach Auschwitz geschickt werden sollte, stand ein kleines Zelt. Alle Selektierten mußten durch das Zelt durchgehen, und es wurden ihnen die Wertsachen und Schmuckstücke abgenommen. Wenn die Ringe sich nicht lösten, hackte man den Leuten einfach die Finger ab.

Mit einem Mal heulten Sirenen auf, und zwei Polizeiwagen fuhren in den Sportplatz ein. Sie stoppten in der Nähe des Sanitäterzeltes, unweit von mir. Schupos öffneten die Türen, und etwa zwanzig Personen stiegen aus. Diese sahen aus wie aus Kaiser Wilhelms Zeiten. Und mitten in dieser sonderbaren Gruppe erblickte ich unseren Hausarzt aus Kattowitz, Doktor Steinitz, auch „der Kohlenarzt" genannt, weil er insbesondere Kohlenarbeiter aus den Kohlengruben in den ärmeren Vierteln von Kattowitz betreute. Kattowitz war bereits seit Ende Oktober „judenrein", nachdem die Deutschen die letzten Juden bei Nisko an der Teilungsgrenze Polens nach Rußland ausgesiedelt hatten. Trotz der fast zwanzigjährigen polnischen Herrschaft in Oberschlesien sprach Dr. Steinitz kein Wort Polnisch.

Er hatte einen schwarzen Anzug mit einem weißen steifen Kragen an und trug ein Monokel sowie einen schwarzen Filzhut. In der rechten Hand hielt er einen Zylinderkoffer, in der linken eine Arzttasche. Beim Anblick des Zylinderkoffers wußte ich nicht, ob ich lachen oder weinen sollte. Mit einem Zylinderkoffer war er nach Auschwitz unterwegs! Ich ging auf ihn zu: „Dr. Steinitz, kennen Sie mich nicht mehr? Ich bin der jüngste Diamant."

Er blickte mich überrascht an, hob sein Monokel und sagte: „Natürlich, ich erinnere mich an deine Mutter, natürlich. Wie geht es ihren Gallensteinen? Sie war immer böse, wenn ich ihr sagte, daß sie gesund ist".

Er lächelte. Mein Blick fiel auf das Eiserne Kreuz 1. Klasse, das seinen Anzug schmückte. „Hat man nicht versucht, Ihnen dieses Kreuz abzunehmen?" fragte ich. „Nein", erwiderte er, „ich habe Oberstleutnant von Bock 1921 bei der Erstürmung des Annaberges das Leben gerettet. Seinen Brief trage ich immer noch bei mir. Heute ist von Bock Generalfeldmarschall." Ich selbst wußte damals noch nicht, daß die Schlacht von Annaberg auch mir einmal das Leben retten sollte.

„Wo ist Ihre Mutter?" fragte Dr. Steinitz. „Vielleicht werden Sie ihr in ein, zwei Tagen begegnen", antwortete ich mit tränenerstickter Stimme. Da kamen auch schon ein paar Schupos und Mitglieder des jüdischen Ordnungsdienstes auf uns zu. Sie stießen Dr. Steinitz mit den übrigen Mitgliedern der Gruppe gewaltsam in die Reihe, die für die Aussiedlung nach Auschwitz bestimmt war.

■ ■ ■

Als am Abend plötzlich starker Regen aufkam, wurden diejenigen, die noch nicht mit den Deportationszügen verschickt worden waren, in einigen Häusern im jüdischen Viertel untergebracht. Sie sollten dort auf die Rückkehr der Züge warten. Unter ihnen befand sich auch unsere Untermieterin Mania Schwarz mit ihrem einjährigen Sohn Ivo. Mein Bruder Schmuel leitete zu jener Zeit den Shop von Kernstock. Er beschäftigte Jugendliche über die Quote, die ihm von den Deutschen genehmigt wurde, hinaus und stellte ihnen Arbeitsausweise aus, was ihnen das Leben rettete. Jugendliche im Alter von 12 bis 16 Jahren, die bei Kernstock arbeiteten, blieben unbehelligt.

Als Schmuel erfuhr, daß auch Mania und Ivo zur Deportation vorgesehen waren, machte er sich gemeinsam mit mir sofort auf, um sie zu retten. Er fühlte sich insbesondere dem kleinen Ivo verbunden. In der Dunkelheit begaben wir uns in die Nähe des Hauses, in dem sie untergebracht waren. Mein Bruder kletterte auf meine Schulter und reichte Mania durchs Fenster eine Rasierklinge. Sie sollte sich eine Verletzung an der Hand zufügen, damit man sie und das Kind in den Sanitätsraum überführte.

Schmuel wies sie an, das Kind auf das Fensterbrett des Sanitätsraumes zu stellen. Wir schlichen vor den Sanitätsraum, und als Schmuel das Kind erblickte, das Mania auf das Fensterbrett hob, nahm er es schnell entgegen, und wir machten uns, mit dem kleinen Ivo im Arm, davon. Ein Wachposten, der das Tor bewachte, schoß uns nach, aber er verfehlte uns. So erreichten wir unversehrt mit dem Kind die Wohnung.

In derselben Nacht wagte auch Mania die Flucht, indem sie aus dem Fenster des Sanitätsraums sprang. Wir waren überglücklich, als sie im Morgengrauen in unserer Wohnung auftauchte und den kleinen Ivo wieder in ihre Arme schließen konnte. Mania hat den Krieg überlebt, und ihr Sohn ist heute ein berühmter Arzt in Rio de Janeiro.

Einige Zeit später entdeckten die Deutschen schließlich, daß Schmuel mehr Arbeitsausweise für die bei Kernstock Beschäftigten verteilte, als ihm bewilligt worden waren. Er wurde verhaftet, nach Auschwitz geschickt und dort im Alter von 24 Jahren ermordet. Es half ihm auch nichts, daß sich Kernstock für ihn einsetzte. Er wurde an der Mauer des politischen Blocks, der Maximilian Grabner aus Wien unterstand, erschossen.

Am gleichen Tag versammelten die Deutschen auf dem Sportplatz der Nachbarstadt Bendzin 36 000 Juden. Der Vertreter von Gestapo-Chef Dreier in Kattowitz, SS-Offizier Kronau, führte eine Selektion mit verbissener Grausamkeit durch: Tausende Männer, Frauen und Kinder wurden in Viehwaggons ins Vernichtungslager Auschwitz geschickt.

NICHT WIE LÄMMER ZUR SCHLACHTBANK II

Meine Freunde und ich konzentrierten uns mittlerweile auf die Vorbereitung zum Widerstand. Samek Meitlis, der Chemiker, einige Kameraden und ich fingen an, im Keller des Kernstock-Shops Molotowflaschen zu erzeugen. Die nötigen Chemikalien kaufte ich bei der Drogeriegroßhandlung von Franz Österreicher. Als ich Franz Österreicher nach dem Krieg in Wien besuchte, erzählte er mir, daß er genau gewußt hatte, wofür wir diese Chemikalien brauchten. Wir schlossen damals enge Freundschaft. Er wohnte im achten Wiener Gemeindebezirk. In der Zeit, in der ich ihn kennenlernte, war er mir wie der einzige Mensch unter lauter Raubtieren erschienen. Er gewährte im Jahr 1943 meinem Bruder sogar einige Nächte Unterkunft.

Einer der führenden Kameraden der Gruppe, Janek Zimmermann, leitete den „Shop Gorecki", in dem Filz- und Strohschuhe für die Ostfront erzeugt wurden. Gorecki war ein sympathischer, judenfreundlicher Deutscher, der Janek besonders schützte. Er sagte des öfteren zu ihm: „Auf mich kannst du dich verlassen, ich werde dich immer schützen."

Anfang März 1943 arbeitete ich auch für kurze Zeit im Gorecki-Shop. Janek, seine Schwester Lala, Dunski, Minsk und ich führten eine waghalsige Aktion durch, indem wir Flugblätter in die Strohschuhe steckten, die an die Ostfront geschickt wurden. Auf den Flugblättern hieß es unter anderem, daß nach dem Rückzug von Stalingrad der Krieg für die Deutschen aussichtslos geworden sei. Und daß es schade sei um weitere sinnlose Opfer.

Die Gestapo bekam die Flugblätter von der Ostfront in die Hände. Minsk und Dunski, die bereits bei der Gestapo als Widerstandskämpfer bekannt waren, wurden verhaftet und ermordet.

Zu dieser Zeit, Anfang 1943, traf der Anführer des jüdischen Widerstands im Warschauer Ghetto, Mordechai Anilewicz, in Sosnowitz und Bendzin ein. Sein

Besuch war einer der wichtigsten Momente meines Lebens. Wir saßen die ganze Nacht im Kernstock-Keller und hörten dem Untergrundkämpfer Anilewicz zu. Er erzählte uns, daß der Zustand im Warschauer Ghetto immer schlimmer wurde. Tausende Juden starben täglich auf den Straßen, und es dauerte Tage, bis man sie in einem Massengrab begraben konnte. Die Deutschen verlangten vom Judenrat immer wieder, ihnen Juden auszuliefern. Diese Juden wurden dann ins Vernichtungslager Treblinka transportiert. Treblinka war kein KZ. Es wurde eigens als Vergasungs- und Vernichtungslager gebaut. Die Ankommenden blieben nicht länger als 12 Stunden am Leben. Sie wurden direkt von den Waggons in die Gaskammern geführt.

Nachdem der Leiter des Judenrates in Warschau, Czeniakow, die Forderungen der Deutschen, ihnen Namenslisten von Juden zu liefern, nicht mehr erfüllen wollte, beging er mit seiner Frau Selbstmord. Die Deutschen ernannten einen Konvertierten namens Sczerinski Jakov zum Judenältesten und Polizeichef des Ghettos.

Anilewicz zeigte uns Bilder, die er selbst aufgenommen hatte, auf denen man Janusz Korzcak sah, wie er an der Spitze der Kinder seines Waisenhauses, mit einem kleinen Jungen auf dem Arm, zu den Gleisen, die nach Treblinka führten, schritt. Der Judenrat Anilewicz erzählte uns, daß im Warschauer Ghetto die Vorbereitungen für einen bewaffneten Aufstand bereits weit fortgeschritten seien. Und er berichtete, daß im Ghetto von Nowogrodek (ich kannte den Namen, da dies der Geburtsort des großen polnischen Dichters Adam Mickiewicz war) jüdische Jugendliche bei einer Aussiedlungsaktion SS- und Gestapo-Leute mit Beilen und Äxten angegriffen und einige von ihnen getötet hatten. Nowogrodek ging in die Geschichte ein als erster Ort, an dem sich Juden zur Wehr gesetzt hatten. Anilewicz legte Wert darauf zu betonen, daß hier Juden bereit gewesen waren, SS-Leute zu töten und selbst eines ehrenvollen Todes zu sterben. Aus seinem Mund hörte ich zuerst die Parole: „Nicht wie Lämmer zur Schlachtbank".

Es entbrannten bei uns heftige Diskussionen, ob wir uns zum Aufstand gegen die Deutschen entschließen sollten, um „nicht wie Lämmer zur Schlachtbank" in den Viehwaggons nach Auschwitz transportiert zu werden, oder ob wir Kameraden mit falschen Papieren nach Österreich und Deutschland schicken sollten, damit sie überlebten und der Welt Zeugnis gaben von den Mordtaten, die geschehen waren. Wir waren sicher, daß niemand die Todesfabriken Meidanek,

Treblinka und Auschwitz überleben würde. Nach langem Hin und Her kamen wir zu der Überzeugung, daß wir uns für beides vorbereiten sollten.

Ein Mitglied der „Hanoar Hazioni", Bajuk aus Krakau, hatte wertvolle Beziehungen zum Arbeitsamt Tarnow, wodurch es möglich war, Mädchen mit falschen polnischen Papieren im Rahmen des freiwilligen Arbeitseinsatzes nach Deutschland und Österreich zu schicken.

Sala und Mala wurden auf diese Weise nach Deutschland geschickt. Es folgten zehn weitere Mädchen zwischen 16 und 18 Jahren, die in Wien Arbeit als Krankenschwestern im Krankenhaus „Steinhof" bzw. als Dienstmädchen bei hohen Offizieren, die an der Front waren, bekamen.

Im März 1943 wurden wir aus Sosnowitz in das Ghetto Schrodula übersiedelt. Es war nicht geschlossen und bewacht, wie die anderen Ghettos in Polen, und die Lebensbedingungen waren dort nicht ganz so hart. Wir gehörten zum Dritten Reich und nicht zum Generalgouvernement. Es fanden fast monatlich Aussiedlungsaktionen nach Auschwitz statt. Neben dem Ghetto befand sich eine Polizeischule, und wenn wir in der Nacht plötzlich Lichter in der Polizeischule sahen, wußten wir, was uns bevorstand. Das Ghetto wurde von der Polizei umzingelt, und SS-Einheiten holten die Juden ab, um sie wegzutransportieren. Das Ghetto schien dann wie ausgestorben, die Leute waren wie vom Erdboden verschluckt. Sie versteckten sich in unterirdischen Bunkern, in Öfen und in hohlen Mauern. Vor jedem Haus stand in der Nacht ein Beobachter, der sofort meldete, wenn die Lichter in der Polizeischule ausgingen. 10 000 bis 15 000 Menschen verschwanden dann binnen Minuten. Die Deutschen kamen mit Hunden, um die Juden in ihren Verstecken aufzuspüren.

Am 23. Mai 1943 verlangte Gestapo-Chef Dreier, daß Merin, seine Sekretärin Fanja Czarna und andere Mitglieder des Judenrates sich augenblicklich nach Kattowitz verfügen sollten. Dort wurden sie von Hunden gebissen, in bereitstehende Autos gedrängt und nach Auschwitz deportiert. Merin, der Dreier seit 1939 treu gehorcht hatte, war dem Gestapochef nicht länger von Nutzen. Er hatte ihm bereits mehrere Millionen Mark Erpressergeld abgenommen und übergab ihn nunmehr seinem Freund, dem Wiener Maximilian Grabner, in Auschwitz.

Grabner war von Beruf Förster und übte zunächst ab November 1939 das Amt eines Gestapo-Sekretärs in Kattowitz aus. Dann wurde er von November 1940 bis Ende 1943 Leiter der politischen Abteilung in Auschwitz. Ihm unterstanden unter anderem die Krematorien. Grabner war für die Ermordung von politischen Häftlingen an der Wand des politischen Blocks Nr. 11 verantwortlich. Er suchte sich hübsche Jüdinnen, die mit den Transporten ankamen, als Sekretärinnen für sein Büro, das „Standesamt", wo eine Registrierung der ankommenden und getöteten politischen Häftlinge durchgeführt wurde. Nach dem monatlichen „Dienst" wurden die Häftlinge in die Krematorien geschickt. Grabner wurde später von einem SS-Gericht zu 12 Jahren Haft verurteilt und aus der SS ausgeschlossen. Nach dem Krieg wurde er von einem polnischen Gericht zum Tode verurteilt und am 22. Dezember 1947 vor Block Nr. 11 gehängt.

Gleich nach dem Krieg machte ich mich auf die Suche nach Dreier, um ihn vor Gericht zu bringen. In Mecklenburg fand ich den amtlichen Totenschein von Dr. Hans Dreier, datiert mit 5. Mai 1945. Ich bin ganz sicher, daß der Totenschein nicht der Wahrheit entsprach. Jeder Gestapo-Mann, der in Verbindung mit dem Judenrat gestanden hatte, war Millionär geworden. Durch die Drohung, Juden nach Auschwitz zu schicken oder Geiseln zu erschießen, erpreßten sie Geld, Brillanten und andere Wertgegenstände. Das Morden war ein einträgliches Gewerbe. So lebt heute etwa der Gestapo-Chef aus Miechov-Krakau namens Bayerlain in Deutschland als Multimillionär.

■ ■ ■

Im Mai 1943 wurden 30 Kameraden, die von der Schweiz richtige Pässe als Bürger von Honduras bekommen hatten, um in einem Internierungslager für ausländische Staatsbürger das Kriegsende abzuwarten, nach Auschwitz deportiert. Den Mitgliedern des vorangegangenen Transportes im März war es dank ihrer Papiere geglückt, ins Internierungslager zu kommen und so den Krieg zu überleben. Auch ich befand mich im Besitz richtiger Papiere von San Salvador, versäumte aber den Transport ins Internierungslager und blieb damit der Bedrohung weiterhin ausgesetzt.

■ ■ ■

Nach dem Besuch von Anilewicz fingen wir an, im Ghetto Schrodula Bunker zu bauen und Waffen zu sammeln, um uns auf den Aufstand gegen die Deutschen vorzubereiten. Der jüdische Ghettoaufstand in Warschau von April bis Ende Mai 1943 war unser Vorbild. Ein Aufstand gegen die Mörder, nicht um zu siegen, sondern um einen ehrenvollen Tod zu wählen. Die Parole von Anilewicz: „Nicht wie Lämmer zur Schlachtbank!" nahm mich vollkommen gefangen. Einen heldenhaften Tod zu sterben und Rache für meine Mutter und für meine zwei Brüder zu nehmen, dieses Ziel stand mir vor Augen.

Im April 1943 fuhr meine Schwester mit falschen Papieren nach Breslau. Sie war mit Hilfe von Frau Wojniak, unserer Nachbarin vor dem Krieg, aus dem Ghetto geflohen und der Aussiedlung entgangen. Frau Wojniak empfing Hadassa damals mit den Worten: „In der Nacht habe ich von deiner Mutter geträumt. Sie hat mich inständig angefleht, dir zu helfen. Rette meine Tochter! Rette meine Tochter! hat sie immer wiederholt."

Mein Vater, mein Bruder und ich blieben im Ghetto zurück. Wir hatten nur noch wenig Hoffnung. Besonders nach der Ermordung Merins, Dreiers Helfer, glaubten wir das Ende nahe.

■ ■ ■

Am 1. August 1943 gingen nachts neuerlich die Lichter in der Polizeischule an. Große Scheinwerfer richteten aus Lastautos ihre hellen Lichtkegel auf das Ghetto Schrodula. Aber diesmal kamen keine SS-Leute, um Juden aus den Verstecken zu holen.

Um acht Uhr früh fuhren einige Lastautos in das Ghetto. Über Lautsprecher wurde verkündet: „Schrodula wird nach dem Osten umgesiedelt. Alle Einwohner sollen sich von acht Uhr früh bis vier Uhr nachmittag freiwillig auf den Sammelplatz im Zentrum des Ghettos begeben." Man solle nicht mehr als zehn Kilogramm Gepäck mitbringen. Jede Familie dürfe nur fünf Koffer zur Umsiedlung vorbereiten, die, mit Namen und Adresse bezeichnet, in einem Zimmer abzustellen seien. Die Koffer würden später abgeholt und nachgeschickt werden. Wer sich nicht stelle, würde sofort erschossen werden. Als „wichtiger Hinweis" wurde uns noch mitgeteilt: „Die Leute sollen sich mit ein paar Flaschen Wasser versorgen, da die Reise zwei bis drei Tage dauern wird." Wir wußten, daß es soweit war. Schrodula wurde judenrein gemacht.

In den Abendstunden befand ich mich mit meinem Vater und meinem Bruder Samek in unserem Bunker. Wir waren die einzigen von unserer Familie, die übrig geblieben waren. Um Mitternacht wurde ich in den Bunker von Lusia Markovic zur Beratung gerufen. Später machte ich mir oft Vorwürfe, daß ich damals nicht bei meinem Vater geblieben war. Ich hätte den Bunker nicht verlassen dürfen, aber mein Vater beschwor mich: „Geh zu ihnen! Dort braucht man dich mehr. Du bist jung. Du mußt am Leben bleiben!" Und dann hatte er mich gesegnet und hinzugefügt: „Vergiß nie, was der deutsche Amalek uns angetan hat."[1]

■ ■ ■

Im Bunker von Lusias Haus befanden sich 30 Personen, und wir beschlossen, in dieser Nacht aus dem Ghetto auszubrechen. Wir waren uns immer bewußt, daß Auschwitz die totale Vernichtung bedeutete und daß wir nichts zu verlieren hatten. Aber wir würden „nicht wie Lämmer zur Schlachtbank" gehen.

Das Ghetto wurde von der Polizei umzingelt, alle 50 Meter war ein Polizist postiert. Wir wählten eine Stelle für den Durchbruch aus, die uns in den nahegelegenen Wald führen sollte. Von dort wollten wir uns mit falschen Papieren unter der polnischen Bevölkerung verstecken und als Partisanen ins Gebirge fliehen.

Tags darauf, als wir uns noch frei bewegen konnten, unternahmen wir Patrouillengänge, um herauszufinden, an welchen Stellen der Durchbruch am besten zu bewerkstelligen wäre. Als ich mich den äußeren Posten näherte, streifte mich ein Schuß und verletzte mich leicht. Wir waren uns bewußt, daß von allen 30 Kameraden, die sich im Bunker befanden, vielleicht drei bis fünf in die Freiheit gelangen konnten. Aber, wie ich schon erwähnte, wir waren der Überzeugung, daß Auschwitz den sicheren Tod bedeutete, und hier bot sich die Chance, daß sich wenigstens einige von uns retten konnten. Vor allem Janek und Hipek befürworteten den Ausbruch. Auch unser Kommandant Jozek Kozuch war dafür.

Der Bunker bestand aus drei Verstecken: In einem befanden sich Waffen, im zweiten ein Archiv von Dokumenten und Dokumentationen, die wir seit Ausbruch des Krieges gesammelt hatten. Das dritte Versteck barg falsche Papiere, die Hipek und ich herstellten, um sie in Stunden der Gefahr an die Mitglieder unserer Gruppe zu verteilen.

Wenn wir auf der „arischen" Seite leben und aktiv sein wollten, benötigten wir Geld. Jozek wußte, wo der Judenrat sein Geld versteckt hatte. Wir wollten

---

[1] *Amalek:* Vgl. Ex 17,8–15. Das Volk der Amalekiter lebte in ständigem Kampf mit den Israeliten.

den Versuch unternehmen, an das Geld heranzukommen, und hatten uns zu diesem Zweck Kappen des jüdischen Ordnungsdienstes besorgt. Des Streifschusses wegen, den ich tags zuvor von der Wache abbekommen hatte, übernahm meinen Part schließlich Natan.

Jozek und Natan verließen den Bunker, während wir anderen die Waffen unter uns verteilten. Nach der Rückkehr von Jozek und Natan wollten wir den Ausbruch wagen.

Im Ghetto war es totenstill. Alle Bewohner befanden sich in den Bunkern. Stunden vergingen. Gegen Mitternacht hörten wir plötzlich Schüsse. Wir saßen wie gelähmt, keiner sagte ein Wort. Ein jeder von uns spürte, daß es Jozek und Natan erwischt hatte. Im Morgengrauen hörten wir dann ein Klopfen an der Tür. Es war Jozeks Vater. Er wußte nicht, was mit seinem Sohn passiert war. Von ihm erfuhren wir, daß die Deutschen 500 Jugendliche von der Aussiedlung freistellen wollten, um das verlassene Ghetto zu säubern und das zurückgelassene Hab und Gut der Ausgesiedelten zu sammeln und zu verpacken.

Wir verließen deshalb den Bunker. Von weitem sahen wir einen Wagen mit Leichen. Hipek erkannte darunter die Leichen von Jozek und Natan. Plötzlich kam ein Transport vorbei, und ich entdeckte unter den zur Deportation bestimmten Juden meinen Vater. Sein angsterfüllter Blick irrte hin und her, als ob er jemanden suchte. Dann senkte er den Kopf, als hätte er sich mit seinem Schicksal abgefunden. Er schritt mit schleppenden Schritten vorwärts. Die Entfernung zwischen uns wurde immer kleiner. Plötzlich hob er seinen Kopf und sah mich. Aus seinem Blick sprach Ohnmacht und tiefste Verzweiflung. Seine Lippen bewegten sich, wie um etwas zu sagen. Die SS-Leute trieben ihn an. Ich wollte ihm nach. Dann zögerte ich. Mit ihm in die Waggons nach Auschwitz gehen oder bleiben und den Kampf gegen die Deutschen fortsetzen? Hipek legte mir die Hand auf die Schulter. „Nicht, Manus, ... nicht. Es hat keinen Sinn", flüsterte er. „Das ist der sichere Tod. Wir dürfen nicht Selbstmord begehen. Wir müssen den Kampf fortsetzen. Wir haben noch Ziele ..."

Mein Blick konzentrierte sich auf meinen Vater. Meine Hände ballten sich zu Fäusten. Bis heute weiß ich nicht, was in diesem Augenblick mit mir geschah. Ich wollte zu meinem Vater laufen, aber meine Beine waren wie gelähmt. Ich wollte ihn umarmen, aber irgend etwas hielt mich zurück. Ich sah meinen Vater vorübergehen. Ich stand da und blickte ihn an, ohne mich zu bewegen. Ich fühlte, daß sein Schicksal mein Schicksal sein mußte, ich wollte in diesem Augenblick mit ihm sein, mit ihm zur Bahnstation gehen und mit ihm in den Waggon steigen, dessen Ziel Auschwitz war. Ich wollte, aber ich blieb starr, ich war nicht fähig, auch nur die Hand zu heben. Ich wußte zugleich, daß der Tag kommen würde, an dem ich den Tod meines Vaters und meiner Mutter rächen würde. In sämtlichen Racheaktionen nach dem Krieg, auch bei meiner Suche nach Eichmann, vergaß ich nie diesen Moment, als ich meinen Vater das letzte Mal sah.

■ ■ ■

Die 500 Juden, die zu Aufräumungsarbeiten zurückbehalten wurden, gingen zu den SS- und Gestapo-Leuten. Diese bildeten ein Spalier und wiesen jeden einzelnen, der passierte, an, zum Shop von Braun zu gehen. Hipek war vor mir in der Reihe. Ein SS-Mann packte ihn und drängte ihn auf die Seite: „Du willst wohl fliehen", brüllte er ihn an. Er hatte gesehen, daß Hipek seinen Judenstern nicht aufgenäht, sondern nur mit Stecknadeln angeheftet hatte. Später erfuhren wir, daß Hipek, bevor er in den Zug nach Auschwitz stieg, auf zwei SS-Männer schoß und sie tötete. Hipek und seine Freundin Rose, die ihm gefolgt war, wurden daraufhin von SS-Leuten erschossen und ihre Leichen in den Waggon geworfen.

Als wir uns dem Braun-Shop näherten, sahen wir, daß er noch nicht bewacht wurde. Janek beschloß, sofort zum Gorecki-Shop zu flüchten. Später erfuhren wir, daß Polen ihn auf der Straße angezeigt hatten. Als deutsche Polizisten sich ihm näherten, eröffnete er das Feuer auf sie, erschoß einen Polizisten und verwundete zwei weitere.

Zwei, drei Tage später beschlossen wir, von unserem Durchgangslager im Braun-Shop zu fliehen. Ungefähr einen Kilometer vom Ghetto entfernt befand sich die Schuhcremefabrik „Erdal" des Johann Pscheidt. Johann Pscheidt, ein Österreicher, wurde in Sosnowitz und Bendzin als Treuhänder für jüdische Betriebe eingesetzt. Zuerst in einer Seifenfabrik (im Besitz der Familie Lustiger, der auch Jean Pierre Lustiger, Kardinal von Paris, entstammt), wo er sich gleich als Judenfreund zeigte. Ein Mitglied unserer Untergrundbewegung, Henrik Lustiger, machte uns mit ihm bekannt. Bei jeder Aussiedlung flüchteten Kameraden zu Johann Pscheidt. Er stellte uns sogar Geldmittel zur Verfügung.

Als am 1. August 1943 Sosnowitz-Schrodula judenrein wurde, schickte Johann Pscheidt seine Arbeiter auf Urlaub und stellte seine Räume den aus dem

Ghetto geflüchteten Juden zur Verfügung. Auch ich fand bei Pscheidt Unterschlupf. Ich verbrachte dort einige Nächte.

Dann begab ich mich eines Morgens mit einem Blumenstrauß, feierlich angezogen, auf die Straße, als ginge ich zu einem Hochzeitsfest, und schlenderte zum Bahnhof. Ich bestieg ohne Hast den Zug, der mich ins Beskidengebirge bringen sollte. Ich hatte Izhak Schanzer mitgenommen, der zu einer frommen jüdisch-zionistischen Bewegung gehörte und so jüdisch aussah, daß es jeder aus Angst, entlarvt zu werden, ablehnte, sich mit ihm zu zeigen. Auch ich hatte mich zuerst gewehrt, aber da er in eine solche Verzweiflung fiel, brachte ich es nicht über mich, ihn zurückzulassen. Gott würde sich, wenn es ihn gab, unser wohl erbarmen, dachte ich bei mir.

An einer verlassenen Bahnstation in den Bergen, in einem Dorf namens Cienciny, stiegen wir aus und begaben uns zu entlegenen Bauernhöfen, wo wir unterkommen konnten.

CIENCINY,
EIN ABGELEGENES BERGDORF

Ende August 1943 weckte mich um fünf Uhr früh ein Pfeifen. Ich erkannte die Melodie. Dieses Pfeifen kündigte in unserer Untergrundbewegung eine erfreuliche Nachricht oder eine Warnung an. Ich blickte aus dem Fenster und sah meinen Freund Olek in Bauernkleidung draußen stehen. Ich beeilte mich, zu ihm hinauszugehen.

„Habe ich dich geweckt?" fragte Olek und sagte dann: „Es sind große Dinge im Gang. Ich bin gekommen, um dir zu sagen, daß du zusammen mit deinem Zimmergenossen verreisen mußt. Ihr fahrt heute um zwölf mit dem Zug nach Kattowitz und von dort aus als polnische Fremdarbeiter weiter. Hier sind die Fahrkarten."

„Wo fahren wir hin?"

„Lerne Wiener Walzer tanzen, mehr sage ich nicht." Und darauf fragte mich Olek, wie das damals mit Tusia und seiner Mutter gewesen war, als wir drei uns in Cienciny in diesem abgelegenen Haus begegnet waren.

Ich begann zu erzählen: „Ich stand frühmorgens auf, um auf die Toilette im Hof zu gehen. Ich hatte gleich so ein Gefühl, als würde etwas passieren. Als ich zum Haus zurückging, sah ich in der Ferne zwei Punkte, die langsam näherkamen. Bald konnte ich erkennen, daß es zwei Frauen waren, eine ältere und eine junge. Sie waren bäuerlich gekleidet, doch die Jüngere trug Stadtschuhe, die nicht zu ihrer Tracht paßten. ‚Tusia?' fragte ich zögernd und lächelte. ‚Manus!' antwortete sie überrascht und fügte hinzu: ‚Als ich von weitem einen Dörfler im Pyjama sah, sagte ich zu Mutter: ‚Das ist bestimmt einer von uns.' Ich versteckte Tusia und deine Mutter im Wald und brachte ihnen Essen. Als der Bauer, bei dem ich wohnte, schlief, holte ich sie in mein Zimmer, damit sie in meinem Bett schlafen konnten. Für sie war es seit langem die erste Nacht in einem Bett. Im Morgengrauen, bevor der Bauer aufstand, brachte ich sie wieder in den Wald zurück. Dann machte ich mich auf, um dir mitzuteilen, daß beide in Sicherheit waren."

Ich hatte Oleks Schwester vor zwei Jahren im Ghetto von Bendzin kennengelernt – am Tag ihrer Hochzeit mit Schalom, meinem Gruppenleiter bei der Hanoar Hazioni. Olek hatte mir gespannt zugehört. Als ich geendet hatte, umarmte er mich und sagte mit bitterem Auflachen: „Tusia sagte mir, daß sie nicht gewußt hätte, wo sie hinfahren sollte, wenn sie dich nicht getroffen hätte. Sie wäre sonst zum Bahnhof gegangen und hätte eine Fahrkarte nach Auschwitz gekauft. Sie hatte nur Angst, daß der Beamte am Schalter kein Wechselgeld haben würde, um ihr auf einen größeren Geldschein herauszugeben."

Ich mußte über Oleks sarkastischen Humor lachen. Wir waren damals mit einem Pferdewagen hierhergekommen, um Izhak Schanz zu suchen, den ich im Beskidengebirge in Sicherheit gebracht hatte.

Bewegt gab ich Olek die Hand zum Abschied. „Glaubst du, daß wir uns noch einmal wiedersehen werden?" – „Keine Angst, wir sind Männer", sagte Olek. Er war siebzehn und ich einundzwanzig. „Wir werden am Leben bleiben, um Rache zu nehmen."

„Olek, ich habe eine Idee", rief ich aus. „Wir verabreden uns, wie der Soldat Schwejk, einen Monat nach Kriegsende, um zwölf Uhr mittag in Wien, am Grabe von Dr. Theodor Herzl."

„Abgemacht", sagte Olek schnell. „Und wir werden sieben Stunden am Grabe bleiben, als Symbol des siebenarmigen Leuchters."

Damit gingen wir auseinander. Und zwei Jahre später, einen Monat nach Kriegsende, trafen wir einander an Herzls Grab wieder.

Nach dem Krieg am Grab Theodor Herzls

Wenige Stunden danach saßen Izhak und ich im Zug nach Kattowitz. Wir waren nicht in dasselbe Abteil eingestiegen, um nicht aufzufallen. Mir gegenüber saß ein Pole. Er sah mich fortwährend an und lächelte. Mir kam die Fahrt wie eine Ewigkeit vor, und ich betete, daß sie bald zu Ende gehen möge. Als ich ausstieg, nickte ich dem Polen erleichtert zu. Um acht Uhr abend erreichten wir den Treffpunkt in Kattowitz. Dort warteten Leon, Fredka, Bolek und Zeev Rosenzweig. Sie verteilten gefälschte polnische Papiere und gaben letzte Instruktionen. Wir sollten uns beim Arbeitsamt in Wien als freiwillige Arbeitskräfte aus Polen melden.

Am Abend stieg eine Gruppe von zwanzig jungen Leuten in einen leeren Waggon des Zuges nach Wien.

SCHWANZPARADE

Die Menschenschlange bewegte sich langsam vorwärts. Wir wechselten schweigend Blicke, und jeden von uns erfüllte nur der eine Gedanke: Am Ende der Reihe steht der Tod. Nur wenige Stunden zuvor waren wir mit dem Zug aus Kattowitz in Wien eingetroffen – in der Hoffnung, dem Verderben zu entrinnen und einen neuen Anfang zu machen.

Als erstes hatte man unsere Gruppe in Männer und Frauen aufgeteilt. Dann waren wir Männer in einen dumpfen, überfüllten Saal geführt worden. Ich betrachtete die Fremdarbeiter, die neben uns standen – große und kleine, untersetzte und magere, dunkel- und hellhäutige, blonde und schwarzhaarige, glattrasierte und bärtige. Ein Sprachengewirr erfüllte den stickigen Raum – Serbokroatisch, Ukrainisch, Polnisch und Französisch. Alle waren Ausländer, die als Fremdarbeiter nach Wien gekommen waren.

Während wir in der Schlange standen, achteten wir vor allem darauf, den Polen nicht zu nahe zu kommen, damit unser Aussehen und unser Akzent uns nicht verrieten. Wir unterhielten uns nur im Flüsterton miteinander. Mich überkam regelrecht ein Zittern, als einer der Männer mich plötzlich auf polnisch fragte: „Wann seid ihr angekommen? Wie sieht's in der Heimat aus?" Das Wort „Heimat" berührte mich seltsam, nach allem, was ich dort erlebt hatte.

■ ■ ■

Es war ein kühler, regnerischer Tag Ende August 1943. Unsere Namen standen auf einer Sammelliste des Arbeitsamtes der polnischen Stadt Tarnow. Diese Liste lag einer Überweisung an das Arbeitsamt in Wien bei. Das hatten wir von Kameradinnen erfahren, die einige Wochen vor uns in Wien angekommen und bereits auf verschiedene Arbeitsplätze verteilt worden waren. Die Adresse des Sammellagers, in dem das Arbeitsamt untergebracht war, hatten wir bei uns.

Die Stadt machte einen traurigen Eindruck auf mich. Mein Vater war oft wegen seiner Kohlenexportgeschäfte von Kattowitz nach Wien gefahren und hatte immer Wunderdinge über die schöne, heitere Metropole erzählt. Wir Kinder lauschten offenen Mundes seinen Geschichten, die uns wie Märchen aus einer anderen Welt erschienen, und staunten über die wundervollen Geschenke, die wir erhielten. Jetzt wirkte die Stadt grau und spätsommerlich trübe. Die Straßen waren bis auf ein paar Frauen und alte Leute menschenleer, die Männer waren im Krieg. Eine Geisterstadt, der der Krieg schwere Wunden geschlagen hatte. Nur die alten Prunkgebäude mit ihren Barockkuppeln zeugten von dem ehemaligen Glanz. Ein kalter Wind peitschte die Bäume, deren Laub sich schon zu verfärben begann. Mir fiel der Satz ein, den wir im Lateinunterricht gelernt hatten: „Sic transit gloria mundi" – „So vergeht die Pracht der Welt."

Am Eingang zum Sammellager verwiesen uns Ordnungsbeamte an das benachbarte Gebäude, das als Obdachlosenheim diente. Aus dem Untergeschoß des alten Hauses drang der bellende Befehl: „Fertigmachen zur Schwanzparade! Fertigmachen zur Schwanzparade!" Wir wurden die Treppe hinunter in einen großen Saal geführt. Und schon ertönte der nächste Befehl: „Hände hoch, Hosen runter!" Wir wurden bleich vor Angst. „Jetzt ist es aus mit uns", flüsterte ich Mietek zu, der hinter mir stand. „Hände hoch, Hosen runter!" kam wieder ein Brüllen. Wir blickten einander in die Augen. Auf diesen Moment waren wir seit langem gefaßt. Wir wußten, daß wir ein gefährliches Spiel spielten. Jetzt galt es, ruhig zu bleiben und uns nichts anmerken zu lassen. Um den Gefährten Mut zu machen, flüsterte ich ihnen zu: „Ich gehe als erster. Ich spreche Deutsch, und wenn sie etwas fragen wollen, kann ich antworten."

Von oben blickten durch das offene Fenster die Mädchen unserer Gruppe auf uns herab. Ich sah Karola und Tobka, aber ich hätte sie beinahe nicht erkannt. Ihre Gesichter waren wie versteinert. Sie wußten, daß ihr Schicksal mit dem unseren unlösbar verknüpft war. Wenn wir als Juden entlarvt wurden, bedeutete das auch ihr Ende.

Die Schlange bewegte sich mit nervenzermürbender Langsamkeit voran. Die Spannung und die Angst wurden unerträglich. Dann ging es mit einem Mal schneller weiter. Ich sah einen Tisch, an dem ein Mann in einem weißen Kittel saß, offenbar ein Sanitäter oder Krankenpfleger. Er schrie unaufhörlich mit heiserer Stimme: „Hände hoch, Hosen runter!"

Panik ergriff mich. Bilder aus dem Ghetto zogen blitzschnell an meinem inneren Auge vorbei. Der Schrei „Hände hoch!" gellte in meinen Ohren. Flüche, Püffe, Schläge, Hilferufe, Schüsse. Einen Augenblick blieb ich wie gelähmt stehen und konnte mich nicht vom Fleck rühren. Wieder das Geschrei: „Vorwärts! Vorwärts!" Mir wurde schwarz vor Augen, doch mein Überlebensinstinkt besiegte die Angst. Ich trat vor den Mann im weißen Kittel hin. Er hielt in einer Hand einen Stock und in der anderen eine große Taschenlampe. Ein starker Lichtstrahl blendete meine Augen und wanderte dann hinunter, an der Achselhöhle entlang, und von dort aus nach unten zwischen meine Beine.

Der Sanitäter hob mein Glied mit dem Stock hoch und richtete seine Taschenlampe darauf. In dem Augenblick fühlte ich mich dem Tode nahe. Der Mann sah mir kurz in die Augen und bedeutete mir darauf mit dem Stock nach rechts zu gehen. Dann neuerlich: „Vorwärts! Hände hoch, Hosen runter!" Mir zitterten die Knie. Ich begriff nicht sofort, daß der Mann gar nicht darauf geachtet hatte, ob ich beschnitten war. Er hatte nach Anzeichen von Geschlechtskrankheiten wie Tripper oder Syphilis gesucht. Wirklich wurden einige von den Untersuchten zur Desinfektion ins Nebenzimmer geschickt. Als ich sah, daß auch meine Kameraden die Schwanzparade heil überstanden hatten, atmete ich auf. „Wir sind dem Tode entronnen", flüsterte ich Karol zu. Er lächelte und drückte mir die eiskalte Hand.

Wir wurden als arbeitstauglich erklärt. Der Registrationsbeamte teilte uns mit, wir könnten als Landarbeiter an zwei Orten unterkommen – in Rauchenwarth bei Schwechat und in Gramatneusiedl. Wir teilten uns in zwei Gruppen auf. In meiner Gruppe, die nach Rauchenwarth kommen sollte, waren alle meine Freunde und Freundinnen von der Jugendgruppe „Hanoar Hazioni". Da waren Tobka und Karola, die Eltern von Fredka, der Vater von Jozek Kozuch, Karol, Joske, Mietek und Zygmund.

Wir wurden auf verschiedene Häuser im Dorf verteilt und wohnten mit polnischen und ukrainischen Arbeitern zusammen. Der österreichische Bauer, bei dem ich in Rauchenwarth arbeitete, achtete darauf, daß wir unser tägliches Arbeitspensum erledigten, behandelte uns aber sonst nachsichtig. Tagsüber arbeiteten wir an der Dreschmaschine, die sich mehrere Dörfer in der Umgebung teilten. Wir banden Garben, luden sie auf Erntewagen und brachten sie in die

Scheune. Abends trennten sich unsere Wege, und jeder ging in seine Unterkunft. Fredkas Mutter mußte während der Arbeit Handschuhe tragen, weil ihre Hände wundgescheuert waren. Ihr und Karola war die Arbeit zu schwer, und sie baten um eine Versetzung. Man schickte sie daraufhin nach Schwechat, in die Raffinerie-Werksküche. Dort erhielten Häftlinge, die in der Raffinerie arbeiteten, ihre Mahlzeiten – natürlich streng bewacht von SS-Beamten.

Ich machte mir vor allem Sorgen um den Vater von Jozek Kozuch, dem Leiter unserer Jugendbewegung im Ghetto Sosnowitz. Er war alt, konnte das Arbeitstempo nicht halten und war ständig niedergeschlagen. Kurz vor unserer Abreise hatte er erfahren, daß sein Sohn Jozek getötet worden war. Zur gleichen Zeit wurde auch seine Frau nach Auschwitz deportiert. Sein zweiter Sohn, Bolek, blieb in Kattowitz und gehörte zu den Anführern der Gruppe, die Mitglieder der Bewegung aus dem Ghetto rettete. Als wir mit dem Zug von Kattowitz nach Wien fuhren, stand ich neben ihm am Zugfenster, und wir sahen in die Dunkelheit hinaus. Ich versuchte, ihm Mut zuzusprechen: „Dein Sohn Jozek hat uns eingeschärft, am Leben zu bleiben und weiterzumachen." Ich erinnerte ihn daran, was Jozek uns immer wieder gepredigt hatte: „Der Aufbau des Landes Israel wird schneller vor sich gehen als die Vernichtung der Juden." Jozeks Vater sah mich nur stumm an, und seine Augen füllten sich mit Tränen.

Im Dorf lebte ich in ständiger Angst, als Jude entlarvt zu werden. Doch trotz der Angst und der harten Arbeit schöpfte ich Mut aus dem Zusammensein mit meinen Freunden. Mit mir im Zimmer wohnte ein polnischer Arbeiter namens Boreslav, der aus einem kleinen Dorf stammte und noch nie einen Juden gesehen hatte. Er brachte mir verschiedene Dinge bei, auf die sich ein Bauer versteht: Hühnerfüttern, Schweine versorgen, Ställe säubern und andere Arbeiten in Haus und Hof. Damit er mich für einen Christen hielt, kniete ich jeden Abend vor dem Schlafengehen nieder, bekreuzigte mich und murmelte etwas, das wie ein christliches Gebet klingen sollte.

Das Haus, in dem ich wohnte, lag am Ende des Dorfes, neben einem kleinen Friedhof, über dessen Tor geschrieben stand: „Diesen Weg muß jeder gehen." Immer wenn ich an dieser Inschrift vorbeiging, dachte ich: „Diesen Weg gehe ich nicht. Auf diesem Friedhof werde ich nicht liegen. Ich werde am Galgen oder so ähnlich sterben."

Eines Tages befahl mir der Bauer, da der polnische Arbeiter krank war, das Pferd zu tränken. Nach dem anstrengenden Arbeitstag wusch ich mich mit kaltem Wasser aus einem Eimer. Dann füllte ich ihn bis zum Rand und stellte ihn vor das Pferd hin. Der Bauer hatte mir gesagt, das Pferd müsse einen ganzen Eimer trinken. Ich versuchte einige Male, das Tier zum Trinken zu bewegen, doch es weigerte sich. Schließlich gab ich es auf und ging schlafen.

Am nächsten Morgen fuhr ich mit dem Bauern im Pferdewagen aufs Feld. Plötzlich fragte der Bauer mich, ob ich daran gedacht hätte, das Pferd zu tränken. „Ich habe daran gedacht", erwiderte ich, „es hat getrunken." Einige Augenblicke später fragte er: „Wieviel hat es getrunken? Den ganzen Eimer?" – „Ich weiß es nicht", erwiderte ich, „ich habe ihm den Eimer hingestellt und bin ins Bett gegangen." Er musterte mich scharf und sagte: „Das Pferd hat nicht getrunken. Sag die Wahrheit! Wer bist du eigentlich? Du hast doch gesagt, du bist ein Bauernsohn. Du hast mich angelogen."

Ein Angstschauer lief mir über den Rücken. Ich dachte fieberhaft nach. Woher wußte der Bauer, daß das Pferd nicht getrunken hatte? War das Tier etwa auch schon ein Gestapo-Agent? Als ich abends ins Zimmer kam, erkundigte ich mich bei Boreslav, woher der Bauer wissen konnte, daß das Pferd nicht getrunken hatte. Boreslav fragte sofort, welchen Eimer ich benutzt hätte. „Den Eimer, in dem ich mich gewaschen habe", antwortete ich. „Bist du verrückt geworden?" rief Boreslav, „weißt du denn nicht, daß ein Pferd nur ganz sauberes Wasser trinkt?" So bekam ich eine Lektion in Landwirtschaft ...

U-Boot sucht Herzl

Einmal fuhr ich an einem freien Sonntag von Rauchenwarth nach Wien, um meine Freunde zu treffen. Ich passierte den großen Zentralfriedhof, der mehrere Eingänge hat. Plötzlich sah ich am Tor Nr. 4 hebräische Buchstaben. Das mußte der jüdische Friedhof sein. Einer spontanen Eingebung folgend, stieg ich an der nächsten Station aus und ging zum Tor Nr. 4.

Ein leichter Wind strich über meine Stirn. Der Friedhof lag still und verlassen da. Ich streifte zwischen den Gräbern mit dem Davidstern umher – als Jude, der ein Kreuz an einer Silberkette um den Hals trug. Die lastende Stille bedrückte mich. Nicht einmal ein Vogelzwitschern war zu hören. Ich betrachtete die Inschriften auf den Grabsteinen, die zum Teil kaum leserlich waren.

Ich ging schneller, um zu dem Ende des Friedhofs zu gelangen, wo ich die Gräber vom Anfang des Jahrhunderts suchte. Unterwegs kam ich an vielen Gräbern mit den Jahreszahlen 1938, 1939 und 1940 vorbei. Sie schienen kein Ende zu nehmen. Es waren die Jahre nach dem Einmarsch der Deutschen in Österreich, in denen viele Juden von den Deutschen und den Österreichern in den Selbstmord getrieben wurden. Oft zwang man sie, aus dem Fenster ihrer Wohnung zu springen.

Ich ging weiter und suchte nach den Grabsteinen von Verstorbenen aus dem Jahre 1904. Dann erblickte ich plötzlich von weitem eine Gruppe von Männern mit dem gelben Stern auf den Kleidern, die mit Gartenarbeiten beschäftigt waren. Als ich näherkam, sah einer von ihnen, ein Mann in mittleren Jahren, von seiner Arbeit auf. Er starrte mich mit einer Mischung aus Verblüffung und Entsetzen an, als sei ihm ein Geist erschienen. Dann rief er mit lauter Stimme: „Was suchen Sie? Was machen Sie hier?"

„Ich suche das Grab meines Onkels", sagte ich mit erzwungener Ruhe.

„Ihres Onkels? Wer war dieser Onkel? Sind Sie sicher, daß er hier begraben ist?" fragte er mit unverhohlenem Argwohn.

„Er hieß Theodor Herzl", antwortete ich aufs Geratewohl. Ich dachte, er wisse nicht, von wem die Rede war.

Der Mann war blaß geworden. „Theodor Herzl?" wiederholte er. Plötzlich schrie er mich wütend an: „Haben Sie nichts Besseres zu tun? Andere Sorgen haben Sie wohl nicht! Sie können von Glück sagen, daß Sie an mich geraten sind. Sie sind bestimmt ein U-Boot[1]. Machen Sie, daß Sie wegkommen, und lassen Sie sich nicht mehr hier blicken!"

Ich wandte mich erschrocken zum Gehen, während er hinter mir herschrie: „Außerdem ist Herzl nicht hier begraben, sondern in Döbling. Aber hüten Sie sich bloß, dahin zu gehen!"

■ ■ ■

Aber ich bin trotzdem nach Döbling gegangen, wenn auch erst sechs Jahre später, im August 1949. Ich nahm als Mitglied eines Wiener Studentenverbandes an der feierlichen Heimführung der Gebeine Theodor Herzls teil. Eine israelische Delegation war nach Österreich gekommen, um die sterblichen Überreste Herzls nach Jerusalem zu bringen. Von seiten des Studentenverbandes wurde die Feier von Tuvya Friedman organisiert. Die israelische Delegation wurde von Izhak Grienbaum angeführt. Ihr gehörten auch sechs israelische Offiziere an, die den Sarg tragen sollten. Einer von ihnen war der Kapitän der Luftwaffe Alex Gattmon, der früher Olek Gutman geheißen hatte. Olek, mein guter alter Freund, der mir die Fahrkarte nach Cienciny gebracht hatte, mit dem ich den Krieg in Ungarn erlebt hatte! Er hatte sich ein Jahr zuvor als Freiwilliger gemeldet, um im israelischen Unabhängigkeitskrieg zu kämpfen, und war mit dem Schiff Altalena nach Israel gekommen. Als er nun vor mir stand, fiel mir alles ein, was wir im Krieg und danach gemeinsam erlebt hatten. Olek, der als Fünfzehnjähriger die erste Pistole für unsere Untergrundzelle erwarb, indem er seine Armbanduhr dafür eintauschte. Olek, der mit sechzehn zusammen mit Jozek Rosenberg, Harry Blumenfrucht und Jatze Spiegelmann in das Haus eines Treuhänders jüdischen Vermögens namens Michatz eingebrochen war, um Waffen zu stehlen. Olek, dessen Meinung immer Ge-

---

1 *U-Boot* nannte man damals Juden, die untergetaucht waren und sich als Christen ausgaben.

wicht hatte, obwohl er um Jahre jünger war als wir. Olek, der am Ende des Krieges in Ungarn eine heroische Tat vollbrachte, als er zusammen mit Emil und Danka das Todesurteil des Untergrunds gegen einen jüdischen Verräter vollstreckte, der viele Juden in Polen der Gestapo ausgeliefert hatte. Der mutige Olek, der als Mitglied der jüdischen Untergrundorganisation „Etzel" an der Sprengung des Parkhotels Hietzing, in dem das Hauptquartier der britischen Besatzungsarmee untergebracht war, teilnahm. Olek, der später, 1962, mit seiner Frau Charmit, die Aktion „Yachin" leiten sollte, in der viele Tausende Juden Marokkos heimlich nach Israel gebracht wurden.

So bekam ich bei der feierlichen Umbettung Theodor Herzls zum ersten Mal in meinem Leben einen israelischen Offizier zu Gesicht – meinen Freund Olek, den Kapitän der Luftwaffe, der stolz das Fallschirmjägerabzeichen an der Uniform trug. Alles, was er getan und geleistet hatte, verblaßte in meinen Augen vor der Tatsache, daß er 1947/48 Präsident der jüdischen Hochschüler in Wien war und als einer der ersten Wiener Studenten als Freiwilliger für Israels Unabhängigkeit gekämpft hatte, während ich in Wien geblieben war. Wir sahen einander an, und ich senkte den Blick. Ich schämte mich, nicht wie er in den Krieg gezogen zu sein. Ich trat ein paar Schritte zurück und versteckte mich hinter dem Rücken der anderen.

„Manus, warum läufst du vor mir weg? Ich weiß, was du jetzt fühlst", sagte Olek, der mir gefolgt war.

„Du hast gekämpft, und ich bin in Wien geblieben", stieß ich hervor. „Mein Platz wäre in Israel gewesen, nicht hier."

„Du irrst", erwiderte Olek. „Du machst dir vielleicht gar nicht klar, welche historische Aufgabe du mit der Eichmann-Suche begonnen hast. Artur und sein Stab von der Haganah wußten ganz genau, was sie taten, als sie dir diese Aufgabe übertrugen. Auch deine Tätigkeit in der ‚Bricha'[2], aus der Artur dich abberufen hat, war ein wichtiges Unternehmen. Wir wissen auch, daß du mit deinen Reisen nach Prag dank deiner Beziehungen dort die Waffenlieferungen nach Israel beschleunigt hast. Du hast die Aktion gegen den Mörder unseres

---

2 *Bricha:* Flucht- und Rettungsaktion im Rahmen der Zweiten Aliyah. „Aliyah" war in der zionistischen Bewegung die Bezeichnung für die verschiedenen jüdischen Einwanderungswellen nach Palästina. Das Wort, das aus dem Hebräischen stammt, bedeutet „Aufstieg" (nach Zion).

Volkes, Eichmann, begonnen und führst sie fort, das ist deine Mission im Namen der sechs Millionen. Du hast Großes geleistet und kannst mir ruhig ins Auge sehen. Ich bin sicher, daß es dir gelingen wird, Eichmann zur Strecke zu bringen. Stell dir vor, was Tusia und meiner Mutter passiert wäre, wenn sie dir nicht auf dieser abgelegenen Anhöhe in Cienciny begegnet wären. Manus, Cienciny vergessen wir dir nicht!"

„Nein, Olek, dieses Treffen war eine Schicksalsfügung. Es war uns vorbestimmt, anders kann man das nicht erklären. Jeder hätte an meiner Stelle ebenso gehandelt."

„Ein langer Weg liegt noch vor uns, und das Wichtigste ist jetzt die Rache", sagte Olek. „Das wird unsere nächste gemeinsame Aufgabe sein. Schacht, von Papen und Frick, die in Nürnberg freigesprochen wurden, müssen ihre gerechte Strafe erhalten. Sie dürfen nicht frei herumlaufen."

Während ich vor dem offenen Grab und dem Bleisarg stand, in dem die sterblichen Überreste Herzls lagen, schweiften meine Gedanken zurück zu dem Tag, als ich als „U-Boot" Herzls Grab gesucht hatte. Plötzlich fühlte ich mich meinem „Onkel" sehr, sehr nahe.

■ ■ ■

Ich entfernte mich schnell von der Gruppe der Männer, die sich wieder ihrer Arbeit zuwandten. Auf dem Rückweg geriet ich in einen Bereich des Friedhofs, wo die Gräber anders und vielfältiger waren. Sie spiegelten in Form und Gestaltung den ganzen Reichtum der jüdischen Kultur wider, die hier begraben lag: Namen wie Arthur Schnitzler kamen mir in den Sinn, Max Adler, Karl Goldmark, Josef Popper, Louis Baron de Rothschild, Kurt Sonnenfeld ... und wie sie alle hießen, die Österreichs soziales und kulturelles Leben so wesentlich mitgestaltet hatten.

Als ich aus dem Friedhof herauskam, stieg ich in die Straßenbahn, setzte mich auf einen Fensterplatz und gedachte der jüdische Kultur, die ihre letzte Ruhestätte auf diesem Friedhof gefunden hatte. Ich dachte daran, was Schnitzler gesagt hatte, als sein Freund Herzl ihm aus dem Manuskript seines Buches „Der Judenstaat" vorlas: „Mein Lieber, wenn du glaubst, was du da schreibst, gehörst du nach Steinhof." Er dachte wohl, Herzl habe den Verstand verloren.

„Endstation! Alles aussteigen!" Die Stimme des Schaffners rieß mich aus meinen Gedanken. Ich war am Schwarzenbergplatz angekommen. Noch aufgewühlt von dem Zwischenfall auf dem Friedhof und voller Vorfreude auf das Wiedersehen mit meinen Freunden und Freundinnen, stieg ich aus. Als ich am Café am Schwarzenbergplatz vorbeiging, erblickte ich auf der Tür und auf den Fenstern die Aufschrift „Für Juden und Hunde verboten." Ein schöner Empfang, dachte ich, voll bitterer Ironie, nach dem Besuch auf dem Friedhof, wo die jüdische Elite der Wiener Kultur begraben lag. Was würden die Toten wohl sagen zu solchen Schildern!

Vor dem Krieg hatten 185 000 Juden in Österreich gelebt, davon 170 000 in Wien. Noch vor dem Ausbruch des Krieges wanderten ca. 120 000 von ihnen aus. Von den Zurückgebliebenen wurden die meisten nach Auschwitz und Theresienstadt deportiert. Im Jahre 1943 gab es kaum noch Juden im Wien, aber viele Hunde ...

Viele Juden überlebten den Krieg dank der Hilfe mutiger österreichischer Frauen, die sie in ihren Kellern versteckten. Im Verhältnis zu anderen Gemeinden wurden aus Wien relativ wenige Juden in die Vernichtungslager gebracht, weil die Mehrzahl, wie bereits erwähnt, schon ausgewandert war. Ich kenne persönlich einige Familien, in denen die Frauen ihre jüdischen Männer versteckten.

Als ich die Aufschrift auf den Fenstern des Cafés las, ritt mich der Teufel, und ich ging hinein. Der Kellner empfing mich mit einer tiefen Verbeugung. „Bitt' schön, der Herr! ... Dank' schön!... Bitt' schön!"

Zwei Jahre später, nach Kriegsende, kam ich wieder an dem Café am Schwarzenbergplatz vorbei, das zu einem Treffpunkt der Wiener Juden geworden war. Derselbe Kellner bediente die jüdischen Gäste mit Verbeugungen und höflichen Floskeln: „Bitt' schön, der Herr! ... Dank' schön! ..."

„Sie haben mir vor zwei Jahren einen Kaffee serviert", sagte ich zu ihm, „damals war der Eintritt für Juden und Hunde verboten. Sie haben mich nicht als Jude erkannt, aber ich Sie sehr wohl als Hund."

Frau Benedikt – Wien ist gefährlich

Vom Café am Schwarzenbergplatz ging ich weiter zum Operncafé. Wie an jedem Sonntag war es zum Brechen voll. Ich fand dort alle meine Freunde aus Wien und Umgebung, etwa dreißig an der Zahl, versammelt. Sie hatten Sosnowitz und Bendzin noch vor mir verlassen, bevor die Juden dort endgültig vertrieben wurden. Es war ein bewegendes Wiedersehen. Alle umarmten und küßten einander, und vielen standen Tränen in den Augen. Ruth, Anka, Schoschana, Danka, Lesia und Sara waren gekommen, außerdem auch einige Freunde von der zweiten Gruppe, die in Gramatneusiedl arbeitete. Wir tauschten Erfahrungen und Erlebnisse aus. Die Mädchen erzählten über ihre Arbeit und über eine Englischlehrerin namens Frau Benedikt, die Juden das Leben rettete. Dank ihrer Beziehungen in Ungarn habe sie schon einige Juden über die Grenze geschmuggelt.

Zusammen mit Karol suchte ich Frau Benedikt auf. Unser Besuch war kurz, doch er erfüllte uns mit neuer Hoffnung. Später erfuhr ich, daß Frau Benedikt an Untergrundaktivitäten des britischen Geheimdienstes beteiligt gewesen sein soll.

Von da an trafen wir einander jeden Sonntag und tauschten Informationen aus. Wir erzählten einander alles, was wir erlebt und in Erfahrung gebracht hatten. Besonders am Herzen lag uns, etwas über die Mitglieder unserer Gruppe zu erfahren, die in den Bergen an der slowakischen Grenze und in Kattowitz geblieben waren. Uns allen war klar, daß wir in dem „Paradies" Österreich nur vorübergehend Unterschlupf gefunden hatten. Wir wußten, daß wir jeden Moment entdeckt werden konnten. Bei diesen Treffen vergaßen wir für kurze Zeit alle unsere Nöte. Manchmal gingen wir zusammen essen. Lebensmittel waren rationiert und konnten nur auf Marken bezogen werden, und die Auswahl war äußerst karg. Wir mußten uns meistens mit Eintopfgerichten begnügen.

Gegen Abend hüllte die Stadt sich in tiefes Dunkel, weil Fliegerangriffe zu befürchten waren. Schweren Herzens trennten wir uns, nicht ohne das nächste Treffen zu vereinbaren. Und jeder kehrte wieder an seinen Wohnort und Arbeitsplatz zurück. Eine weitere Woche härtester Arbeit und ständiger Sorge um das eigene Schicksal und das Wohlergehen unserer Lieben stand uns bevor.

Wir freuten uns sehr, als an einem dieser Sonntage Leons Schwester Hanna, die als Kellnerin im Operncafé arbeitete, Leons Ankunft ankündigte. Leon war einer der Anführer unserer Untergrundzelle. Es hieß, er war nach Wien gekommen, um uns Geld und warme Winterkleidung zu bringen.

Am nächsten Sonntag waren wir schon auf dem Weg zum Operncafé, als uns Tobka und Danka, die wir unterwegs trafen, warnten, daß die ganze Gegend von Gestapo-Beamten wimmelte. Auf keinen Fall dürften wir uns in die Nähe des Operncafés wagen. Hanna war von der Gestapo verhaftet worden, ebenso Leon, der bei Frau Benedikt gewesen war, sodann Frau Benedikt selbst, Doktor Moses von der jüdischen Gemeinde in Wien und Doktor Nußbaum von dem Altersheim in der Seegasse. Doch die schlimmste Nachricht war, daß die gesamte Gruppe aus Gramatneusiedl verhaftet worden war.

Wir waren wie vom Schlag getroffen. Die Liste des polnischen Arbeitsamtes in Tarnow, die auch unsere Namen enthielt, mußte der Gestapo in die Hände gefallen sein. Unsere polnisch-christliche Tarnung existierte nicht mehr. Alle unsere Freunde waren in Gefahr. Wir beschlossen, nicht mehr nach Rauchenwarth zurückzukehren. Die Dienstmädchen mußten ihre Stellung wechseln. Da wir weder nennenswerte Barmittel noch eine Unterkunft hatten, suchten wir uns außerhalb der Stadt in der Nähe von Schwechat einen Schlafplatz und verbrachten eine unruhige Nacht auf einem Stoppelfeld zwischen Weizengarben.

Am nächsten Morgen warnten wir alle Mitglieder unserer Gruppe und berichteten ihnen von den Verhaftungen. Die Angst saß uns im Nacken. Die Vorstellung, von der Gestapo entdeckt zu werden, verfolgte uns auf Schritt und Tritt. Wenn sie mit Hilfe der Liste aus Tarnow einen Teil unserer Freunde geschnappt hatte, waren wir als nächste dran, denn bei den Folterungen, für welche die Gestapo berüchtigt war, würden sie wohl unsere Namen und unseren Aufenthaltsort verraten.

Auf diese neue Entwicklung waren wir nicht vorbereitet gewesen. Wir saßen in Wien, ohne ein Dach über dem Kopf, ohne Ausweise, ohne Lebensmittelmarken. Einmal am Tag bekamen wir in einem Restaurant, in dem es markenfreies Essen gab, eine warme Suppe. Unser weniges Bargeld ging zur Neige. Die Papiere, mit denen wir nach Wien gekommen waren, konnten wir nicht benutzen.

Karol war von Beruf Schlosser, und er versorgte uns mit einem Dietrich. Damit gelang es ihm, Luftschutzkeller zu öffnen. Einmal, es war in einem Keller in der Gudrunstraße im 10. Bezirk, tauchte plötzlich ein Mann auf. Er tastete sich unsicher durch die Dunkelheit und pfiff dabei das „Fiakerlied" – ein Wienerlied, komponiert vom jüdischen Komponisten Theodor Aurach (Gustav Pick). Es war eines der Lieblingslieder meines Vaters. Ich blickte angsterfüllt zu meinen Kameraden. Wir verständigten uns durch Zeichen. Karol, Mietek, Jozek, Sigmund und ich waren entschlossen, ihn zu töten, falls er uns entdeckte. Aber dann stellte sich heraus: Er war nur heruntergekommen, um eine Weinflasche aus dem Keller zu holen.

Wir waren Verfolgte und lebten wie Nomaden. An jeder Ecke schien ein Polizist zu lauern, um uns zu verhaften. Lesia, die im Gasthaus Trabich in Schwechat in der Wiener Straße 21 arbeitete, brachte uns von Zeit zu Zeit Lebensmittelmarken.

Mittlerweile war es November geworden. Der Glanz des Sommers war gewichen. Nebel verhüllte die Umrisse der Gebäude, die wie graue Betonklötze aussahen. Der Himmel war wolkenverhangen, und kalte Sturmwinde rüttelten an den Baumwipfeln. Die Passanten auf den Straßen huschten wie Schatten vorbei. Es regnete, doch der erste Schnee lag schon in der Luft. Wegen unserer überstürzten Flucht hatten wir nur das mitgenommen, was wir auf dem Leibe trugen. Die wenigen Pullover und Winterkleider, die Leon aus Polen mitgebracht hatte, hatten wir nicht erhalten, weil er ja gleich nach seiner Ankunft verhaftet worden war. Vor allem die Mädchen in ihren leichten Kleidern litten unter der Kälte. Nur wenige von ihnen arbeiteten noch an Arbeitsplätzen, die uns einigermaßen sicher erschienen.

In dieser schweren Zeit, in der die Verantwortung für die Gruppe auf mir lastete, versuchte ich mit allen Mitteln, den Kameraden zu helfen. Als erstes machte ich mich daran, unsere Papiere zu fälschen, um unsere Spuren zu verwischen. Ich hatte etwas Erfahrung im Fälschen von Dokumenten, seit ich mich mit Hipek im Ghetto Sosnowitz in dieser Kunst geübt hatte. Ich bemühte mich auch, die Gruppe mit Nahrungsmitteln und sonstigen lebensnotwendigen Dingen zu versorgen. Ein paar von uns faßten sich ein Herz und mieteten sich in einem billigen Hotel auf der Mariahilfer Straße ein. Dort fanden Bombenopfer Unterkunft. Ich hatte mich mit dem Portier angefreundet und konnte durch ihn Zimmer mieten, ohne daß die Leute registriert wurden. Doch auch der Aufenthalt in diesem Hotel wurde von Tag zu Tag riskanter.

Tagsüber vermieden wir es, uns in der Stadt zu zeigen, weil die Straßen fast immer menschenleer waren. Sich tagsüber zu zeigen war mindestens so gefährlich wie nachts, denn der Anblick von jungen Männern auf der Straße war in diesen Kriegszeiten außergewöhnlich. Wir traten auch nie als Gruppe auf, weil wir auf diese Weise sofort Verdacht erregt hätten. Wir gingen nur allein oder zu zweit aus und hielten immer Kontakt zueinander. Ich verbrachte viel Zeit im Stephansdom, weil ich mich in der Kirche sicher fühlte.

Um die Verbindung zwischen uns aufrechtzuhalten, suchten wir öffentliche Orte, an denen wir einander treffen konnten, ohne Verdacht zu erregen. Tagsüber besuchten wir Nonstop-Kinos mit durchlaufendem Programm oder Matinees. Manchmal trafen wir einander auch in öffentlichen Bädern wie dem „Dianabad". Wir stellten uns an, bis ein Badezimmer frei wurde, und verbrachten darin dann lange Stunden.

Wir hatten ständig das Gefühl, beobachtet zu werden. Nur um nicht aufzufallen, kauften wir Tageskarten für die Straßenbahn und fuhren den ganzen Tag damit herum. Auf diese Weise bin ich oft von einem Ende der Stadt zum anderen gefahren. Doch auch bei diesen endlosen Fahrten saß mir immer die Angst im Nacken.

Manchmal schliefen wir im Prater unter Klapptischen und -stühlen, die draußen vor den Cafés standen. In den umliegenden Grünanlagen fanden wir auch häufig Unterschlupf. Wie oft habe ich dort, immer wieder aus einem unruhigen Schlaf aufschreckend, auf dem nackten Boden oder auf Asphalt oder Beton gelegen ...

Die Mädchen, die als Dienstmädchen arbeiteten, mußten ihre Arbeitsplätze wechseln, weil ihre Papiere ja noch auf Tarnow ausgestellt waren. Ich erinnere mich an die Hilfsorganisation 1938, als wir die jüdischen Flüchtlinge aus Zbonszin in Kattowitz betreuten. Vielleicht gab es doch irgendwo eine jüdische Solidarität. Ich beschloß, die jüdische Gemeinde in der Seitenstettengasse um Hilfe zu bitten.

Am nächsten Tag ging ich dorthin. Der Mann in der Portierloge sah mich verwundert an. „Was wünschen Sie?" fragte er. „Ich möchte einen Beamten sprechen." Auf sein „Warum?" gab ich keine Antwort. Er brachte mich darauf in einen Raum, in dem zwei Beamte saßen, blieb aber – aus Neugier – in der Türe stehen. Ich erzählte den beiden, daß wir, eine Gruppe von Juden, hier als U-Boote lebten, und bat sie um Hilfe. „Von jüdischem Herz zu jüdischem Herz", sagte ich. Ein Beamter stand auf und brachte mir ein Gebetsbuch, um sich zu überzeugen, daß ich wirklich Jude war. Dann sagte er: „Bitte warten Sie", und beide verließen das Zimmer.

Der Portier, der alles mitangesehen hatte, sagte: „Verschwinde sofort! Das Zimmer hier kann dir gefährlich werden, weil sie die Leute der Gestapo melden müssen!" Ich verließ den Raum sofort. Als ich wieder auf der Straße stand, meinte der Portier: „Wenn du keine Unterkunft hast, kannst du eine Nacht in der Portiersloge übernachten. Komm nach sieben Uhr." Dann drückte er mir noch zwanzig Mark in die Hand.

Pünktlich um sieben war ich zur Stelle. Er hatte mir ein paar Sandwiches mitgebracht, die ich gierig verschlang. Währenddessen erzählte er mir von Eichmann, der in Wien die Aussiedlung der Juden leitete. Michael Stark, wie der Portier hieß, lebte in einer Mischehe, aber die Frau hielt zu ihm und ließ sich nicht scheiden, obwohl man ihr mit KZ gedroht hatte. Er schilderte mir seine Enttäuschung über die Wiener Mitbürger, die sich ihm von ihrer schlechtesten Seite gezeigt hatten. Früher hatte er viele christliche Freunde gehabt, aber jetzt waren ihm nur mehr wenige geblieben. Er erzählte mir vom Empfang Hitlers am Heldenplatz und setzte hinzu, am nächsten Tag wären in den Apotheken alle Mittel gegen Heiserkeit ausverkauft gewesen. Er hatte mit eigenen Augen gesehen, wie jüdische Doktoren und Professoren mit Handbürsten den Gehsteig putzen mußten.

Ich erzählte ihm, daß ich den jüdischen Friedhof besucht hatte, wo die ganze jüdische Kultur begraben lag. Die Wiener mußten doch einmal anders zu den Juden gewesen sein: Stefan Zweig, Werfel, Hofmannsthal, Schnitzler, Mahler, Stolz, der Großvater von Strauß, alle waren Juden, die alle dieselbe Wiener Luft geatmet hatten. „Ja", erwiderte der Portier, „Sie haben recht. Es gab eine Zeit, in der die Beziehungen zwischen Juden und Nicht-Juden gut waren. Ich selbst war vor 1938 Lehrer im Gymnasium in Wiener Neustadt. Seit über 100 Jahren sind die Juden mit der österreichischen Kultur eng verbunden. Man schätzte die Juden. Die meisten Mischehen in Europa gab es in Wien." „Und ist jetzt alles vorbei?" fragte ich. „Wie kann man das verstehen?" Darauf meinte er: „Der Umschwung beginnt bereits wieder. Seit dem Rückzug von Stalingrad und seit der Landung der Amerikaner auf Sizilien, seit den ersten Anzeichen also, daß der Krieg verloren sein könnte, rufen mich wieder Leute an, die die ganze Zeit über von mir nichts wissen wollten, wirklich unverständlich!"

„Wissen Sie", sagte ich, „nach dem, was Sie mir erzählt haben, kommen mir die Wiener vor wie Dr. Jekyll und Mister Hyde."

Schüsse am
Wiener Westbahnhof

Vier Uhr morgens. Wir saßen auf einer Bank im Café Westbahnhof, das als Aufenthaltsraum des Wiener Westbahnhofs diente, nachdem der Wartesaal durch einen amerikanischen Bombenangriff zerstört worden war. Nur wenige Lampen brannten. Im Halbdunkel sah man nur die Umrisse schlafender Gestalten auf den Bänken und in den Ecken. Reisende, die Koffer, Körbe und Pakete neben sich stehen hatten, warteten auf den Nachtzug.

Jozeks Vater und ich, die wir da auf der Bank saßen, warteten nicht auf den Zug, obwohl wir Fahrkarten besaßen, denn sonst durfte man nicht ins Café hinein. Wir nützten die Dunkelheit aus, um uns unter die Passagiere zu mischen und auf diese Weise unentdeckt die Nacht zu verbringen.

„Warum hast du mich wieder hierhergebracht, Manus?" flüsterte Jozeks Vater. „Du bringst dich selbst in Gefahr."

„Das ist ein guter Platz, um die Nacht zu verbringen. Wir haben Fahrkarten nach Sankt Pölten, falls eine Kontrolle kommt. Hier ist deine Fahrkarte." Als ich ihm die Fahrkarte reichte, fiel ihm ein, daß er die gefälschten Papiere, die er von mir erhalten hatte, in der Tasche des Mantels im Schließfach gelassen hatte. Schreckensbleich sahen wir einander an.

„Das ist schlimm ... sehr schlimm ...", flüsterte ich heiser, und beide verfielen wir in Schweigen.

Wenig später hörten wir auch prompt lautes Geschrei, und die Tür wurde aufgerissen: „Polizei! Keiner rührt sich vom Fleck!"

Ich fuhr spontan mit der Hand in meine Tasche und holte meinen Ausweis heraus, um ihn Jozeks Vater zu reichen.

„Deinen Ausweis? Unmöglich", wehrte dieser ab.

„Psst! ... Die Leute schauen schon ..."

„Ich will deinen Ausweis nicht. Mir ist es egal, glaub mir, Manus. Mir ist alles egal. Meine beiden Söhne sind tot, meine Frau ist tot, wozu soll ich noch leben?"

„Aber sie wollen, daß du am Leben bleibst." In diesem Moment sah ich Jozek, den Kommandanten unserer Untergrundbewegung vor mir. Mechanisch schob ich den Ausweis in die Tasche des alten Mannes.

„Ich muß dich retten! Sei still und merk dir: Du heißt jetzt Janicki, Jozef Janicki!"

„Nein, ich kann nicht. Was wird dann aus dir? Was machst du ohne Ausweis?"

„Ich komme schon zurecht, keine Angst."

„Warum nehmt ihr uns Alten mit? Wir sind nur eine Belastung für euch und bringen euch in Gefahr."

„Keiner ist eine Belastung. Denk dran: Jozef Janicki. Leicht zu merken: Ja-nic-ki, Ja-nic-ki ..."

Schon flammten die Lichter auf, und die Türen wurden krachend zugeschlagen. Die Reisenden, die eingenickt waren, fuhren aus dem Schlaf empor. Riesige Schatten, die mehr tier- als menschenähnlich aussahen, zuckten über die Wände des Saals. Schwarze Bestien ...

„Keiner verläßt den Saal!" ertönte eine überschnappende Stimme, die geradewegs aus der Hölle zu dringen schien. Kräftige Polizisten mit Helmen und mit Gewehren in der Hand verteilten sich blitzschnell im Wartesaal. Sie begannen, das Gepäck und die Ausweise zu kontrollieren. Ein Bereich des Saales wurde mit Stühlen eingegrenzt, und in diesen Kreis mußten sich alle Verdächtigen stellen.

„Ausweis!" wandte sich einer der Polizisten an mich. „Habe ich verloren", stammelte ich und zeigte ihm meine Fahrkarte.

„Nein, den Ausweis!" brüllte er und stieß mich in den abgegrenzten Kreis. Ich blickte in Panik um mich und sah ein offenes Fenster in der Küche, die gleich an den Saal grenzte. Mit einem wilden Satz rannte ich in die Küche und sprang durch das offene Fenster ins Freie. Hinter mir schrien die Polizisten: „Halt! Halt! Stehenbleiben!" Und schon knallten Schüsse. Ein Schuß streifte mich noch am Ohr, bevor ich auf die Stadtbahn aufspringen konnte und in Sicherheit war.[1]

---

[1] Diese Episode ist auch im Buch „Hachol hazochek" („Der lachende Sand") der Schriftstellerin und Holocaustforscherin Tusia Herzberg enthalten.

An der nächsten Haltestelle stieg ich aus und nahm den Bus in Richtung Kahlenberg. Mir fiel ein, daß Franz Kernstock, der in Sosnowitz seine Fabrik gehabt hatte, aus Wien stammte. Ihn wollte ich um Hilfe bitten.

Also suchte ich bei nächster Gelegenheit seine Telefonnummer aus dem Telefonbuch und rief ihn an. Ich hatte Glück. Er war zu Hause. Ich schilderte ihm in knappen Worten meine Lage und bat ihn, mir etwas Geld zu leihen und es aus Sicherheitsgründen an einer bestimmten Stelle im Wienerwald zu vergraben. Außerdem fragte ich ihn, ob er mir vielleicht eine Schlafstelle verschaffen könne. „Nein, ich fürchte, ich kann nicht helfen!" kam es vom anderen Ende der Leitung. „Oder jedenfalls bin ich mir nicht sicher. Bitte, rufen Sie mich nicht mehr an und kommen Sie auch nicht in die Nähe meines Hauses. Wo sind Sie jetzt überhaupt?" Da hängte ich auf.

Nach einer Woche ging ich zur bezeichneten Stelle im Wienerwald – und fand 1 300 Reichsmark.

Gefälschte Papiere

Nach der Verhaftungswelle verschlechterte sich unsere Lage zusehends. Nur mit neuen Papieren konnten wir wieder Arbeit finden und in verschiedenen Orten in Österreich unterkommen, wo die Gefahr der Entdeckung geringer und die Ausweiskontrollen auf der Straße seltener waren.

Wir wußten keinen Rat. Wie lange konnten wir uns noch tagsüber in Wien herumtreiben und nachts in irgendwelchen Löchern Unterschlupf suchen? Nach der ersten Welle von Verhaftungen konnten wir uns nicht mehr im „Operncafé" treffen. Unser neuer Treffpunkt war das „Café Museum". Freude und Hoffnung erfüllten uns, als wir dort hörten, daß Leon die Flucht aus dem strengstbewachten Gefängnis der Stadt gelungen war. Wir waren alle stolz auf seine tollkühne Aktion. Dagegen war Frau Benedikts Schicksal besiegelt: Sie wurde der Spionage für den Feind beschuldigt und nach Auschwitz geschickt.

Wir brauchten dringend Hilfe, weil unsere Lage immer unerträglicher wurde. Wir mußten unseren ganzen Mut und Erfindungsreichtum aufbieten, um am Leben zu bleiben. Eines Tages fiel mir Johann Pscheidt ein, der mir in Sosnowitz seine Wiener Adresse gegeben hatte. Nach langem Suchen fand ich seine Wohnung im 9. Bezirk in der Garnisongasse 6. Dort wohnte er bei seiner Schwester, Frau Zirps, und ihren Kindern.

Als Mietek und ich vor der Wohnungstür standen, holte ich tief Luft und drückte auf den Klingelknopf. Die Dame des Hauses kam selbst an die Tür, und wir fragten nach Johann Pscheidt.

„Wer sind Sie?" fragte Frau Zirps.

„Bekannte von Herrn Pscheidt", antworteten wir.

„Herr Pscheidt kommt erst morgen aus Kattowitz", antwortete sie, „doch Sie können mir sagen, wer Sie sind, und ihm eine Nachricht hinterlassen."

Wir nannten natürlich unsere Namen nicht, sondern kamen am nächsten Tag wieder. Diesmal öffnete Herr Pscheidt selbst die Tür und empfing uns sehr herzlich. Er bat uns nur, ihn nicht mehr zu Hause zu besuchen, und vereinbarte mit uns ein Treffen in einem Kaffeehaus.

Johann Pscheidt konnte es kaum erwarten, von den Juden zu hören, die bei ihm gearbeitet hatten. Er fragte nach Leon und Karol. Wir sagten ihm, Karol sei bei uns, und er könne ihn am nächsten Tag sehen. Wir berichteten auch über Leons Verhaftung und über seine tollkühne Flucht aus dem Gefängnis des Landesgerichts, das gegenüber der Wohnung von Pscheidt lag. Er fragte uns über alles aus, was wir bis zu dem Wiedersehen mit ihm erlebt hatten. Wir erzählten über die Flucht in die Beskiden und von da aus nach Wien. Felas Schicksal lag Pscheidt besonders am Herzen. Er hatte sie sehr gern gemocht und ihr wiederholt das Leben gerettet. Wir sagten ihm, sie halte sich mit der übrigen Gruppe in Ungarn auf. Dorthin waren die Deutschen noch nicht gelangt.

Am Abend gingen wir mit Johann Pscheidt in Wien spazieren, und er lud uns zum Abendessen in ein Restaurant ein. Nach langer Zeit aßen wir wieder einmal ein üppiges Mahl. Pscheidt gab uns ungebeten größere Geldsummen und bot uns sogar an, bei ihm zu übernachten, wenn Not am Mann sei und wir keine Unterkunft hätten. Dieses Angebot sollte so lange gelten, als er sich noch in Wien aufhielt. Nächste Woche werde er dann nach Sosnowitz zurückfahren. Wir müßten allerdings erst um Mitternacht zu ihm kommen und morgens um fünf Uhr wieder gehen, damit die Kinder seiner Schwester nichts merkten. Pscheidts herzliches Wesen und seine Menschlichkeit machten uns Mut, was damals vielleicht noch mehr wert war als Geld. Es gab also doch noch Deutsche, oder hier besser Österreicher, die Menschen geblieben waren. Ein Hoffnungsstrahl war in die Finsternis unseres Daseins gefallen. Wir nahmen seine großzügige Hilfe dankbar an.

Nach dem Krieg erhielt Johann Pscheidt auf Betreiben unserer Gruppe in Israel die Auszeichnung eines „Gerechten der Völker" und eine lebenslängliche Rente von der „Jewish-Joint-Organisation", weil er unter Lebensgefahr und ohne jede Gegenleistung Juden geholfen hatte.

Bald darauf erreichte uns die Nachricht, daß sich Leon wieder in Kattowitz befand und sich um die Rettung von Juden aus den Gefahrenzonen kümmerte. Viele von unserer Gruppe waren schon über die Slowakei, wo Juden noch sicher waren, nach Ungarn gelangt. Später hörten wir, er sei in Budapest und habe sich auch dort einer Gruppe angeschlossen, die Rettungsaktionen unternahm. Meine Bewunderung für Leon war groß. Erst nachdem alle von unserer Gruppe in Sicherheit waren, kam auch er nach Ungarn. Wie ein Kapitän, der als letzter das sinkende Schiff verläßt, war er bis zuletzt in Kattowitz geblieben. Auch Olek hielt sich mit seiner Mutter und Schwester in Budapest auf.

Wir freuten uns natürlich sehr über seine gelungene Flucht. Doch nun würden keine Mitglieder unserer Gruppe mehr nach Wien kommen. Dieser Umweg war auch nicht mehr nötig, nachdem ein direkter Fluchtweg nach Ungarn erschlossen worden war. Mein Bruder Samek, der sich ebenfalls zuerst in das Beskidengebirge gerettet hatte, war nun in Ungarn, und ich sann unaufhörlich auf Mittel und Wege, zu ihm zu stoßen. Auch meine Kameraden in Wien wollten unbedingt dorthin. Die Hoffnung, nach Ungarn zu gelangen, hielt uns aufrecht.

Zu dieser Zeit erreichte uns die bittere Nachricht, daß Bolek, Jozeks Bruder, Chaim Tennenwurzel (der aus einem sicheren Versteck in der Slowakei zurückgekehrt war), Samek Meitlis und dessen Frau Lolka bei dem Versuch, Juden in die Slowakei zu schmuggeln, von den Deutschen ermordet worden waren.

Bis dahin war es mir hier und da gelungen, falsche Papiere zu beschaffen. Gewöhnlich stahl ich sie und änderte nur die Namen der Ausweisinhaber. So merkwürdig dies heute klingt, aber die damaligen polnischen Ausweise enthielten keine Bilder. Eine Identifikation erfolgte nur durch Fingerabdrücke. Dieser Umstand erleichterte mir die Arbeit. Ich brauchte bloß den ursprünglichen Namen zu entfernen und einen gutchristlichen polnischen Namen einzusetzen.

Die gefälschten Ausweise waren aber nur eine Notlösung, die uns half, die häufigen Ausweiskontrollen der SS oder der Polizei auf Straßen und an öffentlichen Orten zu überstehen. Im Ernstfall würden sie nicht ausreichen.

Der Prater, wo wir uns oft aufhielten, wurde in den Abendstunden zu einem Treffpunkt für Fremdarbeiter. Der Tausch- und Schwarzhandel blühte. Verkauft wurde alles, was nicht niet- und nagelfest war. In einem babylonischen Sprachengewirr wechselten Dollars und Goldmünzen den Besitzer.

Ein Pole namens Stasiek vertraute mir an, daß er ein Fachmann für gefälschte Papiere sei. Ich ergriff die Gelegenheit beim Schopfe und freundete mich mit ihm an.

„Ich habe ein paar Freunde, die gefälschte Papiere brauchen", sagte ich eines Abends zu ihm. Wir tranken ein paar Gläser Bier zusammen und wurden handelseinig. Ich zahlte ihm eine ansehnliche Summe (die ich von Pscheidt bekommen hatte), und er versprach, mir in einigen Tagen einwandfrei „koschere" Ausweise zu bringen.

Auf diese Weise verschaffte ich vielen von uns neue Papiere und damit eine neue Existenz. So gelang es etwa Tobka, mit ihren neuen Papieren als Magd bei einem Bauern in Kindberg unterzukommen. Auch für Sarah Bergmann, Karol, Joske, Zygmund und den Vater von Jozek Kozuch organisierte ich Papiere.

Bald hatte ich das Vertrauen der polnischen Arbeiter gewonnen, die sich im Prater herumtrieben. Ich bekam von ihnen Lebensmittelmarken und Kleider für meine Freunde. Sie behandelten mich im allgemeinen, als sei ich einer der ihren. Die meisten ausländischen Arbeiter wohnten in einem Barackenlager im 16. Bezirk. In einigen von diesen Baracken hausten die Polen. Sie waren für die Schichtarbeit im Elektrizitätswerk eingeteilt worden. Immer wenn sie auf Schicht waren, durfte ich in einer der Baracken schlafen. Als Gegenleistung säuberte ich die Baracke und bot mich für allerlei Reparaturen an. Doch die Sorge um meine Freunde ließ mir keine Ruhe. Während die Polen arbeiteten, streifte ich zwischen den Baracken umher und „organisierte" Lebensmittelmarken und Ausweise.

Mit der Zeit freundete ich mich mit einem der Bewohner „meiner" Baracke, der Wladek hieß, eng an. Er war ein einfacher Bursche aus einem abgelegenen polnischen Städtchen, der noch nie einen Juden zu Gesicht bekommen hatte. Eines Tages kam mir die Idee, einigen unserer völlig erschöpften Kameradinnen ein paar Stunden Schlaf in der Baracke zu verschaffen, während Wladek und seine Freunde auf Nachtschicht waren. So brachte ich ein paar Nächte hindurch zwei unserer Jüngsten, Zosia und Lesia, in die Baracke. Sie waren so übermüdet, daß sie sich schleunigst auf eines der Betten fallen ließen und sofort einschliefen.

In einer dieser Nächte hörte ich plötzlich schwere Schritte und gleich darauf Schimpfen und Fluchen. Das Licht ging an, und vor mir standen Wladek und seine Freunde. „Was ist los?" murmelte ich schlaftrunken.

„Ein amerikanischer Luftangriff ... Der Strom ist ausgefallen. Sie haben uns nach Hause geschickt", sagte Wladek. Dann fiel sein Blick auf Zosia und Lesia, die erschrocken aus dem Schlaf gefahren waren. Ein seltsames Glitzern leuchtete in den Augen der Männer auf, und ihre Lippen verzogen sich zu einem breiten Grinsen. „So treibst du es also, wenn wir weg sind, du Bastard", sagte Wladek und wies auf die verängstigten, halbnackten Mädchen, die mich voller Angst anstarrten. Zosia brach in Tränen aus, als Wladek und seine Freunde Anstalten machten, sich ihnen zu nähern. Einer der Polen hatte sich schon ausgezogen und stand splitternackt da.

Ich warf mich mit meinem ganzen Gewicht dazwischen und hielt die Bande zurück. Inzwischen flüchteten die Mädchen in die Toilette und schlossen sich dort ein. „Laßt sie in Ruhe! Sie sind völlig übermüdet, sie haben ein paar Nächte nicht geschlafen", brüllte ich die Polen an. Wladek und seine Freunde tobten, schrien und fluchten. Mir wurde angst und bang um die Mädchen. Unter Aufbietung all meiner Überredungskünste überzeugte ich die Burschen, von ihnen abzulassen. Ich versprach ihnen, daß die Mädchen am nächsten Tag wiederkommen würden, und lud alle zu einer Runde Bier in der nahegelegenen Gastwirtschaft ein. Sie hatten schon auf dem Rückweg von der Arbeit getrunken und rochen nach Alkohol. Schließlich gaben sie nach und zogen mit mir in die Schenke. Wenige Minuten später saßen wir alle einträchtig um einen Tisch. Sobald sie nicht mehr auf mich achteten, schlich ich mich in die Baracke zurück. Die Mädchen saßen angezogen auf den Betten. Noch in derselben Nacht schmuggelte ich sie aus dem Barackenlager heraus. Wir waren froh, daß diese schlimme Nacht doch ein gutes Ende genommen hatte.

MADAME BUTTERFLY

Stasiek war inzwischen wie vom Erdboden verschluckt. Ich mußte ihn ausfindig machen, da ich weitere gefälschte Papiere brauchte. Wir hatten uns häufig in der Nähe des Praters in einem Nachtklub in der Hofenedergasse am Praterstern getroffen. Eines Abends ging ich in diesen Klub, der sich „Madame Butterfly" nannte, um Stasiek zu suchen. Stasieks Freundin Mania, eine vollbusige, blonde Polin, arbeitete in dem Klub. Sie sprach fließend Deutsch mit einem Wiener Akzent, ein Umstand, der mir irgendwie seltsam vorkam.

Als ich den Nachtklub betrat, saßen Stasieks Freunde schon an ihrem gewohnten Tisch und begrüßten mich wie einen der Ihren.

Mania stand auf der Bühne. Die indirekte Beleuchtung war so gedämpft, daß der übrige Raum fast im Dunkeln lag. Auf den Tischen brannten Kerzen. Es roch nach einer Mischung aus Schweiß und Parfum. Mania sang, und eine kleine Musikkapelle begleitete sie. In den Pausen pflegte sie zwischen den Tischen umherzugehen. Diesmal kam sie zu mir und sang mit tiefer Stimme das letzte Lied des Abends. Am Schluß legte sie die Hand auf meinen Arm und lächelte mich an: „Komm, tanz mit mir!" Ich wußte nicht, wie ich mich verhalten sollte.

Aber gleich darauf machte sie kehrt, ging zur Bar und kam mit zwei Gläsern, einer Flasche Wodka und einem Teller Würstchen zurück. Als sie meinem verblüfften Blick begegnete, sagte sie lächelnd: „Keine Sorge, du brauchst nichts zu bezahlen." Sie setzte sich zu mir und erzählte, daß Stasiek nach Salzburg gefahren und einen Umschlag für mich dagelassen habe. Mein Herz schlug schneller, aber ich verbarg meine Aufregung. Mania redete angeregt weiter. Der Alkohol brachte sie in Stimmung. Wir sprachen kräftig dem Wodka zu, und sie aß von den Würstchen, die auf dem Teller lagen. Nach jedem Biß bot sie mir das Würstchen an und forderte mich auf, ebenfalls davon zu nehmen.

Nach einer Weile stand sie auf und machte mir ein Zeichen, ihr zu folgen. „Der Umschlag", sagte sie, „liegt oben in der Garderobe."

Ich ging hinter ihr her. Ich fühlte einen leichten Schwindel. Ich hatte noch nie so viel Wodka getrunken. Während wir die Treppe hinaufstiegen, verfolgte ich fasziniert die Bewegungen ihrer üppigen Hüften unter dem straffgespannten Stoff des Kleides. Als wir uns in der Garderobe gegenüberstanden, war ich wie gelähmt. Sie erschien mir berückend schön. Der Ausschnitt des enganliegenden, geblümten Kleides gab den Blick auf ihre Brüste frei. „Ich habe eine Überraschung für dich", sagte sie mit verlockendem Lächeln und holte eine Dose Kaffeebohnen aus dem Schrank. Ich war noch immer benommen, als sie mir einen Stößel in die Hand drückte und auf einen Messingmörser deutete, der auf dem Tisch stand: „Hier, du kannst die Bohnen zerstoßen, damit wir Kaffee machen können." Echten Bohnenkaffee hatte ich schon seit drei Jahren nicht mehr getrunken. Darauf ging Mania wieder zum Schrank hinüber. Als sie zurückkam, hatte sie in der einen Hand einen Umschlag und in der anderen ein Würstchen. Sie lächelte mir vielsagend zu, und ich hatte das Gefühl, als wüßte sie, was in dem Umschlag war. Doch ich sagte nichts und steckte ihn tief in meine Tasche. Das wird Mietek das Leben retten, dachte ich voller Freude.

Mania rückte näher zu mir und sagte: „Komm her!" Sie aß ein Stück von dem Würstchen, das sie mitgebracht hatte, und schob es mir dann langsam zwischen die Lippen. Ich nahm einen kleinen Biß und reichte es ihr wieder zurück.

Mit einem Mal knöpfte sie das Kleid auf. Mein Herz klopfte zum Zerspringen. Sie strich mir über die Haare. Ich nahm sie in die Arme und vergaß die falschen Ausweise, vergaß die Umgebung und die Gefahr, in der ich schwebte.

■ ■ ■

Als ich aufstand, um Kaffee zu machen, hörte ich Mania ein Lied summen, das ich nur zu gut kannte. „Mein jiddische Mamme ..."

Ich erstarrte. Ein Schaudern durchlief mich. Ich hob den Kopf und straffte mich instinktiv. Sie sang leise, mit geschlossenen Augen: „Mein jiddische Mamme, du bist a schainste in der Welt, a jiddische Mamme, oi wie bitter, wenn sie fehlt ..."

„Das ist das Ende", schoß es mir durch den Kopf. Sie sang weiter. Mein Gehirn arbeitete fieberhaft. Diesen Wiener Dialekt hatte sie bestimmt als Hausmädchen bei einer jüdischen Familie gelernt. Oder sie ist eine Gestapo-Agentin, eine Denunziantin, die mich verführt hatte, um mir mein Geheimnis zu entlocken. Kalter Schweiß bedeckte meine Stirn. Sie weiß von den falschen Ausweisen. Es ist soweit, das ist mein Ende. Meine Freunde und ich schweben in Lebensgefahr. Alles ist verloren.

Mein jiddische Mamme,
Es gibt nicht bessers in der Welt.
A jiddische Mamme, oi wie bitter,
Wenn sie fehlt.

Wie schain und lichtig is in Hois,
Wenn die Mamme is do ...
Wie troirig finster, wenn Gott
Nehmt ihr aweg.

In Wasser, in Faier wollt sie geloffn
For ihr Kind.
Oi, wie glicklich und reich is der Mensch,
Wos hot so a schaine jiddische Mamme.

Ich sprang sogleich zur Tür und zog den Schlüssel ab. Sie wandte den Kopf und sagte: „Ich hatte gleich so eine Ahnung. Jetzt weiß ich, wer du bist." Ich ergriff den schweren Messingstößel, stürzte auf sie zu und hielt ihr mit der Hand den Mund zu. In diesem Augenblick war ich fest entschlossen, sie umzubringen. Ich ließ den Stößel auf ihren Kopf niedersausen. Ich hatte das Gefühl, alles Blut sei aus meinem Körper gewichen. Ich hob den Stößel ein zweites Mal ...

„Nischt, nischt, Mamischi, Mamischi", schrie sie, „ich bin a jiddisch Kind ... Ich bin Feigele, tete nicht die Feigele ..." Sie brach in ein verzweifeltes Schluchzen aus.

„Lügnerin!" fuhr ich sie an. „Wo bist du her?"

„Ich bin Feigele Prager[1] aus Klobuck."

„Wann hast du Klobuck verlassen, und woher hast du deinen Wiener Dialekt?

---
1 Name vom Autor geändert.

Vielleicht aus Klobuck?" fragte ich spöttisch.

„Ich bin vor zwei Jahren von Klobuck weg und nach Wien gegangen. Das ist eine lange, traurige Geschichte."

„Vor zwei Jahren?" wiederholte ich. „Hast du in Klobuck einen Jozek Kozuch gekannt?"

„Gehört habe ich von ihm, aber ich habe ihn nicht gekannt. Merin hat ihn zu uns geschickt", sagte sie.

Der Stößel entglitt meiner Hand und rollte über den Boden. Ich bedeckte ihren nackten Körper mit dem Bettlaken und umarmte sie wie eine Schwester. Sie weinte hemmungslos und konnte sich lange nicht fassen. Als sie sich so weit beruhigt hatte, daß sie wieder reden konnte, erzählte sie mir ihre Geschichte:

„Vor zwei Jahren wurden wir mit dem Lastwagen ins Konzentrationslager gebracht", begann sie mit leiser Stimme. „Der Gestapo-Chef Dreier, ein berüchtigter Sadist, leitete die Deportationen in unserer Gegend. Er hat meinen kleinen Bruder umgebracht, ihn von unserer Mutter weggezerrt und ihm den Schädel zertrümmert. Er riß Müttern die Säuglinge von der Brust und warf sie in den Lastwagen, der sie zu den Gaskammern brachte. Ein Österreicher namens Franz Büchel hat mich gerettet und auf seinem Armeemotorrad zu seinen Eltern nach Wien gebracht. Ich verliebte mich in ihn. Jeden Fronturlaub verbrachte er zu Hause. Nach einem Jahr ist er gefallen. Ich habe anderthalb Jahre bei seinen Eltern gewohnt. Ich wurde Christel genannt. In dieser Zeit wurde ich eine richtige Wienerin. Ich weiß, woher Dreier stammt. Aus Magdeburg. Ich habe keine Ruhe, bis ich den Tod meines Bruders gerächt habe."

Ich hörte schweigend zu, und sie fuhr fort: „Jetzt weißt du alles. Mein Vater war Buchhalter in der jüdischen Gemeinde, und von ihm habe ich den Namen Jozek Kozuch gehört. Merin hat ihn geschickt. Vater sagte immer, er sei nicht so gewesen wie die anderen im Judenrat. Was hast du mit ihm zu tun?"

„Nichts", sagte ich.

Sie stand auf, ging an den Tisch, holte ein dickes Geldbündel und Lebensmittelmarken aus ihrer Handtasche und steckte mir beides in die Tasche: „Nimm nur, ich weiß, daß du und deine Freunde Geld brauchen."

Ich weigerte mich, das Geld zu nehmen, aber sie bestand darauf und steckte es mir noch einmal in die Tasche: „Du darfst es nicht zurückweisen. Rettet euer Leben damit." Darauf nahmen wir Abschied voneinander.

Im Jahre 1950 saß ich im Café Nitza in der Allenbystraße in Tel Aviv. Plötzlich überbrachte mir der Kellner Mordechai einen Zettel (Mordechais Frau, die aus Bendzin stammte, hatte auch zu unserer Gruppe gehört und war über die Slowakei nach Ungarn geflohen). Auf dem Zettel stand: „Madame Butterfly". Ich sah auf und erkannte sie sofort. Sie saß an einem der Nebentische und hielt ein Würstchen in der Hand. Neben ihr stand ein Kinderwagen. Ich erhob mich und starrte sie ungläubig an.

„Meinen Namen kennst du ja", sagte sie, als ich mich neben sie setzte. „Wie nennst du dich jetzt? Ich bin glücklich, daß du am Leben bist. Es mag banal klingen, aber immer wenn ich die Narbe auf der Stirn sehe, denke ich an dich. Was ist mit deinen Freunden? Haben sie überlebt?"

„Die ganze Wiener Gruppe ist am Leben geblieben. Ich heiße übrigens Manus Diamant", sagte ich und bestürmte sie dann mit Fragen. Aber sie wehrte ab: „Damals in Wien habe ich dir erzählt, wer ich bin, aber jetzt darfst du mich nichts fragen. Ich bin mit einem berühmten Mann verheiratet, den ich in der Jüdischen Brigade in Italien kennengelernt habe. Wir haben ein Kind. Meine Vergangenheit ist tot. Es ist besser, wenn wir uns nicht mehr wiedersehen."

Ihre Bitte überraschte mich, doch ich wollte nicht in sie dringen. Ich erzählte ihr, daß ich seit Ende des Krieges auch nach dem Gestapo-Mann Dreier suchte. Ich hatte eine dicke Akte gegen ihn zusammengestellt. Doch Dreier war untergetaucht und hatte eine falsche Identität angenommen, seinen eigenen Tod vorgetäuscht und sogar sein eigenes Begräbnis inszeniert. Als ich innehielt, sah ich, wie ihr Tränen in die Augen traten. Ich strich dem Kind über den Kopf und ging weg.

Sie rief mir noch einmal nach, und als ich mich umdrehte, stand sie auf und hielt mir das Würstchen von ihrem Teller hin. „Beiß ab", sagte sie und lächelte.

Verhaftung am Donaukanal

Ich "organisierte" bei den polnischen Arbeitern alles, was unsere Gruppe brauchte: Lebensmittelmarken, Kleider, Schuhe und falsche Papiere. Manche wagten es, mit diesen Papieren wieder beim Arbeitsamt vorzusprechen. Mietek hatte Angst, allein zum Arbeitsamt zu gehen, und bat mich, ihn zu begleiten.

Der erste Schneesturm dieses Winters fegte durch die Straßen, als ich mich vor dem Arbeitsamt im 2. Bezirk von Mietek verabschiedete. Ich ging in Richtung "Dianabad" weiter, weil ich dort den Tag verbringen wollte, aus Angst, auf der Straße aufgegriffen zu werden.

Dieses Mal sollten sich meine bösen Ahnungen bestätigen. Zwei Gestapo-Beamte standen plötzlich, wie aus dem Boden gewachsen, vor mir. "Papiere!" befahl der eine. Ich zog meinen gefälschten Ausweis hervor. Sie prüften ihn sorgfältig und fragten: "Du gehst wohl spazieren, wie? Arbeitest du nicht?"

Ich antwortete in gebrochenem Deutsch: "Ich polnischer Arbeiter, Fremdarbeiter aus Polen, hier Arbeit suchen". "Wann bist du angekommen?" fragte der eine. "Vor zwei Tagen", antwortete ich. Das Unglück wollte es, daß aus meiner Brusttasche eine Kinokarte hervorlugte. Um die Zeit totzuschlagen, gingen wir oft in eines der Nonstop-Kinos in der Mariahilferstraße. Der jüngere Gestapo-Mann mit den blauen Augen zog die Kinokarte aus meiner Tasche und lächelte hämisch: "Du bist also vorgestern angekommen, wie? Diese Karte ist eine Woche alt. Oder gibt es in Polen auch Nonstop-Kinos?" Der ältere Gestapo-Beamte befahl mir mit einer Kopfbewegung, ihnen zu folgen.

Diesmal ist es ernst, dachte ich. Das Hauptquartier der Gestapo am Morzin-Platz lag ganz in der Nähe, und ich war sicher, daß sie mich dorthin bringen würden. Wie es dann weitergehen würde, lag auf der Hand: Ich würde verhört, gefoltert und gleich auf der Stelle umgebracht oder in ein Vernichtungslager verschleppt werden. Zu allem Überfluß trug ich in der Tasche einen Dietrich und einen Brief an meine Schwester bei mir, und beides hätte alles Lügen zwecklos gemacht.

Aber sie brachten mich nicht ins Gestapo-Hauptquartier, sondern zu dem Promenadengefängnis an der Roßauer Lände, das in einem kasernenähnlichen, roten Gebäudekomplex untergebracht war.

Meine beiden Begleiter ließen mich unter der Aufsicht eines Polizisten am Eingang der Wache zurück und verschwanden. Aus Angst vor einer Leibesvisitation, bei der man den Dietrich und den Brief an meine Schwester sofort gefunden hätte, und auch weil ich tatsächlich einen Harndrang verspürte, bat ich den Polizisten, austreten zu dürfen. Er schlug mir die Bitte ab. Da blieb nichts anderes übrig, als in die Hose zu machen. „Du Schwein", zischte der Polizist mir wütend zu und führte mich angeekelt zur Toilette. Er ließ die Tür zur Toilette offen, aber ich warf sie ihm vor der Nase zu und kümmerte mich nicht um seine wütenden Rufe. In Windeseile zerriß ich den Brief, warf die Fetzen in die Klosettschüssel und spülte hinunter. Endlich war ich das Papier los, das meine wahre Identität verriet! Den Dietrich warf ich aus der vergitterten Fensterluke nach draußen. Meine Nervosität war wie weggewischt. Eine erlösende Ruhe überkam mich.

Bei der Vernehmung fanden sie dann die tausend Mark von Feigele. Ein Untersuchungsbeamter im Offiziersrang fragte mich, woher ich eine so große Summe Geldes hätte. Als ich nicht gleich antwortete, schrie der Beamte, ein schwerfälliger Kerl mit stechendem Blick: „Wo hast du das Geld gestohlen?"

„Ich habe es nicht gestohlen", erwiderte ich und erfand gleich eine Geschichte, um die Aufmerksamkeit auf das Geld zu lenken. „Ich saß in der Straßenbahn und sah, daß eine Frau ihre Handtasche liegengelassen hatte."

Jetzt begann der Beamte, mich mit Fragen zu bombardieren: Wie sah die Frau aus? Wie sah die Handtasche aus? Welche Farbe hatte sie? Um wieviel Uhr war ich in die Straßenbahn gestiegen? Warum hatte ich den Fund nicht gemeldet? Um Zeit zu gewinnen, tat ich so, als müßte ich mich auf diese Einzelheiten besinnen, doch er fauchte mich ungeduldig an: „Lügner, Gesindel, alle miteinander! Alle Ausländer sind Lügner!"

Während der Vernehmung hatte ich ständig Angst, Deutsch zu sprechen, weil es allgemein bekannt war, daß Juden Deutsch sprechen. Doch nur Polnisch wollte ich auch nicht sprechen, damit sie nicht am Ende einen polnischen Übersetzer holten. Vor den Polen hatten ich am meisten Angst. Ich sprach daher ein Gemisch aus Deutsch und Polnisch und gab möglichst unverfängliche Antworten. Zum Glück drehte sich das Verhör vor allem um das Geld und nicht um meine Identität.

Nach dem Verhör wurde ich zu einer Tür geführt, auf der ein Schild hing: „Gefängniszelle mit 34 Polen besetzt". Mir wurde schwarz vor Augen. Ich hörte das Rasseln des Schlüsselbundes, mit dem der Wärter die Tür aufschloß, wie aus weiter Ferne und dachte nur: Jetzt bist du verloren. Kaum hatte mich der Wärter hineingestoßen, fielen die Zelleninsassen von allen Seiten über mich her, tasteten mich von oben bis unten ab und drehten meine Taschen um, um nach Tabakresten und Zigarettenkippen zu suchen. „Willkommen!" brüllten sie mir im Chor auf polnisch entgegen, „willkommen!"

Wenn ich meine Haut retten wollte, mußte ich mir etwas einfallen lassen. „Grüß Gott!" erwiderte ich instinktiv mit schlesischem Akzent. Das wirkte. Sie schwiegen einen Augenblick, zögerten und ließen dann von mir ab. „Das ist ein ‚Schwab' "[1], sagte einer. Sie fragten mich erstaunt, warum ich verhaftet worden war. „Ich bin aus Schlesien", log ich drauflos, „mein Bruder ist im deutschen Arbeitsdienst, und die Deutschen wollten mich auch einziehen. Ich bin aber weggelaufen und wurde erwischt. Dann wollten sie mich zum Soldaten machen, da bin ich wieder weggelaufen und nach Wien gekommen. Vorhin wurde ich auf der Straße verhaftet und hierhergebracht. Ich gehe nicht in die Armee, ich bin kein Deutscher. Ich bin Schlesier aus Kattowitz." Ich hatte Deutsch mit oberschlesischem Akzent gesprochen, doch ich sah ihren Gesichtern an, daß sie mir nicht ganz glaubten. Aber danach ließen sie mich jedenfalls in Ruhe.

In der überfüllten Zelle saßen nur Polen ein, von denen die meisten Kriminelle waren. Mein erster Eindruck war, daß ich in eine Räuberhöhle geraten war. Ihre mißtrauischen, drohenden Blicke verfolgten mich auf Schritt und Tritt. Die meisten von ihnen waren unrasiert und ungewaschen. Mir wurde ein durchgebrochenes Bett in der Ecke zugewiesen. Sie behandelten mich in allem wie einen Deutschen. Wenn das Essen gebracht wurde, nahmen sie mir oft meine Portion weg. Ich mußte die Zelle saubermachen und bediente sie, und trotzdem hatte ich dauernd Angst vor ihnen. Am schlimmsten waren die Sonntage, wenn

---

1   *Schwab:* Polnischer Ausdruck für einen Deutschen.

wir duschen mußten. Auf keinen Fall durfte ich in den Verdacht geraten, Jude zu sein. In der Dusche benahm ich mich möglichst unauffällig und sorgte dafür, daß sie mich nur von hinten sahen. Zum Glück achteten sie nicht auf mich. Überhaupt bemühte ich mich, möglichst wenig mit ihnen zu tun zu haben. Ich stellte mich krank oder schlief die meiste Zeit, um keinen Anlaß für Reibereien zu bieten.

Zum ersten Mal in meinem Leben war ich in einer Umgebung, die ich bisher nur aus Büchern und Filmen gekannt hatte. Aber hier lebte ich mitten unter Mördern, Sexualverbrechern, Einbrechern und Dieben. Manchmal ließ ich mir von einem der Gefangenen gegen ein Stück Brot seine Lebensgeschichte erzählen. Es dauerte nicht allzulange, und ich galt unter den neueingelieferten Häftlingen als alter Hase.

Nach zwei Wochen in der polnischen Zelle erhielt ich beim Morgenappell den Befehl: „Hol deine Kleider und übrigen Sachen – du kommst ins Lager Maria Lanzendorf." Zusammen mit ein paar anderen Gefangenen verließ ich das Gefängnis und stieg auf einen Lastwagen, der vor dem Eingang wartete. Meine Zellengenossen hatten manchmal über dieses Lager gesprochen und erzählt, man könne von dort fliehen, außer man kam in das Schutzhaus für besonders schwere Fälle, aus dem es kein Entrinnen gab. Aber sonst mußte man nur dafür sorgen, daß man Arbeit außerhalb des Lagers bekam.

DAS STRAFLAGER MARIA LANZENDORF

Maria Lanzendorf war, wie ich schnell herausfand, ein Straflager der Gestapo. Die meisten Lagerinsassen waren Fremdarbeiter aus allen Teilen Europas. Die meisten arbeiteten außerhalb des Lagers, doch wer schwerer Vergehen wie der Spionage verdächtig war, wurde gleich in das Lagergefängnis geschickt. Am nächsten Morgen mußten wir zum Appell antreten. Ich stand in der Reihe der Neuankömmlinge. Die Namen wurden verlesen, und auch ich wurde mit meinem falschen Namen aufgerufen. Als die Nummern verteilt wurden, bekam ich die Nummer 613. Ich hielt den Atem an. Diese Zahl brachte mir kein Glück. Dann wurde ich einer Gestapo-Kommission vor-geführt, die eigens aus Wien gekommen war. Sie bestand aus einer jungen Frau in Uniform und einem Gestapo-Beamten. Draußen wartete schon das Gestapo-Auto.

Das Verhör drehte sich wieder um das Geld: Wann und woher war ich nach Wien gekommen, woher hatte ich das Geld usw. Plötzlich fragte mich die Frau: „Bist du einer rituellen Operation unterzogen worden?" – „Ja", antwortete ich instinktiv und wies auf meinen rechten Unterleib, „mir wurde der Blinddarm rausgenommen." Wieder sah ich dem Tod ins Auge – gemeint war natürlich meine Beschneidung. Sie folgerte wohl aus meiner Antwort, daß ich nicht wußte, was eine „rituelle Operation" war, und schrieb etwas in ihr Heft. Plötzlich mischte sich der Gestapo-Beamte ein: „Zähl bis drei!" Diese Aufforderung erschien mir zwar seltsam, aber ich gehorchte. „Eins, zwei, drei", zählte ich auf deutsch. „Drei!" ăffte mich der Gestapo-Mann nach, „du hast eine rein jüdische Aussprache!"

Die junge Frau lachte und sagte zu dem Gestapo-Beamten: „Du sprichst das R genauso aus wie er."

„Du weißt doch, daß meine Frau Französin ist – auch die Franzosen sprechen das R so aus", verteidigte sich der Gestapo-Mann.

Die Frau entließ mich mit einer Handbewegung: „Du kannst gehen. Wir werden Nachforschungen über dich anstellen und deine Akte überprüfen."

Der Wächter an der Tür, der auch ein SS-Mann war, brachte mich in die Küche am Ende des Lagers und befahl mir, Kartoffeln zu schälen. Neben mir war ein Pole namens Bronislaw Kowitz damit beschäftigt, Gemüse zu waschen und zu putzen. Wir unterhielten uns und faßten schnell den Entschluß, gemeinsam zu fliehen. Während ich schälte, arbeitete mein Hirn fieberhaft: Sie haben den Verdacht, daß ich Jude bin. Wenn sie mich ins Schutzhaus stecken, ist an eine Flucht nicht mehr zu denken. Deshalb beschloß ich, trotz der Gefahr am hellichten Tag mit Bronislaw zu fiehen. Bronislaw erzählte mir, daß er Angst habe, weil er Kartoffeln gestohlen hatte und deshalb schon lange die Flucht plane.

Wir übernachteten in der Küche, die nicht weit von dem drei Meter hohen Stacheldrahtzaun entfernt war. Am nächsten Morgen ging es dann los. Hinter dem Zaun lag ein Wassergraben und jenseits des Grabens erstreckten sich Hügel mit Schrebergärten. Im Hof ging ein Wächter auf und ab. Ich zählte, wie viele Schritte er von uns wegging, bevor er kehrtmachte und wieder in unsere Richtung marschierte.

Meiner Rechnung nach konnten wir schon draußen sein, bevor er sich umdrehte. Keiner würde merken, daß wir uns aus der Küche fortgeschlichen hatten.

Ich hatte den Plan fertig im Kopf. Wieder und wieder ging ich im Geiste die einzelnen Schritte durch. Wir machten zur Übung ein paar Versuche und maßen immer wieder die Zeit, die der Wächter für seine Runde brauchte, bevor er sich umdrehte. Mich beherrschte nur ein einziger Gedanke: jetzt und hier die Flucht zu wagen. Der Augenblick war gekommen. Schon kletterten wir den Stacheldrahtzaun hoch. Die Drähte waren nicht straff gespannt, und das erschwerte das Klettern. Wir sprangen in den Wassergraben. Das kalte, schlammige Wasser schlug über meinem Kopf zusammen. Wir hatten geplant, den Hügel vor uns zu erreichen, bevor der Wächter seine Runde beendete. Dort stand eine Hütte, in der wir uns bis zur Dunkelheit verstecken konnten.

Doch die Rechnung ging nicht auf. Die Wände des Wassergrabens waren steil und glitschig. Ich versuchte herauszuklettern, rutschte aber immer wieder ins Wasser zurück. Ich flüsterte Bronislaw zu, wir müßten abwarten, bis der Wächter sich bei der nächsten Runde wieder von uns entfernte. Diesmal gelang es uns, aus dem Wassergraben herauszuklettern.

Plötzlich schrie es hinter uns „Halt! Halt!" Hundegebell und Schüsse ertönten. Wir rannten um unser Leben. Mein keuchender Atem zerriß mir fast die Brust, aber ich lief weiter. Das Geschrei und Gebell war jetzt dicht hinter uns. Schüsse krachten. Ich stolperte, konnte mich aber gerade noch fangen. Plötzlich pfiff eine Kugel dicht an meinem Kopf vorbei. Ich hörte Bronislaw aufschreien: „Jesus Maria!" Er brach blutüberströmt zusammen. Ich ließ mich auf den lehmigen Boden fallen und rollte weiter, bis ich ganz mit Schlamm bedeckt war. Eine riesige Bulldogge stürzte sich mit gefletschten Zähnen auf mich und biß mich.

Eine Gruppe von SS-Leuten kam näher. Bronislaw lag nicht weit von mir verwundet auf dem Boden. Der Anführer unserer Verfolger ging zu ihm hinüber. Er zog seine Pistole und schoß Bronislaw in den Kopf. „Ein Grieche weniger", stieß er zwischen den Zähnen hervor und wandte sich zu mir. Er fesselte mir die Hände und führte mich auf einem Umweg ins Lager zurück. Unterwegs prügelte er unablässig auf mich ein, bis mein Körper vollkommen aufgeschunden war.

In der Todeszelle

Nach meinem mißglückten Fluchtversuch wurde ich dem Lagerkommandanten vorgeführt. Sein Name war Baier. „Warum bist du geflohen?" donnerte er mich an. Mir wurden die Knie weich, ich zitterte wie Espenlaub. „Ich war im Gefängnis Roßauer Lände, dort habe ich gehört, daß man hier umgebracht wird", antwortete ich mit schwacher Stimme.

„Unsinn", unterbrach mich der Kommandant ärgerlich, „wir Deutschen sind keine Barbaren. Wir bringen niemanden um, aber weil du versucht hast auszubrechen, kommst du acht Tage in die Strafzelle."

Ich wurde in eine winzige, eiskalte und feuchte Zelle gebracht. Von der Decke tropfte Wasser herunter. Ich kauerte mich zähneklappernd in einer Ecke zusammen. Meine Kleider waren viel zu dünn und völlig durchnäßt. Es war finster, kalt und feucht, und ich glaube, daß ich mir damals meine TBC-Erkrankung holte. Ich erwartete jeden Augenblick, von der Gestapo geholt zu werden. Eine Stunde vorher hatten mich die Gestapo-Beamten im Verhör verdächtigt, Jude zu sein, und mein Fluchtversuch danach hatte diesen Verdacht wohl noch verstärkt.

Jeden Abend wurde ich aus der Zelle geholt und dem diensthabenden Kommandanten vorgeführt. Die Appelle leitete der berüchtigte SS-Mann Milanowitz, den die Lagerinsassen wegen seiner Brutalität „die Bestie von Maria Lanzendorf" nannten. Wer diesem Sadisten in die Hände fiel, mußte sich auf teuflische Foltern gefaßt machen. Aus den kleinen Augen in dem fleischigen Gesicht sprühte lauter Haß. Er ging nie ohne eine lange Peitsche und seine zwei riesigen Bulldoggen aus. In der Woche, in der ich in der Einzelzelle saß, war ich sein bevorzugtes Opfer. Wenn das Essen verteilt wurde, schlug er mich und hetzte seine Hunde auf mich. Jeden Abend erhielt ich 25 Schläge mit der Faust und der Peitsche. Ich beherrschte mich mit letzter Kraft, um nicht auf jiddisch

„Mammale" zu schreien. Statt dessen schrie ich auf polnisch „Jesus Maria!" So erwarb ich mir die Sympathien der polnischen Häftlinge, und die Schläge wurden schwächer, wenn Milanowitz mein „christliches" Wehgeschrei hörte.

Noch bevor ich in die Strafzelle kam, hatte ich erfahren, daß der SS-Mann, der Bronislaw bei unserem Fluchtversuch erschossen hatte, eben dieser Milanowitz war. Als ich nach dem Krieg im Jahre 1959 nach Wien kam, suchte ich nach ihm. Ich studierte damals an der Universität in Wien und wohnte in der Nußdorfer Straße. Milanowitz wurde wegen der Greueltaten in Maria Lanzendorf angeklagt, und ich war unter den Zeugen der Anklage. Der Richter, Dr. Schachmeier, verurteilte ihn zu zwanzig Jahren Gefängnis. Nach einiger Zeit hörte ich, er sei vom damaligen österreichischen Bundespräsidenten Schärf begnadigt worden.

Am fünften Tag meiner Einzelhaft verprügelte mich Milanowitz so, daß ich am ganzen Körper blutete. Er zerrte mich zum Galgen am Ende des Lagers und verkündete, befriedigt lächelnd: „Morgen ist es aus mit dir ..."

Die letzte Nacht in der Zelle. Ich blickte durchs Fenster, in der Mitte des Appelplatzes stand ein Baum, der wie ein Galgen aussah. Würde ich an diesem Baum enden? Hundert Meter weiter, unter meiner Zelle, befand sich die Baracke der Gestapo, wo ich verhört wurde. „Nein", sagte ich mir, „nein, nein, ich bin noch zu jung. Ich muß leben." Plötzlich stand das Bild des Kommandanten des Warschauer Ghettoaufstandes, Mordechai Anilewicz, vor meinen Augen, der den Satz geprägt hatte: „Kämpft gegen die Deutschen mit dem Ziel, eines ehrenhaften Todes zu sterben." Vor mir tauchte das Bild von Korczak, das mir Anilewicz im Keller des Kernstock-Shops gezeigt hatte, auf: Janusz Korczak an der Spitze zahlloser Kinder, die in Treblinka und Auschwitz gleich von den Eisenbahngleisen in die Gaskammern geschickt wurden. Die Deutschen mordeten Kinder. Wie war das möglich? Nein, nein, es war nicht möglich – wir lebten jetzt nur auf einem anderen Stern, der von Mördern regiert wurde. Ich klagte die Deutschen an, die Hitler gefolgt waren, nachdem sie „Mein Kampf" gelesen hatten. Die Kinder, die Enkel, die Großenkel der Mörder würden die Mordtaten nicht vergessen dürfen! Niemals, niemals! Ich schaute auf den Galgen. „Du wirst mich nicht besiegen. Ich habe ein Lebensziel: Rache ... Rache ...!"

Stundenlang wälzte ich mich auf dem kalten, feuchten Boden hin und her. Mein ganzer Körper war schweißbedeckt. Ich zitterte an allen Gliedern. Todesangst hatte mich gepackt.

Diesmal würde es kein Entrinnen geben. Im Morgengrauen würden sie kommen und mich zum Galgen schleppen, ein Seil um meinen Hals legen und mich aufhängen. Vielleicht konnte ich noch schnell das „Schma Israel" beten. Ich würde das Ende des Krieges nicht mehr erleben und mich nicht an den Deutschen rächen können. Oft hatte ich mich gefragt, wann und wie mein Leben enden würde. Jetzt war der Augenblick gekommen. Sie wußten, daß ich Jude war, mein Schicksal war besiegelt. Im Morgengrauen würden die schweren Schritte im Flur ertönen und näher, immer näher kommen. Ich würde nie erfahren, was aus meinem Bruder Samek und meiner Schwester geworden war. Und niemand würde wissen, welchem Schicksal ich zum Opfer gefallen war. In einem der letzten Briefe, die ich durch einen holländischen Partisanen an meine Schwester Hadassa sandte, hatte ich geschrieben: „Du wirst mich nie mehr wiedersehen."

Jetzt war ich sicher, daß diese Prophezeiung eintreffen würde. Die letzte Nacht in der Strafzelle ... Ich wälzte mich hin und her. Gedankenfetzen jagten durch mein gequältes Gehirn. Erinnerungen aus der Kindheit kamen mir in den Sinn. Ich sah mich als zwölfjähriges Kind in einem Krankenhaus in Kattowitz liegen. Ich sollte in fünf Tagen am Blinddarm operiert werden. In der Familie herrschte große Aufregung darüber, und meine Mutter und Tante Hala hatten schon den Radomske Rebbe in Sosnowitz aufgesucht, um ihn um Rat zu fragen. Er hatte abgeraten, und mein Bruder war eigens aus Krakau angereist, um sich für eine Operation einzusetzen. Aber meine Mutter, die ihre Schwester erneut zum Rebbe schickte und wiederum dieselbe Antwort erhielt – „Nein, ich habe es schon gesagt!" –, entschied sich dafür, dem Rabbiner zu gehorchen. Man holte mich wieder nach Hause. Ich wurde nicht operiert. Bald ließen die Schmerzen nach, und ich war geheilt. War der Radomske Rebbe ein Wundertäter? „Vielleicht", dachte ich plötzlich, „gibt es doch einen Gott!" Die Transporte nach Auschwitz hatten meinen Glauben erschüttert, doch in diesem Augenblick klammerte ich mich an die Hoffnung auf die Errettung durch ein göttliches Wunder.

Ich mußte daran denken, wie ich als Elfjähriger aus dem Fenster unserer Wohnung in Sosnowitz geschaut und die Hakenkreuzflagge gesehen hatte. Das Hakenkreuz hatte mich besiegt. Und jetzt fiel mir der polnische Nachbarsjunge Janek ein, der eines Tages in der Schule nach der Religionsstunde auf mich zugekommen war und mir eine Ohrfeige gegeben hatte. „Du bist nicht mehr mein Freund!" hatte er geschrien. „Ihr Juden habt Jesus gekreuzigt!"

Wie gut war mir noch mein erster Besuch im Theater in Kattowitz in Erinnerung. Auf dem Programm stand Halévys Oper „Die Jüdin". Zutiefst bewegt hatte ich die Handlung verfolgt, in der es um die Greuel der Inquisition geht: Als die Jüdin vor die Wahl gestellt wurde, sich taufen zu lassen oder auf dem Scheiterhaufen verbrannt zu werden, sprang sie in die Flammen.

Ich dachte daran, daß selbst unsere Verfolger die Früchte der jüdischen Kultur genossen. Das jüdische Volk war nur ein Tausendstel der Erdbevölkerung, und wie viele Nobelpreisträger waren Juden? Wie viele syphiliskranke SS-Leute wurden wohl dank Paul Ehrlich geheilt? Und bedienten sich nicht Hitler und Goebbels der Hertz-Wellen, die von dem jüdischen Professor Heinrich Rudolf Hertz aus Bonn entdeckt wurden und Grundlage der modernen Funktechnik bildeten? Und Gott schaute zu, wie die SS-Mannschaft lebende Kinder den Hunden vorwarf und wie Berge von Leichen zusammen mit Lebenden in den Wagons abtransportiert wurden?

Ich erinnerte mich an die Hölle auf dem Sportplatz am 12. August 1942, an meinen Bruder Ahron, meinen Bruder Schmuel, den Abschied von meiner Mutter und von meinem Vater. Auf einmal fing ich an, leise zu singen: „Eli, Eli, lama azavtani" („Mein Gott, mein Gott, warum hast du mich verlassen"), ein in Israel sehr populäres Lied. Mir fiel ein, daß dies die Worte von Jesus Christus am Kreuz gewesen waren. War Jesus Christus vielleicht Gott? Als mich unser deutsches Dienstmädchen als Kind in die Kirche mitnahm, beeindruckten mich die Stille und der Klang der Orgel zutiefst. Jesus – sollte ich zu ihm beten, daß er mir half? Aber hatte nicht die spanische Inquisition im Namen Jesu Juden auf dem Scheiterhaufen verbrannt? In Halévys Oper waren die letzten Worte der Jüdin: „Schma Israel ..." Nein, zu Jesus würde ich nicht um Hilfe beten. Auch meine letzten Worte würden „Schma Israel – unser Gott, unser einziger Gott" sein. Seit Jahrhunderten starben Juden mit diesen Worten auf den Lippen. Ich sah vor mir die Sabbat-Kerzen so wie zu Hause, die ein Symbol des Geistes und der Hoffnung im jüdischen Glauben sind.

Der Gedanke, daß niemand wissen würde, wie ich geendet hatte, nicht meine Schwester und mein Bruder, die am Leben geblieben waren, und nicht meine Kameraden, verfolgt mich. Ich dachte an Johann Pscheidt, dem ich mein Leben verdankte, an die Kampfkameraden, die ich im Ghetto und in Wien gerettet hatte. Meine Pfadfinderzeit. An unseren Gruppenleiter Schlomo Dori. Ich dachte an meinen Kampfkameraden Harry Blumenfrucht, dem der Gestapo-

Mann die Fingernägel ausgerissen hatte, damit er die Namen der Kameraden verriet. Harry schwieg und ging in den Tod. Plötzlich brach ich in lautes Weinen aus. Ein brüllendes, krampfhaftes Weinen.

Und da geschah etwas Unverständliches: Alles verwandelte sich. Ich sah alles wie in rosafarbenes Licht getaucht. Ich sah mich nicht mehr am Galgen enden. Ich hatte keine Angst mehr. Es sammelte sich in mir neue Kraft. „Nein, nein, das mörderische Hakenkreuz wird mich nicht besiegen", flüsterte ich immer wieder vor mich hin.

Die endgültige Flucht aus Maria Lanzendorf

Am nächsten Tag wurde ich nicht gehängt und auch nicht gefoltert. Sie entließen mich vielmehr aus der Einzelhaft und brachten mich in eine Baracke, in der etwa zwanzig Polen hausten. Diese hatten bereits gehört, daß ich in Einzelhaft gewesen war, und behandelten mich voller Anteilnahme und Sympathie. Sie brachten mir Essen und halfen mir, wie sie konnten.

Am Tag meiner Entlassung aus der Einzelhaft wurde ich bereits zu Aufräumungsarbeiten zu einem ausgebombten Postamt gebracht. Dort ergatterte ich eine Postkarte und schrieb meiner Schwester nach Breslau: „Dies sind meine letzten Zeilen, Du wirst mich nicht mehr wiedersehen." Ich hatte jede Hoffnung aufgegeben.

Mit der Zeit allerdings hob sich meine Stimmung langsam. Ich fing an, Fluchtpläne zu schmieden. In der Hoffnung, auf diese Weise leichter fliehen zu können, meldete ich mich für Außenarbeiten. Von meinen polnischen Freunden, die auf der Strecke zwischen Wien und Baden Eisenbahnschienen verlegen mußten, hatte ich gehört, daß Freiwillige für Schwerarbeit gesucht wurden. Als ich mich meldete, musterten die SS-Leute mich von Kopf bis Fuß und spotteten: „Du? So ein Schwächling wie du will Schwerarbeit leisten?" Sie winkten ab und schickten mich wieder in die Küche.

Doch ich gab nicht auf. Der Fluchtgedanke wurde zur Manie. Ich beschloß, einen polnischen Kameraden zu bestechen, der jeden Morgen zu seinem Arbeitsplatz in Wien fuhr. Ich gab ihm ein paar Scheiben Brot. Dafür blieb er am nächsten Morgen in der Baracke und ließ mich an seiner Stelle zur Arbeit fahren. Ich schmuggelte mich unter die Gruppe von Arbeitern, die mit Lastwagen nach Wien gebracht wurden. Wir arbeiteten in der Aufzugfabrik „Sowitsch". Unsere Aufgabe bestand darin, schwere Metall- und Eisenröhren zu schleppen. Als ich versuchsweise eine Röhre hochwuchten wollte, mußte ich schnellstens wieder loslassen. Schon nach diesem ersten Versuch war ich schweißüberströmt und einer Ohnmacht nahe. Plötzlich gellten die Sirenen. Alarm! Ein Chaos brach aus. SS-Bewacher und Häftlinge stürzten aus dem Gebäude und rannten zum nächsten Luftschutzkeller. Ganz in der Nähe fiel mit ohrenbetäubendem Krachen eine Bombe.

Jetzt oder nie, fuhr es mir durch den Kopf. Ich machte kehrt und lief in die entgegengesetzte Richtung. Keiner drehte sich nach mir um. Ich rannte weiter, so schnell ich konnte, und blieb erst stehen, als ich sicher war, daß mir niemand folgte. Gerettet! Ich war wieder frei!

Mein Gesicht unter der Schirmmütze war blutverschmiert. Das Blut tropfte aus meinem zwei Wochen alten Bart. Ich betrat den nächsten Friseurladen und ließ mir auf der unversehrten Seite des Gesichts den Bart rasieren. Die Wunde, die ich bei meinem ersten Fluchtversuch davongetragen hatte, war noch nicht verheilt. Auf abenteuerlichen Umwegen gelangte ich endlich zum Krankenhaus Steinhof, wo Zosia, Lesia, Mietek und Sara arbeiteten.

■■■

Die Verblüffung der Kameraden, als ich so plötzlich auftauchte, war natürlich groß. Sie hatten mich längst für tot gehalten. Vom Krankenhaus aus ging ich als erstes zur Post, um ein Telegramm an meine Schwester zu schicken, daß ich am Leben – und in Freiheit – war. Dann kehrte ich zu Zosia, Sara, Lesia und Mietek zurück, und wir gingen alle in das „WÖK"-Restaurant in der Mariahilfer Straße. Beim Essen besprachen wir die Lage. Ich war entschlossen, noch am selben Abend Wien zu verlassen. Wenn sie mich faßten, kam ich wieder ins Lager nach Maria Lanzendorf, und das wäre mein Ende.

Da ich nichts bei mir hatte, beschafften mir die Freunde Geld, Kleider und das Doktordiplom eines polnischen Arztes. Ich war mittlerweile schon geübt im Fälschen von Dokumenten, und das Handwerkszeug dazu, das sich Tintentod nannte, konnte man in jedem Schreibwarenladen kaufen.

Tintentod löschte die ursprüngliche Schrift aus, ohne Spuren zu hinterlassen. Mietek gab mir seine Zahnbürste und ein Handtuch, und so ausgerüstet fuhr ich nach Graz.

Ich hatte mich vor allem deshalb für Graz entschieden, weil Kuzytosia, eines der Mädchen unserer Gruppe, in einem Grazer Krankenhaus arbeitete. Ich hoffte, sie ausfindig zu machen und mit ihrer Hilfe Arbeit als Krankenpfleger zu bekommen. Ich stieg fast an jedem Bahnhof aus, um eine neue Fahrkarte nach Graz zu kaufen, damit ich bei einer Kontrolle beweisen konnte, daß ich nicht in Wien oder der Umgebung eingestiegen war. Jedesmal, wenn ich ausstieg und zum Fahrkartenschalter ging, ließ ich mein „Gepäck" im Abteil liegen. Nachher lief ich dann von Waggon zu Waggon, um es wiederzufinden – ein Handtuch und eine in Papier gewickelte Zahnbürste.

Um Mitternacht hielt der Zug in Semmering. Der Ort und die umliegenden Berge waren tief verschneit. Die Straßenlaternen und die Lampen in den Fenstern zeichneten warme Lichtflecken auf den Schnee. Sehnsüchtig betrachtete ich dieses friedliche Bild, das aus einer Märchenwelt zu stammen schien. Es prägte sich mir so tief ins Gedächtnis, daß ich mich an jede Einzelheit erinnern kann.

In tiefster Nacht kamen wir in Graz an. Am Bahnhof empfing uns ein großes Schild: „Willkommen in der Stadt der Volkserhebung". Diesen Ehrennamen hatte die Hitler-Partei der Stadt Graz verliehen, die seit jeher als hitler- und deutschlandfreundlich bekannt war. In Graz fand schon vor dem Einmarsch der Deutschen die erste „Volkserhebung" für Hitler statt.

Vom Bahnhof aus ging ich in die Altstadt und mietete mich in einer billigen Pension ein, die sich „Zum kleinen Elefanten" nannte. Das Zimmer teilte ich mit einem jungen Kroaten. Er erzählte mir, er sei arbeitslos und halte sich mit Diebstählen und dem Fälschen von Lebensmittelmarken über Wasser. Ich sagte, ich hätte zwei Jahre in Österreich gearbeitet und wollte jetzt wieder nach Polen zurückkehren. Während des Gesprächs überkam mich eine bleierne Müdigkeit, und ich fiel in einen tiefen, traumlosen Schlaf. In der vorigen Nacht hatte ich mich noch auf der harten Pritsche im Lager hin- und hergewälzt und vor Sorge und Angst keinen Schlaf finden können. Zum ersten Mal seit langer Zeit schlief ich wieder in einem richtigen Bett.

Doktor Janowski
in der „Kalten Klinik"

Am nächsten Morgen rief ich eine ganze Reihe von Krankenhäusern an, um Kuzytosia zu finden. Ich wußte nichts von ihr außer ihrem falschen Namen – Christine Gura. Im Gaukrankenhaus von Graz bekam ich zur Antwort, daß sie keine Polen beschäftigten. Gerade diese Auskunft bewog mich, dorthin zu fahren und mich um eine Anstellung als Krankenpfleger zu bewerben. Ich wollte mich nicht durch das Arbeitsamt vermitteln zu lassen, weil ich befürchtete, auf diese Weise an einen Arbeitsplatz mit polnischen Arbeitern zu gelangen. Ich mußte nach Möglichkeit jede Berührung mit Polen vermeiden. In der Personalabteilung des Gaukrankenhauses gab ich an, ich hätte zwar mein Medizinstudium abgeschlossen, verfügte aber über keinerlei praktische Erfahrung.

Ich hoffte, bei der Nothilfestation Arbeit zu finden, denn meine gesamte medizinische Vorbildung beschränkte sich darauf, daß ich bei den Pfadfindern Sanitäter gewesen war. Die Antwort war abschlägig – das Krankenhaus habe keine guten Erfahrungen mit polnischen Ärzten gemacht. Wenn ich wollte, könnte ich aber in der „kalten Klinik" arbeiten. Ich war der Meinung, es handle sich um ein Ambulatorium, und ging auf das Angebot ein.

Mit einem Brief des Krankenhauses ausgerüstet, ging ich zum Arbeitsamt, um dort eine offizielle Genehmigung zu bekommen. Nachdem ich lange geduldig gewartet hatte, war ich endlich an der Reihe. Ein Beamter mit weißem Haar und dem vergoldeten Parteiabzeichen am Rockaufschlag prüfte meine Papiere und betrachtete mich mißtrauisch. Ich wog damals weniger als 40 Kilo, und die Wunden in meinem Gesicht waren noch nicht verheilt.

Der Beamte hielt meine Papiere gegen das Licht. „Die schauen mir nicht ganz einwandfrei aus", murmelte er und wandte sich dann mir zu, „aber ich gebe Ihnen die Zuweisung. Da können Sie wenigstens anderen Menschen helfen!" Und damit gab er mir den Stempel.

Ich glaubte zu träumen, das war das erste echte Dokument, das ich seit Beginn des Krieges besaß! Die Arbeitsgenehmigung flößte mir neuen Mut und Hoffnung ein. In diesem Augenblick bildete ich mir ein, so etwas wie übernatürliche Kräfte zu besitzen, weil es mir gelungen war, diesen Beamten zu überzeugen. Ich war so in meiner Rolle aufgegangen, daß ich selbst glaubte, was ich erzählte.

Am nächsten Morgen nahm ich eine heiße Dusche, rasierte mich und zog einen weißen Kittel an. Nach einem guten Frühstück machte ich mich auf den Weg zu meinem neuen Arbeitsplatz. Ich kannte mich auf dem Krankenhausgelände nicht aus und fragte eine Krankenschwester in Nonnentracht, wo der Pavillon Nr. 26 liege. Sie bekreuzigte sich, zeigte mir den Weg und wandte sich schnell zum Gehen. Ihr Benehmen erschien mir merkwürdig, doch ich setzte meinen Weg fort. Am Pavillon Nr. 26 hing eine Holztafel mit der Aufschrift „Zur Leichenhalle" und mit einem Pfeil, der nach links wies. Ich folgte der angegebenen Richtung und kam an den Haupteingang. Dort erwartete mich der Dozent, ein gewisser Dr. Ratzenhofer. „Sind Sie Doktor Janowski?" fragte er und fuhr sogleich fort: „Ich hoffe, daß Sie sich bald einarbeiten und sich wohl bei uns fühlen. Doch eines muß ich Ihnen gleich sagen: Es ist jetzt Viertel nach acht, die Arbeit beginnt aber um Punkt acht Uhr."

Ich entschuldigte mich für die Verspätung. Inzwischen hatten wir einen großen, hellerleuchteten Saal betreten, in dem acht lange Marmortische standen. Auf jedem der Tische lag eine Leiche. Über jede Leiche beugten sich zwei Männer und hantierten an ihr herum. Auf Tabletts neben ihnen lagen, in säuberlicher Reihe angeordnet, blitzblanke Schneide- und Sägeinstrumente. Der Formalingeruch war betäubend. Ein Hustenanfall packte mich, so daß ich glaubte zu ersticken. Dr. Ratzenhofer führte mich an einen Tisch, auf dem eine uralte Greisin mit schneeweißem Haar lag. Ihre offenstehenden Augen sahen mich irgendwie wissend an. Die Alte schien mir bedeuten zu wollen, daß sie mein Geheimnis kannte, mich aber nicht verraten würde. Irgendwie empfand ich Sympathie für sie. Sie erschien mir wie eine Bundesgenossin. An ihrem linken Fuß war der Totenschein befestigt. Während ich meine neue Lage blitzschnell überdachte, las mir Dr. Ratzenhofer die Krankengeschichte vor, überschüttete mich mit Anweisungen und lateinischen Ausdrücken und überließ mich meinem Schicksal.

Dann kam – offenbar auf Anweisung von Dr. Ratzenhofer – ein rothaariger

Assistent auf mich zu, band mir eine blutbefleckte Schürze um, die mich an den Metzger in meinem Heimatort erinnerte, und überreichte mir ein Tablett mit Messern und Sägen, von denen eine genauso aussah wie eine Schlossersäge. Er gab mir auch zwei Paar Handschuhe, eines aus Stoff und eines aus Gummi. Ich warf einen Blick auf die Nachbartische und sah, daß alle Hände doppelt behandschuht waren. Über die Gummihandschuhe waren die Stoffhandschuhe gezogen. Wie ich bald herausfand, sollte die äußere Stoffschicht verhindern, daß einem die nassen, blutigen Leichenteile aus der Hand glitten.

Der rothaarige Medizinstudent begann mit mir zu plaudern und bat mich, ihm die einzelnen Seziervorgänge genau zu erklären, weil er bald eine Prüfung über dieses Thema ablegen müsse. Ich war ratlos, fühlte aber keine Angst und empfand die Situation eher als komisch. Das einzige, was mich jetzt noch retten konnte, war die Nachricht, daß der Krieg zu Ende war. Einen anderen Ausweg gab es nicht. Jetzt, in diesem Augenblick, mußte der Krieg aufhören, dachte ich, während ich die Leiche der alten Frau betrachtete. Mir war, als schauten mich ihre Augen wohlwollend an. Ich beschloß, bei der Personalabteilung des Krankenhauses vorzusprechen und mir eine andere Arbeit geben zu lassen. Als ich den Saal verließ und die Stiege hinunterging, fuhr mich ein älterer Herr wütend an: „Wer sind Sie? Schweinerei! Wie können Sie es wagen, mit dieser Schürze voll Blut und Bakterien herumzulaufen? Sie machen uns ja die ganze Sterilisation kaputt!" Der ältere Herr war Professor Freyter, der Chef der Pathologie. Ich stotterte eine Erklärung herunter, daß ich Arbeit in der Klinik gefunden hätte, obwohl ich wegen des Krieges meine praktische Ausbildung hätte abbrechen müssen. Ich hätte noch nie in einer „kalten Klinik" gearbeitet und wäre dieser Aufgabe nicht gewachsen. Er fixierte mich streng und stieß wütend hervor: „Alle wollen von hier weglaufen. Ihnen wird das nicht gelingen. Bei uns herrscht Disziplin. Sie werden mit meinem Assistenten, Dr. Gulovic, arbeiten. Der wird Ihnen alles erklären."

Prof. Freyter stellte mich sofort seinem Assistenten, Dr. Gulovic, vor. Dieser war Jugoslawe. Als ich ihm sagte, daß ich nicht viel praktische Erfahrung hätte, erklärte er mir geduldig, was ich zu tun hatte. Er merkte gleich, daß ich nichts von Medizin verstand, verlor aber kein Wort darüber und sprach mich auch in der Folgezeit nie darauf an. „Du bist Pole, ich bin Jugoslawe, wir sind beide Slawen, deshalb helfe ich dir", sagte er. Ich mochte ihn auf Anhieb und fühlte mich sicher in seiner Nähe. Ich hatte den Eindruck, daß er für das Hitlerregime nicht viel übrig hatte, obwohl er sich natürlich hütete, dies laut herauszusagen. Er lud mich auch gleich am nächsten Tag zum Abendessen zu sich nach Hause ein.

Zuerst jagte mir meine neue Arbeit regelrecht Panik ein. Ich dachte, ich würde mich nie daran gewöhnen, doch allmählich machte ich Fortschritte. Ich lernte zunächst das Entfernen der inneren Organe, wie Herz, Leber, Lunge, natürlich im besonderen der kranken Organe. Beim Sezieren der Leichen fiel mir auf, daß viele Christen beschnitten waren. Ich lernte, die verschiedenen Messer, Meißel, Sägen und Nadeln zu handhaben, und spezialisierte mich auf die chirurgische Entfernung des Gehirns. Ich erfuhr, daß laut Gesetz jede in Österreich verstorbene Leiche einer Autopsie unterzogen werden mußte und daß in unserem Krankenhaus verschiedene Gehirnforschungsprojekte durchgeführt wurden. Ich tat natürlich so, als ob ich nur gebrochen Deutsch spräche, um keine pathologischen Berichte schreiben zu müssen. Nach einer Weile konnte ich ein Gehirn herausoperieren, ohne es zu beschädigen. Ich lernte auch die verschiedenen Arten von Schädelschnitten, was besondere Geschicklichkeit erforderte.

Manchmal unterbrach Fliegeralarm die tägliche Routine, und wir ließen alles stehen und liegen, um in den Luftschutzkeller zu laufen. Während die Sirenen heulten und die Bomben krachten, jubelte ich innerlich. Ich wußte, daß die Alliierten bereits in Sizilien gelandet waren, und hoffte inständig, daß sie bald siegen würden. Dann wäre der Krieg zu Ende, und ich konnte vielleicht meine Lieben wiederfinden.

Wie jeder meiner Kollegen mußte ich einmal in der Woche regulären Krankenhausdienst leisten. Meine größte Angst war immer, daß während meiner Dienststunden Verletzte eingeliefert wurden, die einem Luftangriff zum Opfer gefallen waren. Dann hätte ich nicht mehr verheimlichen können, daß ich kein Arzt war und nicht die geringste Ahnung von Medizin hatte.

In der „kalten Klinik" beklagten die Patienten sich jedenfalls nicht über mich. Abgesehen vom regulären Dienst war die Zeit im Krankenhaus die beste, die ich seit meiner Flucht aus Polen erlebt hatte. Ich hatte Essen in Hülle und Fülle, Kleider und ein Dach über dem Kopf. Bei meiner Arbeit im Seziersaal half mir Dr. Gulovic, mit dem ich mich inzwischen angefreundet hatte und der mich oft sogar zu sich nach Hause einlud.

Eines Tages, als ich mitten in der Arbeit war, kamen plötzlich zwei Männer in dunklen Ledermänteln auf mich zu. „Sind Sie Doktor Janowski?" fragte mich der eine. Ein heißer Schreck durchfuhr mich. Nun war ich doch entdeckt worden! Der Beamte im Arbeitsamt hatte gemeldet, daß meine Papiere gefälscht waren. Sie waren gekommen, um mich zu verhaften.

Der jüngere der beiden forderte mich auf, ihnen zu folgen. Ich wurde ins Polizeipräsidium von Graz gebracht. Dort führten sie mich zu meiner Erleichterung nicht in die politische, sondern in die Kriminalabteilung und unterzogen mich gleich einem Verhör. Der diensthabende Untersuchungsbeamte schrie mich an: „Wo hast du die Fahrräder gestohlen? Du hast 47 Fahrraddiebstähle begangen! Gesteh lieber gleich, sonst kannst du was erleben! Wo hast du sie gestohlen? Wem hast du sie verkauft?" Er nahm einen Briefbeschwerer und schlug mir damit ins Gesicht. Aus meinem Mundwinkel rann Blut. Der Schock kam so plötzlich, daß ich kaum sprechen konnte. „Ich habe nichts gestohlen", stammelte ich, und zur Bekräftigung wiederholte ich den Satz noch einige Male. Ich war jetzt sicher, daß ein Irrtum vorlag, hatte aber Angst, sie könnten meine Papiere prüfen und mich entlarven. „Hast du in der Pension „Zum kleinen Elefanten" übernachtet?" fragte der Polizist und machte eine Handbewegung, als holte er wieder zum Schlag aus. „Ich habe nichts gestohlen und nichts verkauft!" rief ich.

Plötzlich begriff ich! Es war eine Verwechslung. Man verwechselte mich mit dem Kroaten, mit dem ich das Zimmer in der Pension ‚Zum kleinen Elefanten' geteilt hatte. Ich berichtete dem Polizisten wahrheitsgemäß, was sich zugetragen hatte: wie ich spätabends angekommen war und mein Zimmer mit einem fremden Mann geteilt hatte. Daß wir ins Gespräch gekommen waren und er mir unter anderem erzählt hatte, daß er Lebensmittelkarten fälschte. Am Ende hatte er mir noch meine Zigaretten und mein Feuerzeug gestohlen, während ich geschlafen hatte. „Es handelt sich ganz sicher um eine Verwechslung", schloß ich, „ich habe nie etwas mit Fahrrädern zu tun gehabt. Ich kann nicht einmal Fahrrad fahren ..."

In diesem Augenblick wurde ein junger Mann in Handschellen hereingeführt. Ich erkannte ihn sofort: Es war der Kroate. Er blickte mit einem Ausdruck panischer Angst um sich. Sein ganzes Gesicht war aufgequollen. Die Haare hingen ihm wirr in die Stirn, und aus seinem Mund rann ein dünner Blutfaden. „Kennst du diesen Burschen?" fragte der Polizeibeamte mich. „Ich kenne ihn", erwiderte ich, „das ist der Mann aus der Pension."

Sogleich begann ein Kreuzverhör, das von Schreien und Schlägen unterbrochen wurde. Der Kroate begann zu stottern und verwickelte sich in Widersprüche. Zu guter Letzt gestand er, die Fahrräder gestohlen zu haben. Er hatte die Polizei täuschen wollen und die Schuld auf mich gewälzt, weil er glaubte, ich wäre ohnehin längst nach Polen zurückgekehrt. Daraufhin bekam einer der Polizisten einen Wutanfall und prügelte blindlings auf den jungen Mann ein. Als er aus dem Zimmer geführt wurde, war er halb ohnmächtig und blutüberströmt.

Der Polizist rieb sich zufrieden die Hände und wandte sich in ruhigerem Ton an mich: „Es handelt sich tatsächlich um ein bedauerliches Mißverständnis. Es tut mir leid. Sie können gehen." Während er mich zur Tür führte, entschuldigte er sich noch einige Male.

Ich kehrte ins Krankenhaus zu meiner täglichen Routine zurück. Mittlerweile hatte ich meine Zeit in Graz auch genützt, um Kontakt mit den anderen aus unserer Gruppe zu bekommen. Kuzytosia war in der Nervenheilanstalt Feldhof beschäftigt, und Halinka arbeitete als Stubenmädchen. Wir trafen einander regelmäßig in einem Café. Dort konnten wir uns einigermaßen frei und ungezwungen unterhalten, ich brauchte nicht mehr „Dr. Janowski" im weißen Kittel spielen, hier konnte ich Manus sein, einer aus unserer Gruppe.

Zu unserem Treffen brachte ich Pakete mit Kleidern und Unterzeug mit, die ich aus der Leichenkammer entwendet hatte. Nach christlichem Brauch entkleidete man die Toten und zog ihnen für die Beerdigung ihre besten Sachen an[1]. Die alten Kleider wurden in einem Lagerraum neben der Leichenkammer aufbewahrt. Auf diese Weise konnte ich alle Freunde mit Kleidern versorgen.

Die anderen erzählten mir, sie seien regelmäßig in Kontakt mit Freunden von der Gruppe, die sich in Salzburg und Umgebung aufhielten. Ferner erfuhr ich, daß auch Alinka in Graz untergekommen war und als Zimmermädchen in einem Hotel arbeitete. Sara Hoffmann arbeitete mit Kuzytosia in der Nervenheilanstalt Feldhof, und Tobka Spiegel hatte in dem nahegelegenen Städtchen Kindberg Arbeit gefunden. Karol Tuchschneider und Roman Steinfeld war es gelungen, aus Wien zu fliehen und eine Stellung in der Flugzeugfabrik „Hal-

---

1 Nach jüdischem Brauch werden die Toten nur in einem Bettuch begraben und nicht einmal in einen Sarg gelegt.

lein" bei Salzburg zu finden. Karola Boim war Dienstmädchen bei einem deutschen General, der eine Luxusvilla in Salzburg bewohnte.

Wir trafen einander von da an zweimal in der Woche, sicherheitshalber jedesmal in einem anderen Lokal. Das Wiedersehen war immer ein Fest. Die Gemeinschaft vermittelte uns das Gefühl von Geborgenheit und Wärme, das wir sonst so bitter entbehrten. Trotz aller Gefahren und der ständigen Spannung, in der wir lebten, setzten wir unsere eigene Sicherheit aufs Spiel, um einander zu helfen.

Ich hatte mir die Adressen der Mitglieder unserer Gruppe aufgeschrieben und schickte ihnen allen und auch meiner Schwester Pakete mit warmen Kleidern aus der Leichenkammer des Krankenhauses. Als uns einmal ein Fliegeralarm in einem Lokal überraschte, gingen wir mit den anderen Gästen in den Luftschutzkeller. Während wir da saßen und die Entwarnung abwarteten, hörten wir ein paar Leute schimpfen: „Daran sind nur die Juden schuld!"

Wir lebten in ständiger Angst, entdeckt zu werden, und sprachen viel darüber, wie wir dieser Gefahr entgehen konnten. Am meisten beschäftigte uns die Frage, wie wir nach Ungarn gelangen könnten. In Ungarn hielten sich viele jüdische Flüchtlinge aus Polen und der Slowakei auf, darunter auch die Kameraden unserer Gruppe und mein Bruder, die sich alle christliche Papiere besorgt hatten.

Zwischen Polen und Ungarn hatten seit Jahrhunderten besonders freundschaftliche Beziehungen bestanden. Die polnische Exilregierung in London hatte eine Vertretung in Budapest. Diese hielt Verbindung zu den polnischen Flüchtlingen aufrecht. Auf eine besondere Anweisung aus London hin bekamen alle jüdischen Flüchtlinge richtige Papiere als polnische Christen, die von der Fremdenpolizei bestätigt wurden.

LUSIA

Nachdem Frau Benedikt und ein großer Teil unserer Gruppe verhaftet worden waren, hatten wir Namen, Wohnort und Arbeitsplatz gewechselt. Nur Lusia war unter ihrem ersten falschen Namen in Wien geblieben und arbeitete immer noch bei der Familie Heinz Klotzinger, die in Sievering wohnte.

Wie schon erwähnt, hatte ich nach den Verhaftungen in Wien die Verantwortung dafür übernommen, den Mitgliedern unserer Gruppe eine neue Identität zu verschaffen. Und auch als ich schon in Graz war, ließ es mir keine Ruhe, daß Lusia noch immer keine neuen Papiere hatte. Doch ich durfte mich in Wien nicht sehen lassen. Wenn ich aus irgendeinem Grunde verhaftet wurde, wäre ich sofort nach Maria Lanzendorf geschickt worden. Nachdem ich zweimal aus dem Lager ausgebrochen war und außerdem unter Verdacht stand, Jude zu sein, hätte ich dort am Strang geendet.

Trotzdem beschloß ich nach vielen Zweifeln und schlaflosen Nächten, das Risiko auf mich zu nehmen und nach Wien zu fahren, um Lusia nach Graz zu holen. Ich rief sie an, erzählte ihr von meinem Plan, vereinbarte einen Treffpunkt in einem Wiener Café und sagte ihr, sie solle alle ihre Sachen mitbringen, damit wir gleich von da aus losfahren könnten.

Wie verabredet, trafen wir einander in dem Café. Ich kam gleich zur Sache: „Du fährst jetzt mit mir nach Graz. Du bist die einzige von der Gruppe, die noch hier ist. Du darfst keinen Tag länger hierbleiben."

„Das geht nicht", sagte Lusia. „Als unsere Freunde verhaftet wurden, bin ich für zwei Tage weggelaufen, doch ich hatte nicht den Mut, ein neues Leben anzufangen wie die anderen Mädchen. Ich ging zu meinen Leuten zurück, die mich immer so gut behandelt haben. Ich war bei ihnen wie eine Tochter im Haus. Als ich fortlief, machten sie sich große Sorgen, riefen die Polizei an und ließen mich suchen. Ich weiß, daß ich fortgehen müßte, aber ich schaffe es einfach nicht."

Aber ich ließ nicht locker und bedrängte sie hartnäckig, fortzugehen. „Also gut", sagte sie, „ich gehe nach Hause, packe ein paar Kleider zusammen und hole mein Geld." Aber das wollte ich nicht mehr riskieren. Ich wollte sobald wie möglich die Stadt verlassen.

Wir nahmen den Nachtzug. Draußen herrschte die klirrende Kälte einer Winternacht in den Bergen. Wir unterhielten uns leise auf polnisch. Sie erzählte mir über ihren Freund Natan, ihre große Liebe, der zusammen mit unserem Anführer im Untergrund, Jozek Kozuch, von den Deutschen ermordet worden war, über die Auflösung des Ghettos, über die Vertreibung und die letzten Stunden im Bunker vor der Vertreibung. In unserem Wagen saß eine Gruppe deutscher Soldaten, die von der Front kamen. Die meisten hatten sich auf den Bänken ausgestreckt und schliefen. Einer von ihnen, der eine Station vor Graz ausstieg, winkte uns zu, als er an uns vorbeiging, und sagte in gebrochenem Polnisch „Auf Wiedersehen". Dem Akzent nach war er aus Oberschlesien. Dort sprach jeder zweite Deutsche Polnisch. Uns verschlug es den Atem. Hatte er etwas von unserem Gespräch mitbekommen? Wir starrten ihn mit schreckgeweiteten Augen an, doch er stieg schnell aus.

In Graz beschaffte ich Lusia Papiere und Arbeit in der Kinderabteilung meines Krankenhauses. Ich arbeitete weiter als Pathologe. Beim Mittagessen saß Lusia in einem Winkel des Speisesaals zusammen mit den anderen Krankenschwestern, während ich meinen Platz unter den Ärzten hatte.

Mir war klar, daß wir nicht unbegrenzt in Österreich bleiben konnten. Unsere Existenz hier wurde immer gefährdeter. Ich war nur noch von dem Gedanken besessen, einen sicheren Fluchtweg nach Ungarn zu finden.

Viele Jahre später erzählte Lusia mir, daß sie 1987 bei einer Ferienreise durch Europa nach Wien gekommen sei, um die Familie zu besuchen, bei der sie im Krieg als Dienstmädchen gearbeitet hatte. Sie wollte ihnen sagen, daß sie Jüdin war. Als Frau Klotzinger ihr die Tür aufmachte, erkannte sie Lusia sofort und empfing sie mit Küssen und Umarmungen. „Du bist im richtigen Moment geflohen", sagte Frau Klotzinger nach diesem herzlichen Empfang, „am nächsten Morgen stand die Gestapo vor der Tür, um dich zu verhaften. Sie haben hier zwei Tage auf dich gewartet ..." – „Ich bin Jüdin", warf Lusia ein. „Das hättest du uns ruhig sagen können", erwiderten ihre Gastgeber, „wir waren immer gegen Hitler. Aber es war richtig, daß du niemandem etwas davon erzählt hast. Das wäre zu gefährlich gewesen."

Liebe unter dem „Grossen Bären"

Eine Weile später war in der pathologischen Abteilung das Abflußrohr verstopft. Der Installateur, der die Verstopfung beseitigen sollte, war ein kraushaariger Jugoslawe namens Marco. Nachdem er sich den Schaden angesehen hatte, wandte er sich an mich und fragte mich, ob er die Arbeit auf kommenden Montag verschieben könne, weil sie schwieriger sei, als er angenommen hatte. Ich sagte ihm, daß ich Pole sei, und da wurde er zutraulich und erzählte mir, daß er noch diese Nacht mit einer Ladung Zigaretten nach Ungarn fahre. Die Zigaretten wollte er gegen Schweinefleisch eintauschen. Seinen Reden nach überquerte er häufig die Grenze, um Geschäfte zu machen. Seine Familie wohnte jenseits der Grenze.

Ich traute meinen Ohren nicht. Da zermarterte ich mir das Hirn, um einen Fluchtweg nach Ungarn für die Gruppe und mich ausfindig zu machen, und dieser Mann überquerte jede Woche die ungarische Grenze, als wäre nichts dabei. Natürlich trug ich mich sofort an, mit nach Ungarn zu kommen, und zwar gleich in der kommenden Woche.

Montag abend traf ich mich mit dem Jugoslawen. Ich hatte Sara, Lusia, Kuzytosia, Pajcer und Halinka mitgebracht. Ich wollte noch in derselben Woche fahren, um den Fluchtweg vorzubereiten, damit alle Mitglieder unserer Gruppe in Österreich nachkommen konnten. Nach meiner Ankunft in Ungarn würde ich ihnen eine Nachricht schicken, ob alles in Ordnung sei.

Der jugoslawische Installateur, dem ich inzwischen unsere Lage offen geschildert hatte, wollte kein Geld annehmen und half uns in jeder Weise bei der Planung der Flucht. Er sprach viel über seinen Bruder, der vor wenigen Monaten als Partisan gefallen war.

Am Freitagabend vor meiner Abreise nach Ungarn kamen wir zu einem Abschiedsessen in einem Grazer Lokal zusammen. Ich hatte das ganze Kleiderlager der Leichenkammer geleert und den Freunden die Beute mitgebracht.

An einem Ecktisch feierte eine Familie den Geburtstag ihrer kleinen Tochter, die vier Jahre alt geworden war. Sie saßen um eine Geburtstagstorte mit brennenden Kerzen, sangen und lachten. Plötzlich kippte der Kinderstuhl der Kleinen um, und sie fiel auf den Boden. Die Mutter hob sie schnell hoch, küßte und umarmte sie, und der Vater, der eine SS-Uniform trug, legte ihr kalte Kompressen auf den Kopf und wiegte sie in den Armen, um sie zu beruhigen. Ich verfolgte diese Szene und stellte mir vor, daß derselbe SS-Mann vielleicht vor einigen Tagen Kinder, Frauen und Greise erschossen hatte. Vielleicht war er auch Wachmann in einem Konzentrationslager und hatte Müttern ihre Säuglinge entrissen und sie auf Karren geworfen, die zu den Gaskammern fuhren. Ich bin kein Schriftsteller, aber ich glaube, daß auch der größte Schriftsteller diese unvorstellbaren Szenen und die Gefühle einer Mutter in solch entsetzlichen Augenblicken nicht beschreiben kann.

In dieser Nacht konnte ich nicht einschlafen. Die Schreckensbilder aus der Zeit der Ghetto-Aktionen und der Deportationen verfolgten mich. Ich dachte an meine Brüder und meine Eltern, die von den Deutschen ermordet worden waren. Jetzt, da ich schon halb auf dem Weg nach Ungarn war, hatte ich das Gefühl, sie allein zurückzulassen und das Gelübde zu brechen, das mein Vater mir abgenommen hatte: Rache zu nehmen an den Nazi-Mördern.

Ich hatte mich für den nächsten Tag mit Marco am Bahnhof verabredet, um mit ihm in die Nähe des Grenzübergangs zu fahren. Ich hatte beschlossen, alle meine Sachen in meinem Zimmer im Krankenhaus zu lassen, um nicht den Eindruck einer geplanten Flucht zu erwecken.

■■■

Eine Woche später hatte Leon eine Grenzgängerin geschickt, die unsere Gruppe auf einem anderen Weg über die Grenze nach Ungarn schmuggeln sollte. Karol, Jozek, Mietek und die Mädchen in Graz verließen ihren Arbeitsplatz und versteckten sich einige Tage bei Marco, bevor sie die Grenze überquerten. Als ich schon drüben in Ungarn war, kamen sie über Leons Fluchtweg nach. Doch wenn Leon seine Grenzgängerin nicht geschickt hätte, wären sie mir auf dem Weg gefolgt, den ich ausfindig gemacht hatte.

Als ich zur vereinbarten Zeit zum Bahnhof in Graz kam, war kein Marco zu sehen. Statt dessen stand dort eine Gruppe von Jugoslawen, die mir mitteilten, Marco sei krank und könne nicht nach Ungarn fahren. Er ließ mir ausrichten, ich solle noch eine Woche zuwarten und dann mit ihm fahren. Doch ich hatte schon alle Brücken abgebrochen, und es blieb mir keine andere Wahl, als doch noch am selben Tag die Grenze zu überqueren. Nichts konnte mich von meinem Plan abbringen. Als ich zu den Jugoslawen sagte, ich wolle mit ihnen mitgehen, musterten sie mich mißtrauisch und feindselig. Ich merkte, daß ich unerwünscht war. „Marco hat uns gesagt, daß er dich kennt", sagten sie, „aber wir kennen dich nicht."

Ich schloß mich ihnen kurz entschlossen an, obwohl sie mich offensichtlich nicht mitnehmen wollten. Als der Zug einfuhr, stiegen sie in den ersten Wagen, und ich sprang im letzten Moment auf den zweiten Wagen auf. Ein Rucken, und der Zug setzte sich in Bewegung. Malerische Dörfer und Häuser mit tief gezogenen Dächern, Felder, auf denen Bauern arbeiteten, grüne Anhöhen zogen im Fluge vorbei. Vor der Grenze stiegen die Jugoslawen aus, und ich folgte ihnen. Ich fand es merkwürdig, daß nur ein Teil dieser Schmuggler Säcke und Körbe mitschleppte. Ich hielt mich in respektvoller Entfernung von den Jugoslawen, die schnell dahinstapften, ohne sich nach mir umzublicken. Sie mußten mich gesehen haben, taten aber so, als sei ich Luft. Unterwegs mieteten sie einen Pferdekarren. Ich folgte ihrem Beispiel, und bald erreichten wir ein Dorf in der Nähe der ungarischen Grenze. Dort gingen sie in ein abseits gelegenes Bauernhaus. Ich schlich mich näher heran und hörte ihre Stimmen, obwohl sie sich bemühten, leise zu sprechen.

Während ich das weitere Geschehen abwartete, löste sich eine Gestalt aus dem Hauseingang und kam auf mich zu. Mein erster Impuls war zu fliehen, doch ich blieb wie angewurzelt stehen. Die Gestalt entpuppte sich als ein rundliches Mädchen von etwa zwanzig Jahren. Sie trug einen langen, weiten Mantel aus Ziegenfell, der vorne offenstand. Unter dem geblümten Kopftuch lugten schwarze Locken hervor. Als sie vor mir stand, glitt mein bewundernder Blick von ihren blitzenden Zähne zu ihren verlockenden weiblichen Rundungen.

„Ich heiße Jovanka", sagte sie in einem Gemisch aus Slawisch und Deutsch. „Marco ist mein Cousin, und ich weiß, wer Sie sind. Sie sind Dr. Janowski aus dem Krankenhaus."

Ihre melodische Stimme erinnerte an ein Glockenspiel. Sie klang rein und verlockend zugleich. Wir gaben einander die Hand und schwiegen einen Augenblick. „Ich bringe Leute über die Grenze", fuhr Jovanka fort, „aber Sie können nicht mitkommen, weil meine Freunde Sie nicht mitnehmen wollen. Sie haben gute Gründe dafür. Sie hätten ihnen nicht ohne Erlaubnis folgen dürfen. Einer von ihnen wollte Sie sogar umbringen. Sie hätten bis nächste Woche warten sollen, um mit Marco zu fahren. Warum die Eile? Warten Sie hier im Dorf bei einer Verwandten von mir ab, bis Marco kommt. Sie haben keine andere Wahl, wenn Sie nicht nach Graz zurückkehren wollen. Ich komme am Dienstag aus Ungarn zurück, dann treffen wir einander wieder, wenn Sie noch hier sind. Sie dürfen auf keinen Fall das Haus meiner Verwandten verlassen. Die Grenze ist ganz in der Nähe, und wir werden ständig kontrolliert."

Als ich das hörte, verließ mich der Mut. Nach allem, was ich durchgemacht hatte, war ich wieder in Lebensgefahr. Und diesmal trachteten mir ausgerechnet Jugoslawen nach dem Leben. Ich bewunderte die Jugoslawen als das mutigste Volk in Europa. Sie hatten es gewagt, gegen die Deutschen zu kämpfen. „Nein", sagte ich, „ich werde nicht auf Marco warten. Was befürchten Ihre Freunde von mir? Können Sie Marco nicht anrufen? Er hat ein Notruf-Telefon. Er ist in dringenden Fällen immer in seinem Zimmer im Krankenhaus zu erreichen. Dort trifft er sich auch mit meiner Gruppe. Er kennt mich und meine Freunde. Ich bin nicht allein. Sprechen Sie mit Marco."

„Doktor, Ihre Entschlossenheit gefällt mir. Warten Sie hier", sagte sie und ging ins Haus zurück.

Nach einer halben Stunde kam sie wieder. „Wir haben mit Marco gesprochen. Kommen Sie, wir haben eine heiße Czorba für Sie."

Als ich das Haus betrat, merkte ich, daß die Jugoslawen mich mit anderen Augen ansahen. Das Gespräch mit Marco hatte sie umgestimmt. Jovanka sagte: „Ruhen Sie sich aus, in zwei Stunden brechen wir auf."

Die Männer richteten zum ersten Mal ein freundliches Wort an mich. „Du bist einer von uns", sagten sie. Ich konnte vor Aufregung nicht einschlafen. In ein paar Stunden bin ich in Ungarn, und bald werden alle meine Freunde mir nachkommen, dachte ich in einem fort.

Nach zwei Stunden weckte mich Jovanka, indem sie mir mit der Hand durch das Haar strich. „Aufstehen, es ist Zeit. Ein Teil der Gruppe ist schon unterwegs. Draußen ist es stockfinster. Ich gebe Ihnen einen Zettel für meine Familie mit, die jenseits der Grenze wohnt, falls wir uns verirren oder uns aus den Augen verlieren. Grenze ist Grenze. Man kann nie wissen, was passiert. Das ist kein Kinderspiel, wir müssen mit allem rechnen. Hier ist ein Fläschchen mit einer Flüssigkeit, die Menschengeruch neutralisiert – gegen die Spürhunde. Nehmen Sie es für alle Fälle mit."

Wir brachen in aller Eile auf. Jovanka marschierte an der Spitze der Kolonne. Neben mir gingen zwei junge Männer. Alle trugen Rucksäcke. Einige der Rucksäcke waren klein, doch an der gebückten Haltung ihrer Träger sah ich, daß der Inhalt schwer sein mußte. Erst da wurde mir klar, daß nicht alle nur Zigaretten im Rucksack hatten wie ich.

Nicht lange, und ich hatte meine Weggefährten aus den Augen verloren. Es war so dunkel, daß man die Hand vor den Augen nicht sehen konnte. Mir fiel ein, was ich bei den Pfadfindern und in der zionistischen Jugendbewegung gelernt hatte. Bei unseren Nachtfahrten hatten wir geübt, uns an den Sternen zu orientieren. Mein Gruppenleiter bei den Pfadfindern, Stasiek (der sich heute Schlomo Dori nennt und im Kibbutz Yifat lebt), wäre stolz auf mich gewesen, wenn er gesehen hätte, wie ich mich in der Finsternis zurechtfand.

Eine mondlose Nacht, irgendwo an der Grenze zwischen Österreich und Ungarn. Nur die Sterne glitzerten in der Totenstille. Seit den Aktionen, die immer nachts durchgeführt wurden, haßte ich den Mond und die Sterne. Sie beleuchteten die Greuel, die sich unten auf der Erde abspielten – und schwiegen. Die Eiseskälte der Januarnacht drang mir in die Knochen. Ich bewegte mich langsam und vorsichtig in der pechschwarzen Dunkelheit voran, wobei ich immer wieder zum Himmel aufsah und mich an dem Sternbild des Großen Bären orientierte. Ich wußte, daß ich die Grenze nicht verfehlen konnte, wenn ich immer geradewegs nach Osten ging. Vielleicht bringen mir die Sterne diesmal Glück, dachte ich.

Ich ging ein paar Schritte, warf mich nieder, kroch vorwärts, richtete mich wieder auf und lief geduckt weiter. So bewegte ich mich eine Weile voran, bis ich plötzlich hinter mir eine Frauenstimme hörte: „Doktor, gut, daß ich Sie finde. Ich habe mir schon Sorgen um Sie gemacht. Kommen Sie, ich bringe Sie über die Grenze, für mich ist das ein Spaziergang."

Was für eine Überraschung! In Jovankas Gegenwart fühlte ich mich sicher. Sie ging schnellen, sicheren Schritts voran. Nachdem wir eine Weile gegangen waren, flüsterte Jovanka mir zu: „Wir sind ganz nah an der Grenze. Noch ein paar hundert Meter, und wir sind da. Jetzt kommt der gefährlichste Teil." Von ferne hörte man Motorenlärm. Deutsche und ungarische Grenzschutzsoldaten patrouillierten mit Motorrädern an der Grenze entlang.

„Halt jetzt", wisperte Jovanka. Wir kauerten uns in einen Graben und warteten. Wir lauschten dem Aufheulen und Abebben des Motorenlärms und versuchten, die Zeit zu messen, die zwischen einer Patrouille und der nächsten verging. Die Scheinwerfer der Wachttürme zeichneten grelle Lichtkegel in die Landschaft. Wir hielten den Atem an. Jovanka sagte: „Genau um Mitternacht findet die letzte Patrouille statt. Danach kommt die Ablösung. Das ist jede Nacht so – kurz vor Mitternacht sind besonders viele Patrouillen unterwegs. Es hilft nichts, wir müssen hier warten."

Jovanka schmiegte sich an mich. Ich konnte die Wärme ihres Körpers spüren. Sie sah mich an und strich mir mit der Hand über den Kopf. „Sie sind schüchtern, Doktor."

„Nicht Doktor, ich heiße Stanislaw."

Sie legte mir die Hand auf den Mund: „Sprich jetzt nicht." Dann umfaßte sie mich mit den Armen. Es war eiskalt, etwa dreißig Grad unter null. „Mir ist auch kalt", sagte sie, als hätte sie meine Gedanken erraten, „komm näher, ich decke dich mit meinem Pelz zu." Sie öffnete den weiten Mantel aus Ziegenfell, breitete ihn um mich und zog mich dicht an sich. Wenige hundert Meter entfernt winkte die Freiheit, hinter mir lag eine unerbittlich grausame Welt, eine Welt von Mördern und ungerührten Zuschauern. „Sieh mich an", flüsterte sie, als ich ihre Bluse aufknöpfte, „sieh mich immer an." Ich umfaßte mit beiden Händen ihre vollen Brüste. Ich hörte ihre Atemzüge und spürte den Hauch ihres Mundes. Ich fühlte die Kälte draußen nicht mehr. Wir lagen dicht aneinandergeschmiegt in dem engen Graben.

■ ■ ■

Als ich die Augen öffnete, stand der Große Bär hoch am Himmel. Die Sterne schienen mir zuzulächeln. Jovanka flüsterte mir ins Ohr: „Der große Bär lächelt auf uns herab."

Der Lärm eines Motorrads schreckte uns auf und brachte uns in die Wirklichkeit zurück.

„Ich habe dir gesagt, daß sie hier genau um Mitternacht vorbeikommen", sagte Jovanka. Dann sah sie mir in die Augen und und fügte hinzu: „Nicht alle meine Freunde sind Schmuggler, manche sind Partisanen und haben Waffen im Rucksack."

Jetzt konnte auch ich mich zu erkennen geben: „Ich bin auch kein Doktor, und meine Papiere sind gefälscht."

„Enttäusche mich nicht, für mich bist du ein Professor", sagte sie lächelnd, während wir uns wieder auf den Weg machten. Wir gingen auf die Grenze, auf die Freiheit zu. Über mir lächelten die Sterne des Großen Bären und wiesen uns den Weg in die Freiheit.

Pension Krakowitz

Um zwei Uhr nachts betraten wir das Bauernhaus von Jovankas Onkel auf der ungarischen Seite der Grenze. Aus Sicherheitsgründen kletterten wir zunächst in die Scheune, wo wir erst einmal die Nacht verbrachten, aus Angst vor der Entdeckung durch die Grenzpatrouille. Um neun Uhr weckte mich Jovanka zum Frühstück. Gebratene Blutwurst mit sehr scharfem Paprika standen schon bereit. Jovanka stellte mich ihrem Onkel als Dr. Janowski vor, der zusammen mit Marco im Krankenhaus arbeitete. Ich empfand ein starkes Gefühl der Dankbarkeit, als ich Marcos Vater die Hand drückte.

Dann gab mir Jovanka einen Tragkorb, ein paar Stück Wäsche, eine kurze Jacke aus weißem Ziegenfell und setzte mir einen Bauernhut auf den Kopf. „Jetzt schaust du wie ein ungarischer Bauer aus." – „Gib mir bitte auch einen Schal", erwiederte ich, „als hätte ich Zahnschmerzen, damit ich nicht in die Verlegenheit komme, etwas auf ungarisch sagen zu müssen." Da lachte sie: „Ein Wort kannst du schon von mir lernen: ‚Seretlek' – ‚Ich liebe dich'." Und dabei drückte sie mir einen Kuß auf den Mund. Dann legte sie mir noch zwei gebratene Hühnchen in den Korb. Anschließend gingen wir zum Bahnhof, wo sie mir eine Fahrkarte und einen Zettel reichte. „In Nagykanizsa mußt du umsteigen. Um zehn Uhr abend kommst du in Budapest an."

Ein neuer Lebensabschnitt begann.

Der Bahnhof in Budapest wimmelte von Menschen. Ich ging mit meinem kleinen Korb und den zwei Hühnern, die ich als Abschiedsgeschenk von Jovanka bekommen hatte, durch die Straßen. Ich hatte einen Zettel mit der Aufschrift „Koszut Lajos Utca 13" bei mir. Nach langem Herumirren fand ich endlich die Straße und das Haus Nr. 13. Es sah ziemlich heruntergekommen aus. Der Verputz bröckelte ab, in der Mauer zeigten sich Risse und Löcher.

Die Zahl 13 weckte in mir höchst unangenehme Erinnerungen. Im Lager Maria Lanzendorf war ich Sträfling Nummer 613 gewesen. Trotzdem fühlte ich mich erleichtert, weil ich Lanzendorf und Österreich, wo ich ja ständig mit dem Tod bedroht war, verlassen hatte. Hier befand ich mich in einem sicheren Hafen, der von den Greueln des Krieges noch verschont geblieben war.

Ich blickte am Haus empor und las auf einem vergilbten Schild „Pension Krakowitz". Der polnische Name war nichts Ungewöhnliches hier in der ungarischen Hauptstadt. Die polnische Geschichte war eng mit der ungarischen verbunden. Einer der großen polnischen Könige, Stephan Báthory, der auch den Juden in seinem Land zum ersten Mal weitgehende Rechte zugestanden hatte, war ungarischer Abstammung.

Als ich das Haus betrat, in dem ich meine Kameraden wiedersehen würde, klopfte mein Herz bis zum Hals. Ich hastete die Stiege hinauf in den ersten Stock und läutete an der Tür. Die Tür ging auf, und Szewa Neiss stand vor mir. „Manus", schrie sie wie hysterisch. Wir umarmten und küßten einander. Hinter ihr drängten Fredka Kozuch, Rutka Kandau und die anderen nach. Alle bestürmten mich mit Fragen. Wie war ich von Wien nach Budapest gelangt? Wie war es mir die ganze Zeit über ergangen? – Sie behandelten mich, als sei ich vom Mars gekommen.

Erst später erzählten sie mir, daß sie gehört hatten, ich sei von der Gestapo verhaftet worden. Sie waren überzeugt gewesen, daß ich in Auschwitz umgekommen war.

Als ich mich gefaßt hatte, berichtete ich ihnen meine Erlebnisse in Wien und in Graz. „Bitte um Achtung", schloß ich scherzhaft, „Sie sprechen mit Dr. Janowski. Ich bin ein hervorragender Arzt! Meine Patienten haben sich nie beklagt!" Als sie wissen wollten, wie ich es bloß über mich gebracht hätte, Leichen zu sezieren, wurde ich wieder ernst und sagte: „Es war gar nicht so schwer. Ich habe mir einfach vorgestellt, daß ich SS- und Gestapo-Leute vor mir liegen habe."

Nachdem ich geendet hatte, fielen wir einander wieder um den Hals. Weitere Kameraden wurden herbeigerufen. Pinek Baumann hatte mir am Anfang schon die zwei Hühner abgenommen, und die Mädchen bereiteten nun ein festliches Mahl.

Plötzlich ging die Tür auf, und Leon Blat kam herein. Ich hatte ihn zuletzt in Wien gesehen, in der Afrikanergasse, nachdem er aus dem Gefängnis geflohen war. Als wir einander jetzt gegenüberstanden, rannen uns die Tränen über die

Wangen. Wir umarmten einander lange, ohne daß wir ein Wort herausbrachten.

Später dann erzählten sie mir, daß mein Bruder Samek mit einem Teil der Kameraden aus Budapest nach Mohacs gefahren sei. Die Mädchen stellten Leuchter auf den Tisch und zündeten Kerzen an. Wir aßen, tranken und sangen. Wir waren in freudiger Stimmung, aber als das Gespräch auf die Mitglieder der Gruppe kam, die noch in Österreich verblieben waren, packte uns die Angst, daß wir sie nicht wiedersehen würden. Ich erzählte ihnen über den Kontakt, den ich mit dem Jugoslawen Marco geknüpft hatte, und daß ich Karol Tuchschneider und Sara Torman alle Einzelheiten darüber übermittelt hatte, in der Hoffnung, daß die anderen auch ihren Weg nach Ungarn finden würden.

Am nächsten Tag ging ich zum ersten Mal mit Kameraden auf die Straße. Ich fühlte mich wie neugeboren. Hier war ich in einer Welt voll ruhiger, friedlicher Menschen. Im Vergleich zu Wien und Graz sah man viele Männer auf den Straßen und elegante, gepflegte Frauen. In einem großen Warenhaus sah ich zum ersten Mal Rolltreppen. In den Läden gab es von allem im Überfluß, Kuchen, Torten und Backwaren wurden in den Bäckereien in rauhen Mengen angeboten. So wenigstens empfand ich es. Alles vollzog sich gelassen, ohne Hektik, ohne Schrecken und Furcht.

Am Abend brachte man mich in den Klub der zionistischen Jugendbewegung Hanoar Hazioni in Ungarn. Ich machte Bekanntschaft mit Dr. Siegfried Roth, dem Leiter der Hanoar Hazioni und Mitglied des jüdischen Rettungsausschusses (heute Vertreter des Jüdischen Weltkongresses in London). Ich lernte in ihm einen liebenswerten, charmanten und kultivierten Mann kennen, der sich ganz der Rettung von Juden und deren Ausreise nach Palästina widmete. Ich begegnete in diesem Umkreis vielen ungarischen zionistischen Jugendlichen, deren einziges Ziel es war, nach Palästina zu gelangen.

Ich mußte mich bei der Fremdenpolizei registrieren lassen, um eine Aufenthaltsbewilligung in Ungarn zu bekommen. Dazu war eine Empfehlung des polnischen Komitees notwendig. Als die Deutschen die Ghettos in Polen errichteten und die Endlösung der Judenfrage eingeleitet wurde, flüchteten viele polnische Juden ins freie Ungarn. Sie kamen in kleinen Gruppen – wie unsere Gruppe – oder auch einzeln.

Es wurde ein geheimes Abkommen zwischen den Vertretern der polnischen Exilregierung in London und den ungarischen Behörden über die Aufnahme der jüdischen Flüchtlinge erreicht. Der Leiter des polnischen Komitees war ein gewisser Dr. Slavik, der den Juden sehr geholfen hat und deshalb von den Deutschen umgebracht wurde. Seine Tochter bekam für ihren Vater das Gerechten-Diplom. Ich muß hier erwähnen, daß die übrigen Mitglieder des Komitees antisemitische Tendenzen hatten und einen Vermerk auf ihrer Liste machten, wenn es sich um Juden handelte, die mit polnischen Ausweisen ausgestattet wurden.

Von der ungarischen Regierung erhielt jeder Flüchtling mit einem solchen Ausweis eine monatliche Summe von 1500 Pengö. Er mußte sich allerdings bei der ungarischen Fremdenpolizei registrieren lassen. An der Spitze der Fremdenpolizei stand ein Mann namens Antall. Er war der Vater des späteren ungarischen Ministerpräsidenten József Antall und erwarb sich sehr große Verdienste um die Rettung der jüdischen Flüchtlinge. Auch er wurde als einer der Gerechten unter den Völkern von „Yad Vashem", der israelischen Gedenkstätte für die sechs Millionen jüdischer Naziopfer in Jerusalem, anerkannt und ausgezeichnet.

Auf diese Art und Weise bekam jedenfalls auch ich eine Aufenthaltsbewilligung in Ungarn. Mein Ausweis lautete auf den Namen Dr. Janowski, und wie die anderen mußte ich mich jeden Monat bei der Fremdenpolizei melden.

Das Leben in der Pension Krakowitz wurde nach dem Muster einer Kommune geführt. Jeder erhielt von der Gemeinschaft gewisse Aufgaben zugeteilt. Leon war unser Verbindungsmann zum jüdischen Rettungsausschuß, Pinek derjenige zum Finanzdezernat. Olek übernahm das Amt eines Instruktors der zionistischen ungarischen Jugend und verbreitete die zionistische Ideologie unter den ungarischen Juden. Er organisierte das Lager am Balaton, wo Jugendliche lernten, mit Waffen umzugehen. Jozek Rosenberg, der Leiter der Gruppe in Mohacs, beschaffte gemeinsam mit Leon Waffen. Mir wurde die Aufgabe der Besorgung von falschen Dokumenten und Unterkünften übertragen.

Obwohl damals Ungarn noch außerhalb des Kriegsgebiets lag, führten die ungarischen Behörden eine Rationierung der Lebensmittel ein, und es wurde deshalb immer schwieriger, für die Mitglieder der Gruppe die notwendigen Lebensmittel zu bekommen, da uns ja nur recht dürftige finanzielle Mittel zur Verfügung standen.

Mit Hilfe von Dr. Roth fanden wir immer mehr Kontakte mit der zionistischen ungarischen Jugend, die uns im täglichen Leben tatkräftig unterstützte. Olek engagierte sich führend in einer erzieherischen Arbeit, um die zionistische Ideologie in Ungarn zu verbreiten. Obwohl hier in Ungarn noch alles verhältnismäßig ruhig war, sahen wir die Zukunft voraus und trachteten danach, die ungarischen Juden vor dem, was sie erwartete, zu warnen. Wir bildeten die zionistischen Jugendlichen in der Nutzung von Waffen aus und sprachen die ganze Zeit über von der wichtigen Aufgabe, die wir erfüllen müßten, um das Blut unserer Eltern und Brüder zu rächen, die von den Deutschen und ihren Helfern getötet worden waren und noch getötet wurden. Unsere hauptsächliche Pflicht sahen wir darin, den ungarischen Juden von der Vernichtung der polnischen Juden in den Gaskammern zu erzählen und sie eindringlich zu warnen. Meistens stießen wir auf Unglauben und Zweifel.

Die ganze Zeit über galt unsere große Sorge den Kameraden, die sich noch in Österreich befanden. Leon traf mit dem Leiter des jüdischen Rettungsausschusses, Dr. Israel Kastner, zusammen, um ihm die gefährliche und verzweifelte Lage der Wiener Kameraden zu schildern, die jeden Augenblick der Gefahr einer Verhaftung durch die Gestapo und Deportierung nach Auschwitz ausgesetzt waren. Leon wollte von Dr. Kastner Geld haben, um die Kameraden aus Österreich nach Ungarn hinausschmuggeln zu können und uns allen eine legale Ausreise nach Palästina zu ermöglichen, was ihm dieser auch gewährte.

Auch ich nahm einmal an einer Besprechung mit den Führern des jüdischen Rettungsausschusses, Dr. Kastner, Joel Brand und anderen, teil. Kastner schien mir ein nervöser und gehetzter Mann zu sein. Man fühlte, wie schwer er an seiner Verantwortung trug. Einerseits stand er ständig unter dem Druck der deutschen Behörden, andererseits versuchte er, immer mehr und mehr Juden vor den Deutschen in Sicherheit zu bringen. So gelang es Kastner etwa, nach einer Zahlung von zwei Millionen Dollar einen Zug mit 1864 Juden aus Ungarn in die Schweiz zu bringen. Im Jahr 1956 wurde Kastner von einem Ungarn verleumdet, er habe mit den Deutschen kollaboriert. Kastner verklagte ihn, ging aus dem Prozeß jedoch selbst als Angeklagter hervor und wurde unmittelbar nach der Verhandlung von zwei Jugendlichen auf offener Straße erschossen. Allerdings kann ich den Schiedsspruch des Jerusalemer Bezirksrichters Dr. Benjamin Halewi im Kastnerprozeß, daß Kastner seine Seele dem Teufel verkauft hätte, nicht akzeptieren, obwohl mir unbegreiflich ist, was Kastner dazu bewogen hat, nach dem Krieg in den Nürnberger Prozessen zugunsten der SS-Offiziere Krumey, Becher und Wisliceny, Vertretern des Massenmörders Eichmann, die an den Deportationen und der Vernichtung von europäischen Juden beteiligt waren, auszusagen.

Trotz der relativen Ruhe und Freiheit, in der wir lebten, ließ uns die Angst nicht los, daß es sich nur um eine zeitlich begrenzte Schonzeit handelte, die nicht mehr allzu lange dauern würde. Ungarn nahm bereits aktiv am Krieg gegen die Sowjetunion teil und diente als eine Art Transitland. Deutsche Offiziere und Soldaten überquerten Ungarn fortwährend auf dem Weg zur oder von der Ostfront. In Budapest waren deutsche Verbindungsoffiziere tätig, die ständigen Kontakt mit den ungarischen Behörden aufrechthielten. Wir bekamen täglich zwei Schweizer Zeitungen und lasen darin Angriffe von Deutschen auf den ungarischen Reichsverweser Admiral Nikolaus von Horthy. Wir wußten, was uns und die ungarischen Juden erwartete, wenn die Ostfront immer näher an Ungarn heranrückte.

Wir beschlossen deshalb, unsere Bemühungen, weitere Waffen zu bekommen, zu verstärken. Wir begannen mit Vorbereitungen, um in den Untergrund zu gehen, falls gefährliche Entwicklungen es erfordern sollten. Wir errichteten Werkstätten zur Fälschung von Ausweisen. Es war Februar. Die Straßen Budapests waren schneebedeckt. Eine eisige Kälte drang uns bis tief in die Knochen.

■ ■ ■

Bald konnten wir auch die ersten aus unserer Gruppe, die Zertifikate für eine legale Ausreise nach Palästina erhalten hatten, zur Bahnstation bringen. Es waren Fredka, Rutka, Szewa, Usiel und Mosche. Sie wollten durch die Türkei nach Palästina reisen. Fredka war ausgesprochen aufgekratzt. Sie erzählte uns, daß sie sich auf ganz besondere Weise an den Kattowitzer Antisemiten, die den Juden den Tod wünschten, gerächt hatte. Sie hatte Briefe abgeschickt mit der Nachricht, daß sie nicht tot, sondern vielmehr auf dem Weg nach Palästina sei. Wir lachten hellauf über diesen Einfall. Aber der Abschied dann fiel uns sehr, sehr schwer. Jedem von uns stand die bange Frage ins Gesicht geschrieben: Wann werden wir einander wohl wiedersehen?

Partisanin Jovanka

Eines Tages sagte mir Leon, er habe einen interessanten Mann kennengelernt, mit dessen Hilfe wir Waffen erwerben könnten. Wir nannten ihn Peter, mit seinem vollen Namen hieß er Piotr Graf Ractawiecki, und er war wirklich eine außergewöhnliche Erscheinung. Er hatte einen Ring mit einem Wappen, und wenn er etwas unterschrieb, benutzte er einen besonderen Stempel mit Siegel. Er war gekleidet, wie es sich für einen Grafen gehörte: breiter Hut, Halstuch und Samtweste mit einer schweren Goldkette, die höchstwahrscheinlich nicht aus echtem Gold war. Er sprach Polnisch wie ein Adeliger und auch fließend Ungarisch. Peter erschien fast immer in Begleitung von zwei ungarischen Offizieren und einigen eleganten Frauen. Diese Offiziere waren bereit, Peter Waffen zu verkaufen. Er erklärte uns, daß er mit den Deutschen noch eine Rechnung begleichen müsse, da sie sein Gut in Polen beschlagnahmt hatten, und daß er gegen Bezahlung dazu bereit wäre, uns Waffen zu besorgen.

Wir waren von ihm sehr beeindruckt, doch trotzdem hatten wir ein großes Problem: Er brauchte viel Geld für seinen leichtsinnigen Lebenswandel, insbesondere für die vielen Frauen, die er fortwährend wechselte. Die Mitglieder unserer Gruppe waren sich nicht einig in seiner Einschätzung. Einige zweifelten an seiner Aufrichtigkeit und drückten ihr Mißtrauen deutlich aus, indem sie offen zur Vorsicht ihm gegenüber mahnten.

Es wurde nun beschlossen, ein Treffen zwischen Peter, Jozek und Leon zu vereinbaren. Ich wurde mit weiteren vier Kameraden beauftragt, Leon und Jozek zu begleiten und darauf zu achten, daß das Treffen ohne Zwischenfall über die Bühne ging.

Wir hatten die kostbaren Luster und die brennenden Kerzen von Peters Stammcafé schon oft von außen gesehen. Obwohl wir dicke Mäntel trugen, zitterten wir vor Kälte, als wir draußen vor der Tür unsere Wartepositionen bezogen, während Jozek und Leon das Kaffeehaus betraten. Unter unseren Mänteln hielten wir Stöcke versteckt. Fast zwei Stunden mußten wir so in der eisigen Kälte warten, bis ein Mann mit breitem Hut und braunen Stiefeln aus dem Kaffeehaus kam. Er sah aus wie Baron Münchhausen. „Das ist Peter", flüsterte Olek mir zu. Jozek und Leon waren noch im Kaffeehaus. Als nach einigen Minuten nichts geschah, gingen wir zu ihnen hinein. Beide machten einen zufriedenen Eindruck. „Alles in Ordnung", sagte Jozek. „Der Mann macht einen glaubwürdigen Eindruck, er wird uns zwar noch viel Geld kosten, doch bald werden wir die Waffen bekommen."

■ ■ ■

Ich suchte einen Weg, um mich gemeinsam mit meinen Freunden den Partisanen anzuschließen. Also machte ich mich wieder zur österreichisch-jugoslawischen Grenze auf. Diesmal war ich in Begleitung von Anita, einer großen, mageren, sehr energischen Kameradin. Sie war eine starke Persönlichkeit, und wir hielten uns immer an ihre Anweisungen und Ratschläge. In Mohacs bezogen wir Quartier, weil es nahe der Grenze lag. Wir wollten uns den jugoslawischen Partisanen anschließen und mit ihnen gegen die Deutschen kämpfen. Das Treffen mit den Partisanen wurde für Mittag angesetzt.

Zum vereinbarten Zeitpunkt tauchte am gegenüberliegenden Ufer der Drau ein Boot mit zwei Männern auf. Wir näherten uns ihnen, und als wir sie erreicht hatten, fingen wir gleich an, ihnen das Schicksal unserer Gruppe zu schildern. Wir erzählten, wie wir vor den Deutschen geflüchtet und nach Budapest gelangt waren, und daß wir Kontakt mit den Partisanen aufnehmen wollten, um gegen den gemeinsamen Feind zu kämpfen.

Sie hörten uns aufmerksam zu und musterten uns die ganze Zeit über eindringlich. Plötzlich begann einer von ihnen, uns zu befragen: „Wie heißt ihr? Woher genau kommt ihr? Wie viele seid ihr? Wie alt seid ihr? Habt ihr im polnischen Militär gedient? Könnt ihr mit Waffen umgehen?" So hagelten seine Fragen auf uns herab.

Wir berichteten von unserer Aktivität im Untergrund, denn für das Militär waren wir damals zu jung gewesen, und beteuerten immer wieder, daß es eine Ehre für uns wäre, in den Reihen von Titos Partisanen zu kämpfen, von denen wir schon so viel gehört hatten. Langsam faßten sie Vertrauen zu uns: „Wir sind bereit, polnische Partisanen aufzunehmen", sagte einer von ihnen schließlich, „ich kann jedoch nicht alleine darüber entscheiden. Wir wurden hierhergeschickt, um euch kennenzulernen. Wenn es dunkel wird, bringe ich euch in unser Quartier in den Bergen, und dort werdet ihr mit meinem Kommandanten sprechen."

Wir warteten also bis zum Abend und stiegen dann auf, bis wir in ein bewachtes Baracken- und Zeltlager kamen. Wir wurden in das Zimmer des Kommandanten gebracht, eines Mannes mit Schnurrbart und finsterem Gesichtsausdruck. Wir wiederholten das Ansinnen, uns den Partisanen anschließen zu wollen. Wir sahen im Hintergrund noch zwei schlanke Gestalten, und als das Zimmer erhellt wurde, blieb ich wie gelähmt stehen. Es waren zwei Mädchen im Raum, und eines davon war Jovanka. Diesmal trug sie Partisanenuniform. „Doktor", rief sie aus, „so eine Überraschung!" Wir umarmten und küßten einander. „Ich heiße Manus, ich habe dir doch schon gesagt, daß ich kein Doktor bin", stammelte ich.

Der Kommandant der Partisanen verfolgte unsere Begrüßung mit großer Aufmerksamkeit. „Keine Angst, das ist ein alter Freund von mir", erklärte Jovanka. „Ich habe ihn damals über die Grenze gebracht, nachdem ich von meinem Cousin über ihn und seine Gruppe gehört hatte. Man kann ihm vertrauen."

Dann zeigte sie auf Anita und sagte: „Wir bringen deine Freundin bis nach Pecs zu deinen Kameraden zurück. Aber du", und damit wandte sie sich wieder an mich, „du mußt noch eine Weile hierbleiben und den Kontakt zu den Partisanen stärken." Den Einwand, daß auch ich zu den Kameraden zurückkehren müsse, um sie über den Stand der Dinge zu informieren, ignorierte sie im Überschwang der Wiedersehensfreude einfach. Als Anita Jovanka und mich so sah, entschied sie lachend, vorerst allein zu den anderen zurückzugehen. „Nachdem ich deinen ‚Partisanenkontakt' gesehen habe, wußte ich schon, daß du hierbleiben würdest."

■ ■ ■

Jovanka brachte mich in ein Zelt, in dem noch drei andere Mädchen wohnten. „Leider kannst du nicht hierbleiben, wir führen ein sehr spartanisches Leben, doch ich werde schon einen Platz für dich finden. Hab keine Angst, hier ist es nicht so kalt, wie es an der Grenze war." Sie führte mich zu einer Gruppe von Bäumen, die mit ihrem Astwerk eine Art Nische bildeten. „Was hältst du von unserem Liebesnest? Das gehörte dem Kommandanten, der vor zwei Monaten gefallen ist."

Nachts um drei Uhr machte ich mich fertig zum Aufbruch. Jovanka drückte mich fest an sich. „Paß auf dich auf", sagte sie. „Ich werde beten, daß du heil durchkommst. Die Feuertaufe ist immer gefährlich." Sie nahm ihre Halskette ab und reichte sie mir: „Nimm sie, ich habe sie von meiner Mutter bekommen. Gib mir dafür deine Kette mit dem Gekreuzigten. Hast du sie auch von deiner Mutter bekommen?"

„Nein", antwortete ich, „dieses Kreuz ist von Dr. Janowski."

Sie blickte mich verständnislos an: „Du sagtest doch, daß du kein Doktor bist, und daß Dr. Janowski ein falscher Name ist."

„Ja, das stimmt, aber auch das Kreuz ist falsch, und Jesus auf dem Kreuz ist auch falsch. Ich bin Jude."

„Was, Jude? Ich habe in meinem Leben noch keinen Juden gesehen. Aber ich habe schon über die Juden gehört. Auch merkwürdige Dinge. Aber wenn alle Juden so sind wie du, möchte ich auch eine Jüdin sein. Du weißt doch, wie man in Kroatien über Juden spricht. Die ‚Ustascha'[1] ist grausam gegen die Juden, und sie bringen die Juden sofort um, wenn sie sie erwischen. Wir kämpfen auch gegen die ‚Ustascha', und die ‚Ustascha' kämpft zusammen mit den Deutschen gegen die Partisanen."

„Schau, Jovanka", fiel ich ihr ins Wort. „Du hast noch keine Juden in deinem Leben gesehen und vielleicht glaubst du, daß wir anders als die anderen Menschen sind. Aber wir sind so wie alle Menschen, nur in einer Hinsicht sind wir anders. Wir haben kein eigenes Vaterland, so wie die anderen Völker der Welt. Deswegen ermordet Hitler-Deutschland auch zahllose wehrlose Juden. Du kämpfst als Partisanin für dein Heimatland Jugoslawien. Ich kämpfe aus Rache gegen die Deutschen, die meine Eltern und meine Brüder kaltblütig ermordet haben. Wenn ich sterben muß, dann werde ich in Ehre sterben, im Kampf gegen die Deutschen."

Wir fielen einander weinend in die Arme. Nach langen Minuten lösten wir uns aus unserer Umarmung, und sie begleitete mich zum Kommandanten, wo bereits drei Partisanen auf mich warteten.

---

1 *Ustascha*, kroat. „Aufstand": Im Jahre 1929 gegründete radikale Organisation kroatischer Nationalisten, die den großserbischen Zentralismus in Jugoslawien bekämpfte. Die Ustascha herrschte während der deutschen Besatzung 1941–1945 unter Ante Pavelić in Kroatien.

Ich wurde einen Tag lang darin unterrichtet, mit einem Minensuchgerät umzugehen. Nach dem Plan des Kommandanten sollten die drei Partisanen und ich einen deutschen Zug sprengen, wobei der Zugang von beiden Seiten mit Minen belegt war. Wir bekamen zwei Esel, die wir vor uns hertraben lassen sollten, für den Fall, daß wir auf Minen stießen. Ich sollte als erster gehen. Es war für mich die Feuertaufe zur Aufnahme in die Partisanengruppe.

Ein leises Pfeifen war das Signal zum Aufbruch. Ich nahm meine Waffen, schnallte mir zwei Messer an die Waden, falls es zu einem Nahkampf kommen sollte. Jovanka begleitete mich. Ich hatte das dumpfe Gefühl, in den sicheren Tod zu gehen, ja, war der festen Überzeugung, daß dieser Weg mein letzter sein würde. Jovanka blieb ruckartig stehen, als hätte sie meine Gedanken erraten: „Schau, da oben. Unser alter Beschützer, der Große Bär, der uns über die Grenze nach Ungarn brachte. Nun ist er wieder da." Sie umarmte mich, und wir blickten hinauf zum großen Bären, und er blickte auf uns. Als wir uns verabschiedeten, drückte sie mir eine Muschel als Glücksbringer in die Hand.

Die drei Partisanen und ich gingen eine Strecke von über zehn Kilometern zu Fuß, und auf meinem Rücken trug ich zehn Kilogramm Sprengstoff. Einer der Partisanen stammte aus der Umgebung. Er kannte sich gut aus und führte uns über die Berge.

Als wir uns den Gleisen näherten, zerriß plötzlich ein markerschütternder Schrei die Stille. Einer unserer Männer war auf eine Mine getreten. Ich gab ihm ein Beruhigungsmittel und verband ihm das Bein. Wir konnten ihn nicht mehr mitnehmen und betteten ihn auf eine geschützte Stelle. Sein Hemd ließen wir auf einem Ast hängen, damit wir ihn auf dem Rückweg wiederfanden.

Der Esel, der vor mir gehen sollte, hatte das Weite gesucht, und damit war der Weg um so gefährlicher geworden. Eine seltsame Ruhe hatte mich erfaßt. Als die Verfolgung der Juden begonnen hatte, war ich mir sicher, diesen Krieg nicht überleben zu können. Bei den Gleisen angekommen, nahmen wir Spachteln zur Hand, und die Partisanen zeigten mir, wie man mit dem Sprengstoff umging. Nachdem wir den Sprengstoff unter den Gleisen verteilt hatten, kehrten wir zurück. Ob die Aktion gelungen war, wußten wir nicht, denn es war noch kein Zug über die Gleise gefahren.

Auf dem Rückweg irrten wir umher auf der Suche nach dem verletzten Freund. Aber es war vergeblich, wir fanden ihn nicht mehr und mußten beklommenen Herzens unseren Weg fortsetzen.

Wir kamen in das Heimatdorf eines der Partisanen und schliefen dort in einem Stall. Am Morgen hörten wir eine Explosion. Dies mußte ein Zug gewesen sein. Also waren wir erfolgreich gewesen.

Den nächsten Tag verbrachten wir ebenfalls in diesem Stall, und am darauffolgenden Abend kehrten wir in unser Lager zurück. Nun hatten die Partisanen endgültig Vertrauen zu mir gefaßt, und der Kommandant fand sogar lobende Worte für mich. Ich dankte dem Großen Bären, denn an etwas mußte man wohl glauben. Nach all dem, was ich im Ghetto gesehen hatte, hatte ich meinen Glauben an Gott verloren.

Im Partisanenlager wohnte ich bei Jovanka, und das gab mir ein Gefühl der Sicherheit und Geborgenheit. Ich nahm noch an einer weiteren Aktion gegen die Deutschen teil, die allerdings nicht so gefährlich war wie die erste.

Pajade, der Vertraute Titos, besuchte unser Lager und erzählte mir, daß jüdische Fallschirmspringer aus Palästina hinter den Linien des deutschen Militärs in Ungarn, Jugoslawien und Rumänien abgesprungen seien, um Juden vor der Vernichtung zu retten.

■ ■ ■

Nicht lange darauf erreichte mich eine Nachricht aus Mohacs, ich möge sofort zurückkommen. Ich konnte mich von Jovanka nicht mehr verabschieden, da sie sich für einige Tage in einem anderen Partisanenlager aufhielt. Und wenig später erfuhren wir, daß eine deutsche SS-Einheit das Lager erobert hatte, und daß nur ein Teil der Partisanen noch rechtzeitig hatte flüchten können.

Das Feldgericht

Mohacs ... Am 19. März 1944 in der Früh spürten wir, daß etwas geschehen war. Radio Budapest unterbrach plötzlich seine Sendungen und begann, Militärmärsche zu spielen. Insgeheim waren wir schon lange auf diesen Augenblick vorbereitet.

An diesem Tag befand sich Leon in Budapest, um mit dem jüdischen Hilfsausschuß, dem polnischen Komitee und Graf Peter Gespräche zu führen. Er beschäftigte sich auch mit Vorbereitungen zur Freilassung der acht Mitglieder unserer Gruppe aus dem Gefängnis in Sopron. Sie waren zu einer zweiwöchigen Gefängnishaft verurteilt worden und sollten in drei Tagen freigelassen werden.

Der Radioansager meldete, daß das deutsche Militär gekommen sei, um dem ungarischen Volk in seinem Kampf gegen die Russen zu helfen, und daß deutsche Panzer bereits in Budapest eingetroffen seien. Wir wußten, was „Hilfe an das ungarische Volk" bedeutete. Wir hörten plötzlich den Lärm von Kampfflugzeugen, die über Mohacs flogen. Die friedliche Welt war zusammengebrochen. Ich stand wieder dem Hakenkreuz gegenüber.

■■■

Am selben Tag trafen die ersten deutschen Panzer in Mohacs ein. Wir sahen die ersten Wehrmachtsoffiziere und Soldaten in den Straßen. Sie wurden von SS-Leuten der niederländischen Division auf Motorrädern begleitet.

Unsere Kameraden wohnten in Privatwohnungen. Wir wußten nicht, wie sich die Deutschen uns gegenüber verhalten würden, machten uns jedoch auf das Schlimmste gefaßt.

Einer von uns erinnerte uns daran, daß wir in Polen an diesem Tag, den 19. März, den Geburtstag von Marschall Pilsudski in großem Stil feierten. „Heute ist der Geburtstag von Adolf Eichmann", bemerkte ich leise dazu. „Wer ist

Adolf Eichmann?" fragte einer der Kameraden. „Das werdet ihr in Kürze erleben", erwiderte ich und setzte hinzu: „Er leitet die Judenabteilung bei der Gestapo. Im Jahre 1938 leitete er die Aussiedelung der österreichischen Juden und schickte viele ins KZ Dachau".

Wir hielten eine Lagebesprechung ab. Wir bemühten uns, so gut es ging, die Panikstimmung, in der wir uns befanden, vor fremden Leuten zu verbergen. Es war uns klar, daß wir Mohacs früher oder später verlassen, nach Budapest zurückkehren und in den Untergrund gehen mußten. Auch wenn man nicht entdecken würde, daß wir Juden waren, befanden wir uns durch den Status von polnischen Flüchtlingen, der uns in Budapest verliehen worden war, in höchster Gefahr.

Einige Tage, nachdem der deutsche Einmarsch erfolgt war, rief der Polizeikommandant Jozek, unseren Verbindungsmann zur Polizeikommandantur, dringend zu sich, um ihn darüber zu informieren, daß der deutsche Militärkommandant von ihm eine Namensliste der polnischen Flüchtlinge verlangt hatte. „Ich kann euch nur raten, von hier wegzugehen", sagte er zu Jozek. „Ich kann nicht dafür bürgen, daß ihr ungeschoren bleiben werdet, falls ihr meinen Rat nicht befolgt. Ich werde den Deutschen die gewünschte Liste einreichen müssen, und wer weiß, wie sich die Lage entwickeln wird. Ihr seid gewarnt ... als Delegierter der Polen in Mohacs trägst du die Verantwortung für die Leute."

Im Laufe dieses Gesprächs ließ der Kommandant auch durchblicken, daß er wußte, wer wir in Wirklichkeit waren. Jozek wies auf unsere Ausweise hin, der Kommandant ignorierte dies jedoch. „Ihr seid in Gefahr", sagte er, „ihr müßt abhauen. Ich werde nichts gesehen haben."

Wir mußten also sofort Vorkehrungen für unsere Rückkehr nach Budapest treffen. Der Strick um unseren Hals wurde enger.

■ ■ ■

Vor der Rückkehr stand noch eine heiße Debatte auf der Tagesordnung, nämlich ob wir bei unserer Flucht aus Mohacs einen aus Polen geflüchteten und vor uns nach Mohacs gelangten Juden, der als Denunziant im Ghetto Slomnik bekannt geworden war, mitnehmen sollten. Einige Kameraden befürchteten, daß er, wenn er in Mohacs blieb, uns an die Gestapo verraten würde. Laut den Angaben polnischer Flüchtlinge hatte dieser Viktor Janikowski mit den Deutschen zusammengearbeitet und Juden denunziert.

Es wurden neun Kameraden für die Durchführung eines Feldgerichts bestimmt, die entscheiden sollten, was mit Viktor zu geschehen hatte. Die Wahl fiel auf Olek, Jozek, Pinek, Bajuk, Scherlok, Mietek, Jakov, meinen Bruder Samek und mich. Natürlich konnten wir Viktor Janikowski nicht einfach vor das Feldgericht zitieren, aber wir konnten auf eine Reihe von Tatsachenberichten zurückgreifen: Denenzufolge hatte er Juden im Ghetto Slomnik an die Gestapo verraten, um sich und seine Familie zu retten. Man hatte ihn auch bei der Gestapostelle in Dzialoszyce ein und aus gehen sehen. Er hatte in Krakau Geld kassiert, um Juden nach Ungarn zu bringen, aber diese Leute hatten Ungarn nie erreicht, weil er sie an die Gestapo verraten hatte. Es war Bajuk, der uns dies alles berichtete, und es gab keinen Grund, am Wahrheitsgehalt dieser Aussagen zu zweifeln, denn Bajuk stammte aus Dzialoszyce. Olek wies auf die Gruppe von jüdischen Kommunisten aus Bendzin hin, in der sein Vetter Bobo tätig gewesen war. Diese Gruppe wurde von einem OD-Mann verraten, und daraufhin wurden viele Mitglieder gefangengenommen und gehängt. Ich brachte vor, daß die jüdische Untergrundbewegung im Ghetto Warschau OD-Männer wegen ihrer Zusammenarbeit mit den Deutschen liquidiert hatte, und daß es nicht angehen konnte, einen Mann wie Viktor aus Mohacs zu retten. Pinek erinnerte uns an den Fall des Polen Socha aus Bendzin, der unter dem Vorwand, Jugendliche aus dem Ghetto zu den Partisanen bringen zu wollen, hohe Summen Geldes von ihnen verlangte und sie dann in einem Wald in die Hände der Gestapo führte. Sie wurden beschossen. Einer – Ajsik Neumann – stellte sich tot, und er kam in der Nacht zurück und berichtete uns über den Verrat. Ajsik Neumann lebt heute in Israel. Socha wurde nach dem Krieg in Polen gehängt.

Diese Aussagen und die vielen gegen Viktor vorgebrachten Beschuldigungen nahmen die ganze Nacht in Anspruch. Das Todesurteil wurde fast einstimmig ausgesprochen. Mein Bruder war der einzige, der gegen die Todesstrafe war. Seiner Meinung nach hatten wir nicht genügend Material gegen Viktor in Händen, um ihn zum Tode zu verurteilen. Außerdem befürchtete er die Gefahr für uns, die sich durch eine Vollstreckung des Todesurteils ergeben konnte. Ich meinte hingegen, daß ein jüdischer Verräter noch schlimmer als ein Gestapomann sei. Scherlok, Olek, Bajuk und ich traten am radikalsten für die Todesstrafe ein. Wir waren der Ansicht, daß das Wohl der Allgemeinheit ohne Zweifel über das eines Individuums zu stellen sei. Die Erinnerung an den Tod unserer Familienangehörigen und Kameraden war noch allzu quälend, und jeder von uns hatte schon einmal eine traurige Erfahrung mit einem Verräter wie Viktor, der das Leben von Juden verkaufte, gemacht.

Die Vollstreckung des Urteils wurde an Olek, Emil und Danka übertragen. Die drei nahmen diese Aufgabe widerspruchslos auf sich. Sie begaben sich mit versteckten Messern und mit einem Stock aus Eisen zur Betäubung auf den Weg.

Danka lud Viktor ein, mit ihr am Ufer der Donau spazierenzugehen. Olek und Emil gingen hinter den beiden, ergriffen ihn und sagten: „Du hast Juden an die Gestapo verraten, jetzt kommt deine Strafe." Dann vollstreckten sie das Urteil und warfen die Leiche in den Fluß.

■ ■ ■

Noch vor diesem Ereignis, zwei Tage nach der deutschen Besetzung Ungarns, kam Olek ganz aufgeregt ins Zimmer. Seine Augen rollten wie die eines Tieres, das sich auf sein Opfer stürzen will. „Manus", schrie er atemlos, „er ist in ein Kino gegangen. Kronau, der österreichische Gestapomann. Ich habe ihn gesehen. Er hat meinen Vater in Bendzin verhaftet. Er hat am 12. August 1942 am Sportplatz in Bendzin die Deportationsaktionen durchgeführt. Er war besonders grausam und erschoß viele Juden, darunter Frauen und Kinder. Ich muß sofort handeln, ich werde mich an ihm rächen. Bist du bereit, mit mir zu kommen?"

Ich starrte Olek an und brachte kein Wort heraus. Ich wußte, daß ihn der Gedanke an seinen Vater Tag und Nacht verfolgte. Ich kannte seinen unerbittlichen Willen, das Blut seines Vaters zu rächen. Olek war mein bester Freund. Ich konnte ihn nicht allein gehen lassen.

Wir holten zwei Revolver aus dem Versteck hervor. Den Kameraden gegenüber verschwiegen wir unser Vorhaben. Wir beschlossen, uns ohne Ausweise auf den Weg zu machen und Selbstmord zu begehen, wenn man uns erwischen sollte. „Unser Leben hat sowieso keinen Wert mehr", sagte Olek. „Unser Schicksal ist besiegelt. Wir sind alle verloren. Aber wir werden uns wenigstens rächen ..."

Wir gingen in Richtung des Kinos, in dem der Film „Die Abenteuer des Baron Münchhausen" vorgeführt wurde. Wir wollten dort auf ihn warten und ihn dann in einer der Seitengassen in der Altstadt töten. Auch wenn es unseren Tod bedeutete. Olek war erst 18, und ich war 22 Jahre alt.

Es begann stark zu regnen. In einer der Gassen kamen uns plötzlich zwei deutsche Militärpolizisten mit Stahlhelmen und Blechschildern in der Form eines Halbmondes entgegen. Sie trugen Gewehre bei sich, blieben auf dem Weg stehen und begannen, sich laut zu unterhalten.

„Zum Teufel", flüsterte mir Olek zu. „Wir können nicht weiter ... "

„Was tun wir, wenn sie uns anhalten?" fragte ich. „Wir haben keine Papiere."

„Keine Sorge", Olek beruhigte mich. „Es sind Militärpolizisten, die sich mit den deutschen Soldaten beschäftigen. Wenn sie versuchen, uns anzuhalten, dann schießen wir auf sie."

Wir warteten gespannt. Ich legte die Hand an den Revolver, der sich unter meinem Mantel befand. Wenn sie uns stellten, würde ich sie töten und auch für den Tod meiner Familie Rache nehmen. Ich hielt den Atem an. Aber da gingen die deutschen Soldaten, immer noch ins Gespräch vertieft, an uns vorbei, ohne uns zu beachten.

Wir hasteten weiter zum Kino, warteten das Ende des Films ab, aber der Mann, den wir suchten, war nicht im Publikum zu entdecken. „Vielleicht ist er in Richtung des Gestapo-Hauptquartiers gegangen", flüsterte Olek mir zu. Wir gingen zum Hauptquartier, fanden ihn jedoch auch dort nicht.

Der Regen wurde stärker. Wir kehrten nach Hause zurück. Wir waren enttäuscht, daß wir Kronau nicht gefunden hatten, aber zugleich empfanden wir auch so etwas wie Stolz darüber, daß wir unser Leben riskiert hatten, in der Absicht, Kronau zur Strecke zu bringen.

■ ■ ■

Wir beschlossen, uns auf der Flucht zu verteilen. Jozek fuhr mit Pinek. Ich machte mich allein auf den Weg. Ich zog es immer vor, bei gefährlichen Unternehmungen allein zu bleiben. Wir vereinbarten, unterwegs mit niemandem zu sprechen, damit man uns nicht verdächtigen, verraten und unseren Fluchtplan vereiteln könnte.

Die nächste größere Verbindungsstation auf der Strecke nach Budapest war Pecs, 30 Kilometer von Mohacs entfernt. Ich fuhr mit einem Bauernwagen dorthin. Als ich am Bahnhof Fahrkarten nach Budapest verlangte, bemerkte ich, daß der Beamte mich mißtrauisch anschaute. „Moment", sagte er und verließ den Raum. Ich spürte die Gefahr, mein fremder Akzent hatte wahrscheinlich bei ihm den Verdacht geweckt, daß er einen Ausländer vor sich hatte. Rasch wandte ich mich ab, mischte mich unter die Menschenmenge, die auf dem Bahnhof wartete, und ging eilends zum gegenüberliegenden Bahnsteig. Dort sah ich einen Zug einfahren. Ich stieg ein, und gleich hüllte mich ein beißender Geruch von Schweiß ein. Es waren Zigeuner, die dicht an dicht und halbnackt auf dem Boden lagen. Ich zog meine Schuhe und das Hemd aus und legte mich ebenfalls hin. Nach einer Viertelstunde hörte ich Polizisten, die durch die Waggons kamen. Mit Taschenlampen leuchteten sie die Gesichter der Leute an. Sie suchten offensichtlich jemanden. Ich stellte mich schlafend. Kurz streifte mich ein Lichtkegel, aber es geschah nichts weiter. Bald fuhr der Zug ab in Richtung Budapest.

Die Stadt hatte sich vollkommen verändert. Militärwagen der Wehrmacht rasten an einem vorbei. Die faschistischen ungarischen Pfeilkreuzler[1] gingen jetzt frei herum und schüchterten friedliche Passanten ein. Nach dem Einmarsch des deutschen Militärs in Ungarn hatte der ungarische Reichsverweser Horthy unter dem Druck der Deutschen eine neue, pro-deutsche Regierung ernannt.

Die Budapester Juden mieden soweit wie möglich die Straße. Sie befürchteten, angegriffen und verhaftet zu werden. Sie wußten, daß ihnen eine Deportation drohte.

Kaum angekommen, nahm ich gemeinsam mit Leon und Jozek an einer Sitzung des jüdischen Rettungsausschusses und anderer jüdischer Organisationen unter dem Vorsitz von Dr. Kastner teil. In dieser Versammlung hörten wir zum ersten Mal vom Vorschlag Adolf Eichmanns, ungarische Juden nicht zu deportieren, wenn 10 000 Lastkraftwagen mit für die Deutschen wichtigen Gütern geliefert werden würden. Eichmann wußte bereits, daß die Rote Armee an der Grenze zu Rumänien stand, und daß der Krieg so gut wie verloren war. Eichmann hatte versprochen, die Deportationen der ungarischen Juden zu stoppen und das Ergebnis der Mission des Mitglieds des Budapester Hilfsausschusses, Joel Brand, abzuwarten, der in Istanbul und Jerusalem Verhandlungen über den Vorschlag Eichmanns führte. Tatsächlich jedoch hielt Eichmann sein Versprechen nicht und beschleunigte die Deportationen sogar noch. Sein

---

1 *Pfeilkreuzler*: National-radikale Bewegung in Ungarn, gegründet 1939 von Major Ferenc Szálasi. Ihre Anhänger rekrutierten sich vornehmlich aus niedrigen sozialen Schichten und vertraten stark antisemitische Tendenzen.

Anerbieten war nichts als ein Täuschungsmanöver vor der Weltöffentlichkeit, um seine Pläne ungehindert realisieren zu können: Von Mitte April bis Ende Juni 1944 wurden 360 000 ungarische Juden nach Auschwitz deportiert. Ich hatte erfahren, daß Eichmann mehrere Male persönlich auf den Bahnhöfen erschienen war, um die Aussiedlung der Juden voranzutreiben. Mehrere Attentatsversuche auf ihn waren gescheitert. Einmal war ich, als Gepäckträger getarnt, am Bahnhof Debrecen anwesend und sah, wie er die geschlossenen Viehwaggons, in denen sich die Juden befanden, abschritt.

Horthy unternahm nichts gegen die Deportationen. Nur ein einziges Mal schritt er für die Juden ein. Er ließ einen anfahrenden Zug mit Waisenkindern zurückholen, um die Deportation der Kinder nach Auschwitz zu verhindern. Eichmann war zuvor mit seinen Leuten auf dem Bahnhof erschienen und hatte befohlen, den Zug sofort nach Auschwitz zu schicken.

■ ■ ■

Olek, Emil und Danka waren von der ungarischen Polizei auf dem Bahnhof in Pecs verhaftet worden, als sie Fahrkarten lösen wollten. Ein Fischer hatte vor der Polizei ausgesagt, er habe gesehen, wie drei Leute, darunter ein Mädchen mit Zöpfen, eine Leiche in die Donau geworfen hatten. Die drei leugneten natürlich diese Anschuldigung. Als sie sich weigerten, die Namen ihrer Bekannten und Freunde zu verraten, wurden sie gefoltert.

Wir schickten Kameraden nach Pecs, um die Vorgänge im Gefängnis besser verfolgen zu können und zu prüfen, ob eine Befreiung möglich wäre.

Diese Aufgabe fiel in erster Linie Tusia zu. Sie war unermüdlich tätig, um den Inhaftierten ihr Schicksal zu erleichtern, und sie sann unaufhörlich auf deren Befreiung. Als sie hörte, daß den dreien die Todesstrafe drohte, beschloß sie, sofort zu handeln. Mit der Armbinde und dem gefälschten Ausweis einer Vertreterin des Internationalen Roten Kreuzes, der auf den Namen Jadviga Bilgansky lautete, ging sie ins Gefängnis und ersuchte, mit den drei polnischen Häftlingen sprechen zu dürfen.

Einer nach dem anderen kamen die Häftlinge ins Besucherzimmer – Danka, Olek und Emil. Die drei waren in Fetzen gekleidet. Man sah ihnen die Folterungen an.

Nach der ersten Überraschung zeigten die drei keinerlei Reaktionen mehr. Besonders schwer fiel es Tusia, ihren Bruder Olek in einem so entsetzlichen

Zustand zu sehen. Olek, der immer voller Tatendrang, stolz, mutig und hitzköpfig gewesen war! Tusia fragte sie, wie sie sich fühlten, wie die Haftbedingungen seien und ob sie irgendwelche Wünsche hätten. Sie beantworteten die Fragen sachlich und ohne mit einer Wimper zu zucken. Dann verteilte Tusia Säckchen mit Bonbons an sie. Der Wachebeamte konnte nicht wissen, daß die Bonbons in Papier eingewickelt waren, auf dem Fluchtpläne skizziert waren.

Milan, ein Gestapo-Agent, der gegen hohe Geldsummen bereit war, mit Tusia zusammenzuarbeiten, fuhr gemeinsam mit Peter in einem deutschen Polizeiwagen, an dessen Steuer Dudek Margalit, einer unserer Kameraden, saß, nach Pecs. Sie wollten unter dem Vorwand, die drei politischen Häftlinge zu verhören, die Befreiung durchführen, aber der Versuch mißlang, weil ein Gefängnisinsasse den Plan verriet. Statt dessen gelang es ihr jedoch mit Hilfe von Peter und Milan, weitere sieben Kameraden – Gela, Janka, Joske, Hans, Lusia, Felusia und Kasia – aus dem Gefängnis Fö-Utca zu befreien.[2]

■ ■ ■

Nicht lange darauf wurden auch Jozek und Graf Peter Ractawiecki, als sie den Waffenankauf verhandelten, von der Gestapo verhaftet und im Gestapo-Gefängnis Schwabegh eingesperrt. Aber es gelang ihnen, in der Nacht die Gitter aufzubrechen und zusammen mit weiteren 16 eingesperrten Juden aus ihren Zellen zu entfliehen. Es war eine überaus waghalsige Flucht. Da Peter im Zuge der Verhaftung auch die Papiere abgenommen worden waren, erhielt er von uns eine neue Kennkarte auf den Namen Anton Kowalski sowie Unterkunft und Geld. Aus dem Grafen Peter Ractawiecki wurde jetzt ein jüdischer Flüchtling, wie wir es auch waren. Er wurde einer von uns.

Neue Kameraden schlossen sich uns an. Romek Nirgat aus Krakau – der spätere israelische Botschafter in Argentinien – und seine 14jährige Schwester Hanka Weigel, die berührende Gedichte schrieb. Es war Mitte 1944. Die Russen näherten sich immer mehr der ungarischen Grenze. Adolf Eichmann verfolgte das Ziel, die ungarischen Juden so rasch wie möglich ins Vernichtungslager nach Auschwitz zu schicken.

Es begann eine wilde Judenhetze. Die Nachfrage nach gefälschten Papieren

---

[2] *Zur selben Zeit befand sich die zum Tode verurteilte Fallschirmspringerin aus Palästina, Hana Senesch, in Fö-Utca; sie wurde vor dem Einmarsch der Russen ermordet.*

stieg rasch an. Antek und Hanka Domb-Shalit arbeiteten in einem kleinen Mietzimmer im Zentrum der Stadt und stellten falsche Ausweise her. Hanka war als Grafikerin eine Meisterin in diesem Fach. Ihre Ausweise sahen vollkommen echt aus. Sie verfertigte Geburtsurkunden, Arbeitsbewilligungen, Identitätskarten und andere Dokumente. Die Ausweise wurden Kameraden gegeben, die sie unter Todesgefahr in sämtlichen Bezirken der Stadt verteilten.

■ ■ ■

Dorothea Keletani, die Besitzerin des Nachtclubs „Moulin Rouge", half uns damals gegen hohe, sogar sehr hohe Bezahlung bei der Befreiung von Kameraden aus den Gefängnissen. In ihrem Nachtlokal verkehrten hohe Offiziere und Gestapo-Leute. Ich besuchte sie oft nach Mitternacht, um unsere „Angelegenheiten" mit ihr zu besprechen. Bei einem dieser späten Besuche war ich verwundert, noch so viele deutsche Offiziere im Etablissement zu sehen. Sie feierten offenbar ein Fest. Ich ging zwischen den Tischen hindurch und streifte dabei eine Kappe von einem Stuhl. Dorothea Keletani sagte mir hinterher aufgeregt: „Du hast eine Kappe von einem Stuhl heruntergestreift – es war Eichmanns Kappe!" Eichmann war gerade zur Toilette gegangen. In diesem Augenblick dachte ich bei mir: Vielleicht fällt eines Tages durch mich auch sein Kopf so zu Boden wie jetzt seine Kappe.

Ausbruch aus dem Rombach-Gefängnis

Der Gedanke an meine Kameraden aus der Wiener Zeit, die an der ungarischen Grenze gefangengenommen worden waren, ließ mich nicht los. Immer wieder kundschaftete ich die unmittelbare Nachbarschaft des Rhombach-Gefängnisses aus, um das Gelände genau kennenzulernen. Sie mußten befreit werden. Ich hatte sie in Wien unter Lebensgefahr mit falschen Papieren, Schlafplätzen, Kleidern und Geld versorgt. Sie waren mir wie Brüder und Schwestern, die man nun in einer Woche nach Auschwitz transportieren würde.

„Ich muß ihnen helfen", sagte ich mir mechanisch immer wieder vor. „Ich muß, ich muß einfach. Es gibt kein Gefängnis in der Welt, aus dem man nicht entkommen kann."

Ich besprach alles mit Jozek Rosenberg, und wir entwarfen einen Fluchtplan: In den Abendstunden sollten Ziegelsteine aus der Mauer des Gefängnisses herausgebrochen werden, und zwar an der Seite, die auf einen Hügel blickte, wo sich kaum ein Mensch hinverirrte. Hans Vogel, der sich acht Monate zuvor noch im Rombach-Gefängnis befunden hatte und sich dort gut auskannte, lieferte uns wertvolle Hinweise. In Lebensmittelpaketen schleusten wir schließlich Zettel hinein, damit Karol Tuchschneider im Gefängnis drinnen den Fluchtplan noch detaillierter ausarbeiten konnte. Mehrmals konnte ich mich vom Hügel aus durch die vergitterten Fenster mit Morsezeichen mit den Kameraden verständigen.

Jozek Rosenberg sah wie ein Arier aus: eine athletische Erscheinung, blond, mit kleiner Nase. Alfred Rosenberg mit seiner Rassentheorie wäre erblaßt, wenn er Jozek gesehen hätte ...

Wir wohnten damals mit Linka und Magda zusammen. Jozek war ein richtiger Kämpfer, wie er im Buche steht. Nur ein Jahr zuvor hatte er mit Olek und Harry Blumenfrucht zwei Überfälle auf die Deutschen organisiert, um zu Waffen zu gelangen. Er war es, der an der polnisch-slowakischen Grenze Dutzende Kameraden durch die Slowakei ins freie Ungarn brachte. Ich vertraute ihm vollkommen. Mit Jozek würde die Befreiung der Freunde gelingen.

■ ■ ■

Ich blickte auf die Uhr. Es war bald acht. Mein Herz klopfte mit jedem Vorrücken des Minutenzeigers stärker. Acht Uhr, hatten wir mit den inhaftierten Kameraden vereinbart. Ich sah das Augenzwinkern, mit dem Jozek, Pinek und Tusia einander verständigten.

Das Rombach-Gefängnis war stark bewacht. Wir schlichen uns an die Seitenmauer heran. Durch die hohen Bäume lag die Umgebung der Mauer im Schatten. Wir schauten an der Wand empor. Karol Tuchschneider, der im Gefängnis den Ausbruchsplan ausgearbeitet hatte, gab uns ein Zeichen, daß die Kameraden bereit seien. Wir waren mit Revolvern bewaffnet und hatten die Operation in allen Einzelheiten peinlichst genau vorbereitet.

In diesem Moment, Punkt acht, sahen wir – skurril und phantastisch wie in der Darbietung eines Magiers – den Strick, den wir ins Gefängnis eingeschleust hatten, von oben durch die Öffnung in der Wand herunterkommen. Es folgte eine schattenhafte Gestalt, die vorsichtig hinunterglitt, immer weiter hinunter, hinunter, und schließlich in meine Arme sprang: Ruth, die kleine magere Ruth Judenherz. Gleich darauf folgte ein weiterer Schatten über das Seil herunter, Karola Tojm, und wieder einer und wieder, Sara Targman-Tiska, nach ihr die mollige Kuzytosia – beide Mädchen waren mit mir in Graz gewesen, und ich hatte sie dort zum letzten Mal gesehen –, Schoschana Schalev, die den Decknamen „die Tante" trug, dann Jozek Steinfeld, und zum Schluß kam Karol.

Wir hatten mit acht Kameraden gerechnet, aber Karol berichtete, daß Sigmund ins Czeppel-Gefängnis überstellt worden war. Diese Nachricht beunruhigte mich allerdings nicht allzusehr, da ich der festen Überzeugung war, daß Sigmund sich befreien würde. Und ich hatte recht, zwei Wochen später floh er gemeinsam mit Danek Gertner aus dem Gefängnis.

Die ganze Operation hatte nur zehn Minuten gedauert. Unser Auto, mit dem Rotkreuz-Zeichen getarnt, stand bereit. Dudek Margalit hatte den Fuß schon auf dem Gaspedal, als wir angelaufen kamen. Hastig stiegen wir in den Wagen und fuhren nach Buda, zu der von uns gemieteten Villa in der Roszá-Domb-Straße. Eine auf einer Straßenbrücke stationierte Kontrolle passierten wir ungehindert. Während der ganzen Fahrt sagte keiner von uns ein Wort. Erst als wir ankamen und die Villa betraten, brachen die zurückgehaltenen Gefühle aus uns heraus. Es gab kein Ende der Umarmungen, Küsse und Freudentränen.

Die befreiten Kameraden sahen blaß aus. Sie erholten sich nur langsam und erzählten dann stockend, was sie durchzumachen hatten, nachdem sie an der Grenze zu Ungarn verhaftet worden waren.

■ ■ ■

Nun gingen wir dazu über, unsere Ausweise fortwährend auszutauschen, um es den Ungarn und Deutschen zu erschweren, auf unsere Spuren zu gelangen und herauszufinden, wer wir in Wirklichkeit waren. Wir hörten, daß die Botschaften von Schweden, Spanien und der Schweiz sich um das Schicksal der Budapester Juden besorgt zeigten und Maßnahmen ergriffen, um sie zu retten. Das Rote Kreuz schloß sich dann auch der Rettungsaktion an, kam jedoch zu spät.[1]

An einem Sonntag sollte ein Treffen unserer Kameraden in der Nähe eines Kinos stattfinden. Ein paar von den polnischen Flüchtlingen, die in Budapest Asyl gefunden hatten, kannten uns. Sie grüßten uns, wenn sie uns auf der Straße trafen. Ich wartete auf meine Kameraden, als plötzlich ein polnischer Asylant auf mich zuging, mich anstarrte und sich in polnischer Sprache an mich wandte. Es war ein Mann in mittlerem Alter. Als ich aus Vorsichtsgründen nicht auf seine Worte reagierte, steckte er mir einen kleinen Zettel in die Hand. Ich sah, daß darauf etwas in hebräischer Schrift geschrieben stand. „Lesen Sie bitte", sagte er auf polnisch. „Das ist ein Brief, den ich bekommen habe. Ich kann ihn nicht lesen. Vielleicht können Sie ihn mir übersetzen." Ich zögerte.

Plötzlich tauchten zwei ungarische Polizisten auf. „Papiere", forderten sie von mir. Ich versteckte den Zettel in meiner Hand, zog meine Ausweise aus meiner Jacke und zeigte sie den Polizisten. Der Mann, der mir den Zettel zugesteckt hatte, war verschwunden. Während die Polizisten meine Ausweise prüften und auf ungarisch miteinander sprachen, hielt plötzlich neben uns eine

---

[1] Mein Freund Arie Bentow hat den Hergang zwei Jahre lang – auf der Basis historischer Quellen – erforscht und ein Buch mit dem Titel „Das Rote Kreuz kam zu spät!" veröffentlicht. Er beschuldigt darin den damaligen Präsidenten des Roten Kreuzes, Max Huber, des Versagens bei der Rettung der Juden.

schwarze Limousine, auf der ein kleines Fähnchen in den Farben eines fremden Staates wehte. Ein gutaussehender blonder Mann blickte aus dem Wagenfenster. „Was geschieht hier?" fragte er auf ungarisch mit fremdländischem Akzent. „Nur eine routinemäßige Kontrolle", antwortete einer der Polizisten.

Der Mann stieg aus und zeigte den Polizisten einen Ausweis. Diese salutierten und gaben ihm den Ausweis zurück. In meiner Hand befand sich noch immer der Zettel mit den hebräisch geschriebenen Notizen darauf. Es war mir klar, wenn die Polizisten mich verhaftet hätten, wäre mein Los besiegelt gewesen. Keine gefälschten Papiere hätten mir helfen können. Der Zettel hätte als Beweis ausgereicht, daß ich Jude war.

Der fremde Mann ließ mich in die Limousine steigen. Ich war vollkommen verblüfft. Die Tür schlug zu. Ich sah, wie die ungarischen Polizisten sich zum Gehen wandten. Das Auto setzte sich in Bewegung und fuhr davon.

Die lärmenden Straßen Budapests zogen an mir vorbei. „Verstehen Sie deutsch?" fragte mich plötzlich der elegante Mann. Ich erklärte ihm auf deutsch, daß ich ein polnischer Flüchtling sei, der Asyl in Ungarn gefunden hatte. Er nickte mit dem Kopf. Auf seinem Gesicht zeigte sich ein zweifelndes Lächeln. „Polnischer Flüchtling?" sagte er, „diesmal hatten Sie Glück ..."

Nach einer Fahrt von einigen Kilometern hielt das Auto in einer Nebenstraße, und der Mann ließ mich aussteigen. „Nächstes Mal seien Sie vorsichtiger", sagte er. „Ich hoffe, daß Sie jetzt außer Gefahr sind. Steigen Sie rasch aus." Er drückte meine Hand und gab mir einen Schein von 50 Dollar. Ich dankte ihm und verließ das Auto.

In unmittelbarer Entfernung sah ich ein prunkvolles Gebäude, auf dem die Flagge eines fremden Landes wehte. Ich näherte mich zögernd. Auf einem Schild las ich, daß es sich um die königliche schwedische Botschaft handelte. Erst nach einiger Zeit erfuhr ich, daß der Mann, der mich an jenem Tag vor der Verhaftung durch zwei ungarische Polizisten gerettet hatte, kein anderer als der berühmte schwedische Diplomat Raoul Wallenberg war, der nach Ungarn gekommen war, um Juden zu retten und der dann auch tatsächlich einen großen Teil der Budapester Juden gerettet hatte.

∎ ∎ ∎

Die Villa in der Rozsá-Domb-Straße im luxuriösen Viertel Buda hatte Peter gemietet. Sie gehörte ursprünglich einem ungarischen Adeligen, und Peter mietete sie noch vor seiner Verhaftung auf den Namen eines ungarischen Offiziers. Ein Teil meiner Kameraden wohnte in dieser Villa, in der sich auch ein Waffenversteck und eine Druckmaschine für falsche Papiere befand. Peter zeigte hier Kameraden und ungarischen zionistischen Jugendlichen, wie man mit Waffen umging. Ich hielt mich ebenfalls häufig in dieser Villa auf und blieb oft über Nacht dort. Eines Nachts, ich übernachtete gerade wieder bei meiner Freundin Magda, klopfte es plötzlich an der Eingangstür. Als der Ruf „Aufmachen! ... Polizei! ..." ertönte, flüchteten einige Kameraden, darunter Peter, Jozek und Mietek Steinhart, durch das Fenster. Jozeks Freundin Linka und Peters ungarische Freundin Fani, die sich im obersten Stockwerk befanden, bügelten gerade Hemden. Ungarische Polizisten drangen ins Haus ein und verhafteten sie. Wir konnten noch von Glück reden, daß sie keine Hausdurchsuchung machten.

Von nun an, das war uns klar, wurde die Villa von der Polizei beobachtet. Beim nächsten Mal würden die Polizisten sicher eine Hausdurchsuchung machen und die versteckten Waffen finden. Damit war das Schicksal von Linka und Susi dann besiegelt.

Nun hatten wir einen ungarischen Freund namens Pizzi, der ebenfalls der Hanoar Hazioni angehörte und der für uns in Pfeilkreuzleruniform auf die Straße ging, um die Lage an Ort und Stelle zu prüfen und auszukundschaften, ob sich ungarische Polizisten in der Villa oder in der Umgebung der Villa aufhielten. Als er uns mitteilte, daß niemand dort war, beschlossen Jozek, Peter, Antek und ich, in der Nacht die Waffen und die Druckmaschine fortzuschaffen.

Als es dunkel wurde, näherten wir uns langsam der Villa. Kein Licht brannte im Haus. Auch in der Umgebung des Hauses war alles still. Wirklich sicher hatten wir uns hier ohnehin nie gefühlt. Stets hatten uns die Leute aus der Gegend mißtrauische Blicke zugeworfen. Sie schienen uns auf Schritt und Tritt zu beobachten.

Außer Waffen und der Druckmaschine waren auch gefälschte Ausweise und Lebensmittelkarten, die wir für den Notfall gesammelt hatten, zurückgeblieben. Vorsichtig schlichen wir zum Eingangstor. Ich hob kleine Steinchen auf und warf sie gegen die Fenster. Alles blieb dunkel und still. Darauf klopften wir mit einem Stock an die Tür und versteckten uns in der Nähe des Hauses. Wieder kam keine Reaktion.

„Vorwärts!" befahl Jozek, und wir liefen zum Eingang der Villa. Ich klopfte einige Male laut an die Tür. Keine Reaktion. Wir öffneten die Tür und gingen hinein. Zuerst holten wir die Waffen, die in den Öfen versteckt waren. Wir hatten Kübel und Säcke mit, die zur Hälfte mit Kartoffeln und Gemüse gefüllt waren. Darin verstauten wir die Waffen. Als die Kübel und Säcke voll waren, verließen wir das Haus. Auf dem Rückweg gingen wir barfuß und torkelten und lallten wie Betrunkene. Wir begegneten kaum Menschen. Diejenigen, die uns sahen, mußten uns für betrunkene Gemüsehändler halten. Peter ging voran – er sprach nämlich fließend ungarisch – und stieß wüste Flüche in dieser Sprache hervor.

Wir wiederholten diese Operation, bis es uns gelang, fast alle gefährlichen Gegenstände aus der Villa herauszuschaffen. Wir brachten alles in eine andere Mietvilla in Zoglo, einem Vorort von Budapest. Bei der letzten Aktion wären wir beinahe verhaftet worden. Als wir die Villa betreten wollten, ging auf einmal das Licht an. Stiefeltritte kamen näher. Sie hatten also diesmal bereits auf uns gewartet. Wir rannten davon und verbargen uns hinter den Sträuchern, die rings um die Villa wuchsen. Während sie ums Haus herum alles absuchten, konnten wir flüchten. Die Villa in der Rozsá-Domb-Straße war nun für uns endgültig verbotenes Territorium.

Die deutsche Reichsbahn rollt für den Führer

Nicht lange nach diesem Vorfall begab ich mich in den ungarisch-rumänische Grenzort Kolozsvar, um Kontakt mit Schmugglern aufzunehmen, die jüdische Jugendliche aus Budapest über die Grenze in die nächstgelegene rumänische Ortschaft Turda bringen würden.

Ich besuchte anrüchige Etablissements, Friseurläden, wo ich den jüngsten Klatsch aus Turda erfuhr, Bars und Restaurants. Ich suchte Kontakte mit der Unterwelt, mit Menschen, die bereit waren, für Geld alles zu tun. Einmal, als ich mit einem Fuhrmann kreuz und quer durch die Stadt fuhr, immer auf der Suche nach Kontaktleuten, wurden wir von einem ungarischen Verkehrspolizisten angehalten. Der Fuhrmann sprang sogleich vom Wagen herunter und rief dem Polizisten zu: „Dieser Herr will nach Rumänien, nach Turda fahren!" Ich sagte etwas auf deutsch. Der Polizist musterte mich mißtrauisch, und bevor ich noch wußte, wie mir geschah, hatte er auch schon einen deutschen Soldaten herbeigeholt. Instinktiv hob ich meine Stimme zu einem forschen Ton und beschwerte mich lautstark in deutscher Sprache über den ungarischen Polizisten, der mich daran hindern wollte, zum Bahnhof zu fahren. Wie zufällig schlug ich dabei das Revers meines Anzugs um, so daß das Partei-Abzeichen sichtbar wurde, das ich zur Tarnung trug. Der deutsche Soldat reagierte auch sofort und fuhr den ungarischen Polizisten scharf an, er möge mich nicht länger behelligen.

■■■

Pinek und Fella, die den Fluchtpunkt in Nagywarad leiteten, fuhren unterdessen über Arad nach Bukarest, und Bajuk und ich übernahmen an ihrer Stelle die Leitung in der ungarischen Grenzstadt. Letzten Endes hatten wir auch ungarische Grenzschmuggler ausfindig gemacht, die bereit waren, gegen hohe Bezahlung mit uns zusammenzuarbeiten. Wir mieteten Wohnungen in der Stadt für

Mitglieder unserer Gruppe und andere zionistische Jugendliche, die via Rumänien nach Palästina gelangen wollten. Von Nagywarad aus fuhren sie mit dem Zug an der Grenze entlang bis Koloschwar. Mitten auf der Strecke verlangsamte der Lokomotivführer die Fahrtgeschwindigkeit, und die Jugendlichen sprangen aus dem Zug und begaben sich zu einem vereinbarten Ort. Die ungarischen Schmuggler warteten in der Dunkelheit der Nacht auf sie, und durch Kornfelder hindurch überquerten sie mit ihnen die Grenze. Von hier aus setzten sie ihren Weg nach Arad, Bukarest bis Constanta fort, wo die Schiffe auf sie warteten.

Viele Mitglieder unserer Gruppe und Hunderte von zionistischen Jugendlichen aus allen Parteien wurden von uns auf diesem Wege nach Palästina geschmuggelt. Unter ihnen war auch mein Bruder Samek. Er erreichte mit einem Transport, der aus drei mit Flüchtlingen besetzten Großbooten bestand, die Türkei. Das erste dieser drei Schiffe, die „Nautic", wurde von den Deutschen versenkt. Mein Bruder befand sich auf dem zweiten Schiff, der „Bulbul". Als die Besatzung nach der Versenkung des ersten Schiffes in Panik geriet und das Schiff verlassen wollte, wurden sie von meinem Bruder und seinen Freunden mit Messern bedroht und so am Verlassen des Schiffes gehindert. Da es Nacht war, konnten die zwei übrigen Schiffe unbemerkt die Fahrt fortsetzen.

In einer der gemieteten Wohnungen in Nagywarad arbeiteten Bajuk und ich bis spät in die Nacht hinein an einem weiteren Fluchtplan. Edzia Krumholz (heute in Wien lebend) und eine junge Jugoslawin – von uns wegen ihres kindlichen Gesichtes „Baby" genannt –, die für uns als Verbindungsbotin arbeitete, befanden sich mit uns in der Wohnung. Wir wollten gerade zu Bett gehen, als es plötzlich Fliegeralarm gab. Die Sirenen heulten. Es herrschte totale Dunkelheit draußen, nur die Lichter der Scheinwerfer flammten über den Himmel, um die Bomber zu entdecken. Da ließ uns ein ohrenbetäubendes Krachen zusammenfahren, das Zimmer zitterte wie bei einem Erdbeben. Es folgten weitere Explosionen und Schüsse der Luftabwehrkanonen. „Die Engländer bombardieren die Stadt", sagte ich zu Bajuk.

Nach dem Entwarnungssignal hörten wir ein Klopfen an der Tür. Ich schaute durch das Guckloch und sah einen ungarischen Polizisten. „Aufmachen, Polizei!" Ich öffnete die Tür. Er leuchtete mit seiner Taschenlampe das Zimmer ab. „Nachbarn haben uns gemeldet, daß sich hier Spione befinden", bellte er mich an. „Ihr habt den feindlichen Fliegern mit Taschenlampen Zeichen gegeben und sie zu ihren Zielen gelenkt. Warum seid ihr nicht im Luftschutzkeller?"

„Unsinn", sagten wir, „wir sind polnische Flüchtlinge, die hier wohnen. Wir sind ruhige Bürger. Hier sind unsere Papiere."

Der Polizist leuchtete das Zimmer mit seiner Taschenlampe aus. Plötzlich sah er Edzia, seine Augen leuchteten auf. „Eine schöne Frau", sagte er, „eine Frau, eine Spionin." Und gleich darauf entdeckte er auch Baby, die unter dem Bett lag. „Wer ist dieses Mädchen?" fragte er.

„Ein Kind", sagte ich.

„Ein Kind, aber ein Mädchen", stellte der Polizist mit einem Augenzwinkern fest. Er befahl Edzia und Baby: „Kommt ins zweite Zimmer!" Baby hatte Angst, sie kam dem Befehl nur zögernd nach. Ich dachte an die Waffen, die falschen Papiere und das viele Geld für die Schmuggler, das alles war im Ofen versteckt. Ich wies Edzia an, mit dem Polizisten in das zweite Zimmer zu gehen. Sie weigerte sich zuerst, aber ich blieb hart. „Das ist ein Befehl!" sagte ich scharf. „Tu, was er sagt. Es geht um unser Leben!"

Zu allem Überfluß ging die Tür auf, und drei Mädchen unserer Gruppe standen vor uns: Ruth Judenherz, die spätere Frau Bajuks, Kuzytosia und Schoschana Steinkeller-Schalev. Sie sahen müde aus, ihre Haare waren ungekämmt, ihre Kleidung verschmutzt und zerknittert. Vor zwei Wochen hatten wir sie nach Rumänien geschickt und glaubten sie wohlbehalten in Arad. Nun standen sie vor uns.

„Manus", rief Schoschana und kam auf mich zu, um mich zu umarmen. Ich gab ihr ein Zeichen, indem ich einen Finger auf den Mund legte. „Noch drei Schönheiten", sagte der Polizist und wandte sich von Edzia und Baby ab. „Was soll das alles? Was wird hier für ein Komplott vorbereitet? Leert eure Taschen!"

Ruthi hielt ein Päckchen rumänischer Zigaretten in der Hand. Der Polizist nahm sie ihr ab. „Aus Rumänien?! Eine Schmugglerin? Jetzt ist alles klar. Ihr seid eine Bande von Spionen und spielt euch als unschuldige polnische Flüchtlinge auf", rief er aus.

Ich gab Bajuk ein Zeichen. Wir konnten den Polizisten leicht überwältigen, wir waren zwei Männer und fünf Mädchen. Aber während wir uns noch flüsternd berieten, drangen vier weitere Polizisten in die Wohnung ein. Sie befahlen uns: „Hände hoch!"

„Was wollt ihr von uns?" rief ihnen Bajuk entgegen. „Wir sind Polen, hier sind unsere Ausweise!"

Sie verhafteten uns und brachten uns zu einer Polizeistation. Auf dem Weg zur Station hörte ich von Ruthi, wie die drei Mädchen aus Rumänien zurückgekehrt und in unsere Wohnung gelangt waren. Schoschana, Ruthi und Kuzytosia hatten bei ihrer Flucht und auf dem Rückweg von Rumänien viel durchgemacht. Sie waren zunächst von ungarischen Grenzpolizisten angehalten worden, konnten jedoch entkommen, wurden dann aber neuerlich von rumänischen Grenzpolizisten verhaftet. Diese verhörten sie unter strengsten Bedingungen. Man brachte sie von einem Gefängnis zum anderen, und eines Tages fanden sie sich einsam und verlassen im Niemandsland an der Grenze zwischen Ungarn und Rumänien wieder. Sie waren völlig erschöpft, ausgehungert und durchfroren. Unter größten Schwierigkeiten erreichten sie schließlich Nagywarad und unsere Wohnung.

■ ■ ■

Etwa zwei Wochen nach unserer Verhaftung weckte man uns um sechs Uhr morgens. Wir wurden angewiesen, unsere Sachen zusammenzupacken, und man brachte uns in einem Lastkraftwagen unter Polizeibewachung zu einer verlassenen Ziegel- und Fliesenfabrik, die als provisorisches Sammellager für Juden vor der Deportation nach Auschwitz diente.

Von der Fabrik aus führten Schienen bis zu unseren Baracken. Der Zug, der auf diesen Gleisen stand, trug auf jedem Waggon die Aufschrift: „Die Deutsche Reichsbahn rollt für den Führer". Am ersten Waggon war ein kleines Schild angebracht, auf dem stand: „Birkenau Gleise rechts bis Ende". Ich wußte, was das bedeutete: Im Lager befanden sich Hunderte der reicheren Juden aus der Umgebung, man hatte sie von der Aussiedlung zurückgestellt und verhörte sie unablässig, um herauszufinden, wo sie ihr Geld versteckt hatten.

Es gab keine Möglichkeit, zu entkommen: Unsere Baracke lag inmitten von Hügeln, und auf jedem Hügel waren bewaffnete ungarische Gendarmen mit ihren Federmützen postiert.

Rings um mich sah ich ausgehungerte Juden in zerschlissenen Kleidern. In den Tagen, die sie im Lager waren, hatten sie kaum etwas zu essen bekommen. Bei ihrem Anblick kam mir eine Idee. Ich rief die Mitglieder unserer Gruppe zusammen und schilderte ihnen meinen Plan: „Wir müssen dabei bleiben, daß wir polnische Christen sind. Es muß uns der Nachweis gelingen, daß wir nicht zur Gruppe dieser Armen gehören, und daß wir nur irrtümlicherweise hierhergebracht wurden." Ich wies die Mädchen an, sich so gut es ging ein gepflegtes

Aussehen zu bewahren, die besten Kleider zu wählen, die wir im Lager finden konnten, sich zu frisieren und zu schminken. Die Jungen sollten sich rasieren und ebenfalls sorgfältig kleiden, die Schuhe putzen und Krawatten anlegen.

Ich lernte auch bald einen ungarischen Polizeidetektiv kennen, der Slowakisch sprach und Polnisch verstand, und den ich davon überzeugen konnte, daß wir polnische Christen waren. Ihn bat ich, dies auch den ungarischen Behörden entsprechend glaubhaft darzulegen. Er versprach, sich für uns einzusetzen.

Im Laufe der kommenden Nacht reinigten wir unsere Baracke, wir putzten die Fenster und den Boden, alles war sauber und ordentlich. Wir wollten auf diese Weise ein anderes Erscheinungsbild bieten als die übrigen inhaftierten Juden. Frühmorgens am nächsten Tag riefen die Deutschen zu einem Appell. Offiziere der SS gingen von Baracke zu Baracke und zählten die Leute vor deren Einweisung in den Zug. Ich trat aus der Reihe, schlug die Haken zusammen und verkündete mit lauter und fester Stimme: „Herr Sturmbannführer, ich melde gehorsamst: 20 Polen und Polinnen. Zwei Polen meldeten sich krank und einer flüchtete."

Der Sturmbannführer sah mich verdutzt und überrascht an. Er verstand ganz offensichtlich nicht, worum es ging. Er musterte unsere Gruppe und sah aufgrund unseres Auftretens und unserer Kleidung, daß wir anders waren als jene armseligen jüdischen Häftlinge. Ich erklärte ihm, daß es sich um einen Irrtum handeln mußte, daß wir hierhergebracht worden waren, da wir Polen seien, die nach Ungarn fahren wollten, um Arbeit zu suchen. Ungarische Polizisten hatten uns aus dem Zug geholt. Zu unserer Überraschung hatten wir erfahren, daß wir uns in einem Lager mit jüdischen Sträflingen befanden. Dem Sturmbannführer stand die Verblüffung ins Gesicht geschrieben. Er starrte uns an wie eine Erscheinung. Dann fragte er: „Sind das die Polen, von denen Sie mir erzählt haben?" – Dieser bejahte. Da wandte sich der Sturmbannführer wieder an mich und fragte: „Wer sind Sie? Weshalb sprechen Sie so gut Deutsch?"

„Ich bin aus Kattowitz", antwortete ich, „mein Bruder gehört der Organisation Todt[1] an und dient in Norwegen."

„Wo in Norwegen?" wollte der Sturmbannführer wissen.

---

[1] *Organisation Todt (O.T.):* Gegründet von dem nationalsozialistischen Politiker Fritz Todt (1891–1942), ab 1940 Reichsminister für Bewaffnung und Munition, ab 1941 Generalinspektor für Wasser und Energie.

„Ich weiß nicht, wo genau. Ich kenne nur seine Feldpostnummer, sie lautet 48979. Bitte erlauben Sie mir, ihm einen Brief zu schreiben."

Die SS-Offiziere musterten uns von Kopf bis Fuß. Die Mädchen trugen blaue Röcke und weiße Blusen, die Jungen dunkle Hosen und helle Hemden. Ich erzählte dem Sturmbannführer, daß mein Großvater bei den Kämpfen gegen die polnischen Aufständischen am Annaberg gefallen war.

„Interessant", murmelte er, „ich stamme aus Gleiwitz, nicht weit von Annaberg. Richtig, im Jahr 1921 waren schwere Kämpfe dort. Woher kommen Sie?"

„Ich arbeitete im Gaukrankenhaus in Graz", sagte ich.

„In Graz?" fragte ein anderer SS-Mann, „ich wurde verwundet und lag sechs Monate im Krankenhaus in Graz. Wen kennen Sie dort?"

Da ich ja eine Zeitlang in diesem Krankenhaus gearbeitet hatte, kannte ich alle Ärzte, die Abteilungen und die Verhältnisse in diesem Krankenhaus. Der SS-Mann war überrascht: „Das stimmt alles, das war dort so."

Er wandte sich an den Sturmbannführer und sagte: „Der Mann gehört wirklich nicht zur jüdischen Gruppe."

Der Sturmbannführer zeigte auf Ruth, die „sehr jüdisch" aussah, und fragte: „Ist sie auch Polin?"

„Das ist meine Braut", gab ich ihm zur Antwort, „wir arbeiten alle in Budapest."

„Geht in eure Baracke zurück", sagte der Sturmbannführer. „Wir werden euren Fall prüfen."

Der Detektiv erklärte dem SS-Kommandanten erneut, daß er überzeugt sei, daß wir Polen seien. „Zurück ins Gefängnis!" befahl der Gestapo-Mann daraufhin. Ich ersuchte um SS-Begleitung, damit uns die ungarischen Polizisten nicht wieder als Juden verdächtigten. Der Sturmbannführer befahl einem SS-Mann, uns zu begleiten. Wir verließen den Platz im Marschtempo und sangen dabei polnische Marschlieder. Es war ein komischer Anblick: Da marschierten wir ins Gefängnis in Begleitung eines SS-Mannes, der keine Anstalten machte, uns Befehle zu erteilen. Die Passanten starrten uns mit erstaunten Blicken an. Die ungarischen Polizisten, die uns empfingen, wußten nicht, was geschehen war und wie sie sich uns gegenüber verhalten sollten. Am nächsten Tag brachte man uns zum Zug, der in Richtung Budapest fuhr. Zwar befanden wir uns im Zug unter strenger Bewachung, aber vor der Deportation nach Auschwitz waren wir gerettet.

Für mich war dies eines der einschneidendsten und wichtigsten Erlebnisse überhaupt, denn ich hatte Menschen vor dem sicheren Tod bewahren können.

Ruth Judenherz-Bajuk schrieb später darüber in ihr Tagebuch: „Als ich sah, daß die SS-Leute begannen, Manus' Worten Glauben zu schenken, atmete ich erleichtert auf. So würde wenigstens einer von uns vor dem sicheren Tod gerettet sein. Sicherlich würde er nicht so dumm sein und denen verraten, daß er uns näher kannte. Als ich ihn sagen hörte, ich sei seine Braut (ich sah so ‚typisch jüdisch' aus, daß ich sehr oft inhaftiert wurde), hätte ich ihn am liebsten eigenhändig erwürgt. Durch sein Verhalten hat Manus wirkliche Größe gezeigt. Wir wurden vor dem sicheren Tod gerettet."

„Uhu klebt alles"

So saßen wir nun also alle im Zug nach Budapest. Wir waren schon eine Weile gefahren, da gingen plötzlich die Lichter aus. Der Zug stoppte mit quietschenden Bremsen. Man hörte ohrenbetäubende Explosionen. Die Leute warfen sich zu Boden, krochen zu den Ausgängen, stießen einander, schrien, kreischten und fluchten. Häftlinge und Polizisten vermischten sich. Es war ein sich bewegender Menschenknäuel. Das Echo der Explosionen kam immer näher. Gedränge, Lärm, Dunkelheit.

Ich nahm die Gelegenheit wahr und sprang aus dem Zug. Nach mir sprangen Eva und Natan. Kalte Luft schlug mir entgegen und nahm mir fast den Atem. Schüttelfrost jagte durch meinen Körper. Ich kroch unter Aufbietung aller Kräfte voran. Ich fühlte die eiskalten Gleise. Weiter und weiter. Die Explosionen waren nicht mehr weit von uns entfernt, es bestand kein Zweifel: Die Alliierten bombardierten die Bahnstrecke.

In der Dunkelheit vernahm ich Evas Stimme. Ich erhob mich und ging in die Richtung, aus der die Stimme kam. Als ich bei ihr war, bemerkte ich, daß sie am ganzen Körper zitterte vor Angst. Wir beschlossen, uns bis zum Morgengrauen im Feld zu verstecken.

Bei Tagesanbruch wurden wir durch Hundegebell geweckt. Zu einer Flucht war es zu spät, denn schon standen die Gendarmen da und richteten ihre Waffen auf uns. „Ihr seid aus dem Zug geflüchtet", schrie uns einer von ihnen an, „wir suchen euch schon die ganze Nacht. Wir werden euch nach Budapest bringen, dort wird über euer Schicksal bestimmt werden." Damit nahmen sie uns in Gewahrsam.

In Budapest wurden wir ins Zentralgefängnis Tolonchaz eingewiesen. Man sperrte uns in eine Zelle, gemeinsam mit den Kameraden, die aus Nagywarad hierhergekommen waren, und noch mit anderen polnischen Juden. Am frühen

Abend wurden die Namen von fünf Häftlingen, darunter auch der eines gewissen Marian Gertner, ausgerufen. Sie wurden angewiesen, ihre Sachen zu nehmen und sich aufbruchbereit zu machen, da sie in zwei Stunden nach Sator-Uihel fahren würden. Wir wußten, daß Sator-Uihel, das an der Grenze zur Slowakei lag, ein Lager war, aus dem Juden weiter nach Auschwitz deportiert wurden. Marian Gertner (heute in Wien lebend) und ich hatten vom ersten Augenblick an Sympathie für einander empfunden. Marian war jung, liebenswürdig und temperamentvoll. Als er aus der Zelle geholt wurde, steckte ich ihm eine Brotration und einen Zehndollarschein zu, den ich immer in meinem Schuh versteckt gehalten hatte. Andere Häftlinge gaben ihm Brotschnitten, Socken und gute Ratschläge mit auf den Weg.

„Der arme Teufel", flüsterte ich einem Nachbarn zu, der bereits seit zwei Monaten im Gefängnis festgehalten wurde. Dieser zwinkerte mir beruhigend zu: „Sorge dich nicht um Marian. Du kennst ihn nicht, er wird sich überall zurechtfinden. Der würde nicht einmal in der Hölle umkommen ..."

Nach einigen Tagen wurden wir alle, die aus Nagywarad kamen, nach Sator-Uihel geschickt. In diesem ungarischen Konzentrationslager wurden mutmaßliche Juden, Spione und andere „staatsfeindliche Elemente" gefangengehalten.

Als ich ins Lager kam, traf ich Marian wieder. Aber es war nicht mehr der Marian, wie ich ihn gekannt hatte. Er spazierte frei im Lager herum und genoß eine Art Sonderstatus. Es stellte sich heraus, daß Marian gut Ungarisch sprach und einen engen Kontakt zum Lagerkommandanten geknüpft hatte. Dieser war ganz versessen auf Bestechungsgelder und wertvolle Geschenke wie Uhren, Fotoapparate und ähnliches.

Meine ungarische Freundin Eva arbeitete im Büro des Gefängnisses. Von ihr erfuhren wir, für wann der Transport nach Auschwitz geplant war. Unsere Angst wuchs von Tag zu Tag. Eva setzte sich telefonisch mit Tusia in Verbindung, die in unserer Untergrundgruppe für die Betreuung der inhaftierten Kameraden verantwortlich war, damit diese möglichst viel Geld auftrieb, womit wir den Kommandanten weiterhin bestechen konnten. Gemeinsam mit Marians Schwägerin Jadzia unternahm Tusia sofort alles, um uns freizubekommen. Beide Frauen wußten, daß dazu viel Geld nötig war. So wandte sich Tusia an den jüdischen Rettungsausschuß unter der Leitung von Dr. Kastner. Es gelang ihr, 6 000 Dollar von Hansi Brand und Offenbach zu bekommen. Darüber hinaus konnte sie für Ruthi neue christliche Dokumente besorgen, und mir ließ sie eine Tube Klebstoff zukommen.

Diese Tube Klebstoff sollte für mich von unschätzbarem Wert sein – „Uhu klebt alles." Wir Häftlinge wurden nämlich vor dem Transport einer ärztlichen Kontrolle unterzogen, wodurch festgestellt werden sollte, ob wir beschnitten waren oder nicht. Vor dieser Untersuchung nahm ich die Tube, klebte kurzerhand meine Vorhaut damit zusammen und umwickelte sie vorsichtig mit einem dünnen Draht.

Wenig später wurden wir in die Barackenklinik gerufen. Die Untersuchung begann. Als ich an die Reihe kam, war der ungarische Arzt beim Anblick meines Glieds sichtlich verwundert. Es war voller schwarzer Punkte vom Klebstoff und roch nach Benzol. Der Arzt blickte auf die Punkte, überprüfte die Namensliste und fragte: „Kollege Janowski, was ist das?"

Ich flüsterte in sein Ohr: „Ich bin krank, Herr Kollege." Er blickte mich verdutzt an, hob die Augenbrauen, schüttelte ratlos den Kopf, denn offenbar hatte er noch nie eine derartige Geschlechtskrankheit gesehen – und wies mich dann auf die rechte Seite, wo sich die Gruppe mit den christlichen Häftlingen befand.

Viele Kameraden und auch etliche Mädchen wurden am Abend in den Zug gebracht, der nach Auschwitz fuhr. Wir hörten später, daß einige von ihnen, wie Eva, Bajuk und Natan, in der Slowakei aus dem fahrenden Zug sprangen und sich den Partisanen anschlossen. An dieser Stelle muß ich Bajuks gedenken. Er war ein wahrer Held, auch ein Mitglied der zionistischen Gruppe „Hanoar Hazioni". Von ihm erfuhren wir, daß sich jüdische Mädchen retten konnten, indem sie als freiwillige Arbeitskräfte nach Deutschland oder Österreich fuhren. Er half mit bei der Beschaffung der nötigen Papiere. Er kehrte aus der Slowakei nach Polen zurück, um uns mitzuteilen, daß ein Fluchtweg nach Ungarn offenstünde, wo Juden damals noch frei waren. Viele von uns verdanken ihm ihr Leben, und er selbst ist so jung gestorben!

Edzia, Ruthi und Antek blieben in Sator-Uihel. Am nächsten Tag kam Jadzia mit einem Haufen von Geschenken nach Sator-Uihel – mitten in die Höhle des Löwen. Die ungarischen Offiziere, die eine Summe von 10 000 Dollar für unsere Freilassung verlangt hatten, begnügten sich mit der Summe, die Tusia von Dr. Kastner erhalten hatte. Jadzia sprach zunächst mit ihrem Schwager Marian und ging anschließend direkt zum Lagerkommandanten. Nach einiger

Zeit kam dieser aus seinem Büro, sprach uns höflich an und verteilte unter uns Bestätigungen, aus denen hervorging, daß wir frei das Lager verlassen konnten. Er gab uns unsere Ausweise zurück und ließ uns mit Polizeibegleitung zum Bahnhof bringen. Er ließ uns sogar Fahrkarten besorgen. So gelangten wir nach Budapest.

Nach dem Krieg gründete Jadzia Gertner mit ihrem Mann Danek Gertner die „Österreichischen Freunde des Tel-Hashomer-Krankenhauses". Ihr erstes Ziel war es, in Österreich und der ganzen Welt Geld und Spenden für die Eröffnung der Blutbank in diesem Krankenhaus zu sammeln. Ich erinnere mich noch an ihre Rede bei der Eröffnungszeremonie. Sie zitierte den jüdischen Spruch: „Wer eine einzige Seele rettet, rettet die ganze Welt."

Jadzia setzte ihre aufopfernde, selbstlose Arbeit im Dienste der Menschenliebe bis zu ihrem viel zu frühen Tod fort. Sie war eine bekannte und angesehene Persönlichkeit in Israel und in Wien. Die „Österreichischen Freunde des Tel-Hashomer-Krankenhauses" unter Jadzia Gertner gründeten: eine Blutbank, eine Abteilung für Neurochirurgie, eine Abteilung für Plastische Chirurgie, eine Abteilung für Neurologie sowie ein Forschungsinstitut für Gesundheitsplanung und Epidemiologie.

Ihr Vermächtnis lautet, daß man ihr Werk für das Krankenhaus fortführen möge.

Befreiung

Es war am 15. Oktober 1944, am Abend eines grauen Herbsttages. Wir registrierten eine verstärkte Unruhe in der Stadt. Durch die Straßen zogen Horden von Pfeilkreuzlern. Sie marschierten mit lauten Parolen dahin. Hier und dort gab es stürmische Demonstrationen, die dazu aufforderten, das Regime des Reichsverwesers Admiral Horthy zu stürzen.

Plötzlich zerriß ein ohrenbetäubender Lärm die Luft. Von der Straße her konnte man Freudenrufe, „Eljen", vernehmen. Wir hörten Marschtritt. Wir stellten das Radio an, und wiederum erklangen laute Märsche. Es wurden keine Nachrichten oder Meldungen durchgegeben. Die Ansager waren wie vom Erdboden verschluckt, jede Sendung war gestoppt worden, man hörte nur Marschlieder. Wir wußten, daß etwas geschehen war.

Plötzlich verstummte auch die Musik. Man hörte wieder die Stimme eines Ansagers. Noch bevor wir seine Worte wahrnehmen konnten, wußte ich, daß die Würfel gefallen waren. Er verkündete: „Es wurde eine neue Regierung unter dem Führer der Pfeilkreuzlerpartei Major Ferenc Szálasi gebildet." Ich wußte, wer Szálasi war. Er war der Führer einer faschistischen Partei nach dem Muster der NSDAP, ein Verehrer Hitlers, ein Judenhasser. Bei der Gründung seiner Partei waren 30% der Parteimitglieder Vorbestrafte und andere asoziale Elemente.

Wir schalteten das Radio ab. Im Zimmer wurde es still.

Der Reichsverweser Horthy und seine Regierung wurden von den Deutschen verhaftet. Die Deutschen waren darüber unterrichtet, daß Horthy zum Abschluß eines Kapitulationsabkommens mit der Roten Armee bereit war, nach dem Muster Rumäniens, um weitere Opfer zu vermeiden. Die Rote Armee stand vor der ungarischen Grenze, jeder weitere Widerstand schien sinnlos. Der Führer ignorierte die Lage und schickte seine Soldaten weiter in den Tod. In Deutschland setzten die SS-Schergen ihre Jagd auf die Verschwörer des 20. Juli fort. Vom 20. Juli 1944 bis zum Ende des Krieges fielen weitere zwei Millionen Deutsche.

Die Botschaften Schwedens, Spaniens und der Schweiz fuhren fort, den Budapester Juden Schutzpässe auszugeben. Die deutschen Besatzungsbehörden und die Pfeilkreuzler anerkannten diese Pässe unter dem Druck der Weltöffentlichkeit und unterließen es, ihre Träger nach Auschwitz zu deportieren. Der schwedische Diplomat Raoul Wallenberg und Dr. Friedrich Born, der Leiter des Büros des Internationalen Roten Kreuzes, waren die treibenden Kräfte in dieser Rettungsaktion. Oft befreite er sogar persönlich im letzten Moment Juden aus den Händen der Deutschen. Wallenberg, Born und weitere Helfer begannen, Häuser in Budapest zu mieten, hißten ausländische Flaggen und wandelten sie in Schutzhäuser für Juden um. Diese Häuser genossen einen exterritorialen Status. Viele Juden, Männer, Frauen und Kinder, wurden darin konzentriert. Friedrich Born kam aus Genf nach Budapest und setzte sich persönlich bei den ungarischen Behörden für die Rettung von Juden ein, obwohl er in offizieller Mission nicht dazu bestimmt war.[1]

Ein Haus in einer ruhigen Seitenstraße, der Vadasz Utca, das „Glashaus" genannt, diente etwa 2000 jüdischen Jugendlichen, die in den Untergrund gegangen waren, als Asyl und Versteck. Es war ein Schutzhaus des Schweizer Konsulats, das von Konsul Karl Lotz geleitet wurde. Die Jugendlichen versteckten sich im Keller. Trotz der ihnen drohenden Gefahr hielten die Mitglieder unserer Gruppe ständig Kontakt mit diesen Jugendlichen aufrecht. Es waren insbesondere Dudek, Jozek Rosenberg, seine Frau Linka und ich, die alle mit Nahrungsmitteln versorgten und Waffen lieferten, damit sie sich verteidigen konnten, falls die Deutschen oder Ungarn ins Haus eindrangen.

Linka und Fani, die in der Villa in der Rozsá-Domb-Straße entdeckt worden waren, befanden sich seit zwei Wochen in Haft. Sie wurden nun plötzlich freigelassen und unter strengen Hausarrest gestellt. Ich ging um 6 Uhr früh zu Linkas Haus, kaufte mehrere Zeitungen und brachte einen ungarischen Burschen mit, der den Bewacher in ein Gespräch verwickelte. Während der Mann abgelenkt war, winkte ich Linka durchs Fenster, zum Zeichen, daß die Mädchen

---

[1] Auch Dr. Friedrich Born wurde von „Yad Vashem" als „Gerechter der Völker" geehrt, und es wurde in seinem Namen ein Baum in der „Allee der Gerechten" gepflanzt.

jetzt herauskommen sollten. Wir sprangen in den Wagen, der schon auf uns wartete, und rasten davon.

Wir wußten, daß die Rote Armee immer näher kam. Sie hatte bereits Rumänien durchqquert und stand fast schon vor der ungarischen Grenze. Unsere Untergrundtätigkeit wurde von Tag zu Tag schwieriger. Die Pfeilkreuzler und die ungarischen Gendarmen waren fast überall. Sie bekamen ihre Anweisungen von den SS-Leuten, führten Hausdurchsuchungen durch und erschossen verdächtige Personen ohne jedes Zögern an Ort und Stelle.

Eine Schreckensherrschaft begann. Durch die Straßen Budapests zogen wilde Horden von Pfeilkreuzlern. Die Häuser, die laut Anordnung der Szálasi-Regierung mit einem gelben Stern gekennzeichnet waren, wurden Ziel ihrer Hetzjagden. Männer, Frauen, Greise und Kinder wurden unter Schlägen durch die Stadt zur Donau getrieben. Dort, an den Brücken des Flusses, gab es fast jeden Tag grausame Gemetzel. Die Leichen der Ermordeten wurden einfach in die Donau geworfen. Das Donauwasser wurde rot. Denunzianten waren überall aktiv und lieferten Juden in die Hände der Pfeilkreuzler und der Gestapo.

Im Gefängnis von Pecs befanden sich seit Monaten unsere Kameraden Olek, Danka und Emil. Wir hörten, daß sie schreckliche Folterungen durchgemacht haben und hungerten, und wir konnten ihnen nicht helfen. Unsere Kameraden waren in der ganzen Stadt, einzeln, in Paaren oder kleinen Gruppen zerstreut. Wir wagten uns kaum auf die Straßen, da diese von den Pfeilkreuzlern beherrscht wurden. Kontakte zwischen uns hielten wir nur in der Nacht aufrecht.

Der erste Schnee fiel, und die Straßen waren mit einer weißen Decke bedeckt. Die Donau begann zu gefrieren. Die Stunden der Depression und der Verzweiflung wechselten mit Stunden der Ermunterung und Hoffnung. Aus Bukarest kamen gute Nachrichten von unseren Kameraden. Sie teilten uns mit, daß sie mit Hilfe der zionistischen Bewegung rege Aktivitäten im Dienste der Einwanderung nach Palästina entfalten konnten, und daß sich bereits einige unserer Kameraden in Palästina befanden, unter ihnen auch mein Bruder Samek.

Die Frontlinie war nicht mehr weit von Budapest entfernt. Die Alarmsirenen heulten die ganze Zeit. Wir warteten sehnsüchtig auf den Einmarsch der Roten Armee in die Stadt.

Weihnachten 1944. Trotz des Feiertages herrschte in der Stadt Panik. Es kursierten Gerüchte, daß es der Roten Armee gelungen war, einen Ring um Budapest zu schließen. Die Bevölkerung befand sich in Aufregung und Angst und wußte nicht, was sie erwartete.

Die Soldaten der Wehrmacht, die SS-Leute, Pfeilkreuzler und das ungarische Militär bereiteten sich auf einen Verteidigungskampf von Haus zu Haus sowie auf den Rückzug aus der Stadt vor.

In Budapest bekam Tusia eine Nachricht von ihrem Bruder Olek, daß er, Emil und Danka vier Stunden vor Vollstreckung des Todesurteils von der Roten Armee am 29.11.1944 befreit worden waren. Es war zugleich Dankas Geburtstag. Wie Olek berichtete, war der Versuch von Peter und Milan, sie vorher zu befreien, mißlungen, da Oleks Zellengenosse, Szandor Fekete, den Fluchtplan verraten hatte.

Die erste Aktion nach ihrer Befreiung war die Fahrt in das Dorf, in dem Szandor wohnte, um ihn für den Verrat zu bestrafen. Als sie zu seinem Haus kamen, feierte er gerade Hochzeit. Ein ungarisches Orchester spielte einen Csárdás.

Emil richtete seine Kalaschnikow auf ihn, und Olek sagte: „Wir sind keine Geister. Wir leben. Wir sind gekommen, um dich für deinen Verrat zu bestrafen." Fekete brach in Tränen aus. Seine Braut warf sich Olek zu Füßen und bat um Gnade. Er sagte zu Fekete: „Was du getan hast, wird dein ganzes Leben lang auf deinem Gewissen lasten."

„Wir Juden sind kein Volk der Rache", sagte Emil. Er senkte sein Gewehr, und sie verließen die Hochzeit.

■ ■ ■

Ich war zum Weihnachtsfest bei einer Bekannten von Magda eingeladen. Wir saßen um den farbigen, festlich geschmückten Christbaum herum, die Kinder sangen Weihnachtslieder auf ungarisch. Es herrschte eine friedvolle Atmosphäre. Christliche Nachbarn kamen von Zeit zu Zeit daher, um uns frohe Weihnachten zu wünschen. Wir sangen christliche Weihnachtslieder, die wir von Bauern, Dienstmädchen und christlichen Familien in Polen gelernt hatten. Wir sangen laut wie die Christen, die mit uns rings um den Tisch saßen, aber im Innersten wich die Angst nie von uns. Wir konnten nur hoffen, daß die Rote Armee uns befreite.

Plötzlich hörten wir das Donnern von Geschützen und Explosionen. Später erst erfuhren wir, daß die Rote Armee am Heiligen Abend um Mitternacht die Einkreisung Budapests abgeschlossen hatte. Es begann ein erbitterter und grausamer Kampf von Haus zu Haus. Im Luftschutzkeller des Hauses in der Vadas Utca war es dunkel und feuchtkalt. Die Menschen, Männer und Frauen, drängten sich aneinander, um sich ein wenig zu erwärmen. In diesen Stunden wurden Fremde zu Verwandten, zu einer geschlossenen Gesellschaft. Wir ernährten uns von Essensresten, Abfällen und Wasser. Wir wußten nicht, was sich draußen abspielte. Der Lärm von Artilleriefeuer, Bombardierungen und Schüssen näherte sich stetig. Gruppen von erschrockenen deutschen und ungarischen Soldaten rannten am Keller vorbei. Wir versteckten uns immer wieder, um nicht entdeckt zu werden. Plötzlich stand ein breitschultriger Mann mit mongolischen Zügen vor uns. In der Hand hielt er ein Kalaschnikow-Maschinengewehr, das auf uns gerichtet war. Er trug einen Stahlhelm, eine Reithose und Stiefel. Es war am 17. Januar 1945.

In meinen Gedanken hatte ich mich die ganze Zeit auf diesen Augenblick vorbereitet, aber als er kam, war ich wie betäubt. Ich traute meinen Augen kaum. Ich dachte, daß es vielleicht nur eine Fata Morgana sei, eine optische Täuschung. Er war der erste russische Soldat, den ich vor mir sah.

Im Laufe der Kriegsjahre hatte ich mir sehnsüchtig diesen Augenblick herbeigewünscht. In all den Schreckensjahren, während der Deportationen in die Vernichtungslager, der Zeit der Verhaftungen, Folterungen, Verfolgungen, Fluchtversuche, des Untergrunddaseins hatte ich von einer Befreiung geträumt. Und jetzt konnte ich es nicht fassen.

Der Mann stand uns gegenüber und sagte etwas in kehligen Worten, die ich nicht verstand. Es erschreckte uns. Ich war wie gefühllos und gelähmt, aber im nächsten Moment löste sich meine Erstarrung, ich rannte ihm entgegen. Ich umarmte ihn und preßte ihn an mich, als wollte ich mich davon überzeugen, daß er wirklich existierte und nicht etwa meiner Phantasie entsprang. Er roch nach Schießpulver und Alkohol, wie eben ein Soldat roch, der erst vor kurzem an einer Straßenschlacht teilgenommen hatte. Er löste sich verlegen aus meiner Umarmung. Ich fragte ihn auf polnisch, ob er allein sei. Darauf wies er mit seinem Finger nach oben und sagte auf russisch: „Sie sind noch oben, sie werden bald kommen ..."

Und sie kamen. Offiziere, Korporale und einfache Soldaten. Sie kamen in den Keller, besichtigten ihn und gingen wieder weg. Draußen hielten die Kämpfe an. Heckenschützen schossen in alle Richtungen, wir blieben im Keller.

Nach drei Tagen hörten die Kämpfe auf. Das Echo der Schüsse wurde immer schwächer.

Ein russischer Offizier mit einem Schnurrbart und drohender Miene tauchte auf. Er richtete sein Gewehr auf mich und fragte mit erhobener Stimme: „Wer sind Sie?"

Ich zeigte ihm meine Ausweise. Er ergriff sie und schleuderte sie zu Boden. Ich schrie: „Ich bin ein Jude, ich bin ein Jude!" – Ich wiederholte diesen Satz einige Male. Er musterte mich durchdringend von Kopf bis Fuß.

„Sie sind ein Jude", brüllte er plötzlich, „Wie kann das sein? Sie haben ja alle Juden liquidiert. Wenn Sie wirklich Jude und am Leben geblieben sind, müssen Sie ein Kollaborateur der Deutschen sein."

„Ich bin ein Jude, ich bin ein Jude", wiederholte ich und erklärte: „Ich habe gegen die Deutschen gekämpft. Ich habe während des ganzen Krieges auf euch gewartet!"

Er schenkte mir jedoch keine Aufmerksamkeit und wandte sich zu Antek, der ein wenig russisch sprach und ihm erklärte, daß seine Frau eine Jüdin war und von den Deutschen erschossen worden war. Der russische Soldat warf ihm einen zweifelnden Blick zu und befahl einem anderen Soldaten: „Führt sie ab!"

Er und seine Begleiter führten uns in einige Keller. In jedem Keller wurden uns weitere Gruppen angeschlossen. Mir wurde schwarz vor Augen. Es waren kleine Gruppen von deutschen Gefangenen und ungarischen Pfeilkreuzlern.

„So sieht die Befreiung aus, die ich so sehnsüchtig erwartet habe?" – fragte ich mich. Nach all den Schreckens- und Leidensjahren befand ich mich als Jude in Gesellschaft von Mördern meines Volkes unter Bewachung der Roten Armee.

Wir setzten unseren Weg durch die Keller fort. Die russischen Soldaten, die uns begleiteten, stießen uns von Zeit zu Zeit brutal vorwärts. Die Gruppe wurde von Minute zu Minute größer. Ich wechselte angstvolle Blicke mit Antek. Das war nicht die Befreiung, wie ich sie mir vorgestellt hatte. Angesichts des ersten russischen Soldaten hatte ich geglaubt, dem Tod entronnen zu sein, aber dem war nicht so. Ich schleppte mich vorwärts. Ich warf einen Blick auf die ärmlichen und verängstigten deutschen Gefangenen und auf die verschreckten und erniedrigten ungarischen Soldaten und verstand nicht, was sich um mich herum ereignete.

Da hörte ich Antek flüstern: „Hör mit deinen Beteuerungen auf, daß du Jude bist, Manus! Sie werden dir nichts nützen, sie werden nur ihren Verdacht und Zorn steigern. Wir haben keinen anderen Ausweg. Nur die Flucht. Die Flucht. Ich kenne sie, ich war dort."

Aber ich wehrte ab: „Ich sehe keine Möglichkeit zu fliehen. Ich bin vor den Deutschen geflohen, ich werden nicht vor den Russen fliehen."

In einem der Keller wurde der Marsch schließlich gestoppt. Man ließ uns eine Zeitlang ausruhen. Wir aßen eng aneinandergekauert, an eine nasse, schimmelige Wand gelehnt. Antek fuhr fort, mir zuzureden: „Wir müssen fliehen!..." Um mich zu überzeugen, fügte er lächelnd hinzu: „Es gibt eine Geschichte von einem Pferd, das zu einem anderen Pferd in Rußland sagte, es müsse sich verstecken, da ein Mobilisierungsbefehl ausgegeben worden sei. ‚Warum muß ich mich verstecken?' fragte das zweite Pferd, ‚ich bin ja nur ein Pferd und kein Mensch, für den ein solcher Befehl verpflichtend ist.' Das erste Pferd erklärte ihm: ‚Das stimmt, aber bis die Russen begreifen, daß du ein Pferd und kein Mensch bist, bist du bereits mobilisiert.'"

Ich verstand, was er meinte. Diese Geschichte überzeugte mich. „Versuchen wir's", flüsterte ich nach einer kurzen Pause.

Wir mußten weitergehen. In einem der Keller fiel einer der deutschen Gefangenen in Ohnmacht. Ein wirres Durcheinander entstand. Wir nutzten die Gelegenheit und versteckten uns in einer dunklen Ecke unter Kohlensäcken und warteten, bis die Schritte der Gefangenen und der russischen Soldaten verklungen waren.

So blieben wir einige Stunden in großer Anspannung bis zum Morgengrauen liegen. Dann wagten wir uns vorsichtig aus dem Keller ans Tageslicht, auf die Straße.

Keiner der Passanten schenkte uns Beachtung. Alle hasteten scheu und verängstigt in die verschiedenen Richtungen. Hier und dort sahen wir Gruppen von bewaffneten russischen Soldaten. Militärwagen mit Fähnchen, die Hammer und Sichel zeigten, fuhren vorüber.

Aus der Ferne nahm man noch ab und zu das Echo von Schüssen wahr.

Zurück nach Kattowitz

Nachdem wir aus dem Keller entkommen waren, suchte ich zuerst Magda auf, und beide gingen wir in die Vadasz Utca, wo ich mit Jozek Rosenberg und Linka gewohnt hatte. Wir fanden unsere damalige Wohnung unversehrt, auch das Haus hatte keinen Schaden abbekommen. Im Laufe einiger Tage beschränkte sich unsere Tätigkeit darauf, den Kontakt zu den Mitgliedern unserer Gruppe wiederherzustellen. Wir fanden Tusia und ihre Mutter, Jozek, Jakob, Peter und noch ein paar andere. Sie hatten alle die Luftschutzkeller erst verlassen, nachdem Budapest befreit worden war. Wir beschlossen, aus Anlaß unserer Befreiung in der Wohnung ein Fest zu veranstalten.

Fünfzehn Kameraden kamen zu unserer Feier. Jeder erzählte, was ihm in den letzten Wochen der Belagerung, als die ungarischen Pfeilkreuzler und die SS-Leute in den Luftschutzkellern nach Juden suchten, widerfahren war. Ich hielt eine kurze Rede, in der ich sagte: „Ich glaube, diesmal hat unser Leiden ein Ende, und nun werden wir das Ziel unserer Träume, Palästina, endlich erreichen." Aber die Freude war auch mit Trauer gemischt. Wir erinnerten uns an unsere Familien und Kameraden, die nicht mit uns den Befreiungstag und die Niederlage des Feindes feiern konnten. Wir hoben die Gläser, wünschten einander „Lechaim" und umarmten einander. Dann standen wir auf und sangen die „Hatikwa", die israelische Nationalhymne. Unsere Augen füllten sich dabei mit Tränen. Fünfeinhalb Jahre hatten wir auf diesen Moment gewartet.

Wir waren fest entschlossen, Ungarn sofort zu verlassen und uns über Rumänien auf den Weg nach Palästina zu begeben. Die Kämpfe hielten zwar in einigen Teilen des Landes immer noch an, aber der Weg nach Rumänien war offen. Wir packten unsere Sachen und brachen auf Schlitten auf. Die Wege waren verschneit. Eine große Kälte herrschte, aber keine Hindernisse oder Schwierigkeiten konnten uns von unserem Ziel abhalten. Es war Januar 1945.

In Bukarest nahmen uns die führenden Mitglieder der zionistischen Jugend Hanoar Hazioni, an deren Spitze Isu Herzig (heute Izhak Artzi), auf. Sie unterstützten uns großzügig. Jozek und ich kümmerten uns hauptsächlich um Schiffe und große Boote, um in die Türkei zu gelangen. Als ich in der Hafenstadt Constanta zum ersten Mal das Meer sah, fühlte ich Wehmut und Sehnsucht. Das Meer schien mir wie eine Brücke in das Land der Verheißung, ein Teil meiner Heimat. Zum ersten Mal im Leben fühlte ich mich der Heimat nahe.

Der Leiter der „Bricha" in Bukarest, David Ziemand, schickte mich zurück nach Budapest, um dort die illegale Einwanderung nach Palästina via Rumänien zu organisieren. Ich begab mich in einer Uniform auf die Reise, die der der Roten Armee glich, mit einer Schildkappe und mit Papieren eines polnischen Flüchtlings. Ich wartete an einer Haltestelle für Armeefahrzeuge. Bald tauchte ein Lastwagen voll russischer Militärpolizisten auf, der mich auflud und mitnahm.

In einer Entfernung von etwa 16 Kilometern von der Front hielten wir bei einem Dorf an, weil die Schneemassen eine Weiterfahrt unmöglich machten. Ich war völlig durchfroren, müde und hungrig und ging ins nächstbeste Bauernhaus, wo ich den Bauer und seine Frau aus ihren Betten holte. Ich konnte bei ihnen ein warmes Bad nehmen und bekam eine üppige Mahlzeit mit Brot, Butter, Eiern und Milch. Danach fiel ich ins Bett und schlief bis zum Morgengrauen.

In der Früh jedoch entdeckte der Bauer unter der russischen Uniform meine Zivilkleidung. Durchs Fenster rief er die russischen Militärpolizisten. Ich konnte gerade noch Dokumente und Briefe von Ziemand, die sich in meinem Besitz befanden und meine Identität verraten hätten, rechtzeitig vernichten, bevor sie mir Handschellen anlegten.

Sie verfrachteten mich in einen geschlossenen Lastwagen, und meine Verblüffung war groß, als ich mich darin in Gesellschaft von SS-Männern, ungarischen Pfeilkreuzlern und sogar Soldaten der russischen Wlassow-Armee, die in den Reihen der Wehrmacht kämpften, wiederfand. Keiner achtete auf mich. Sie sahen eingeschüchtert aus, und jeder starrte nur leer vor sich hin. Nach einer Fahrt von einigen Kilometern hielt der Lastwagen, und wir mußten aussteigen. Dem russischen Offizier, der mich verhörte, erklärte ich in einem fort, daß ich Jude sei, ein Flüchtling aus Polen, der mit gefälschten Papieren nach Ungarn gekommen war. Ich erzählte ihm, was die Deutschen meiner Familie und mir angetan hatten und was mir widerfahren war, seitdem ich aus Polen geflüchtet war. „Ich glaube kein Wort von deiner Geschichte", beharrte der russische Offizier. „Ich muß dich zu einem weiteren Verhör nach Budapest überführen."

Man brachte mich nun wieder zum Lastwagen, und wir setzten unsere Fahrt Richtung Hauptstadt fort. Unterwegs wurden noch weitere Angehörige der Wlassow-Armee und SS-Männer verhaftet. Es wurde Nacht, als der Konvoi hielt. Es stellte sich heraus, daß ein weiterer Konvoi mit Artilleriegeschossen im Schnee steckengeblieben war. Man wies uns an, die Geschosse von je 50 Kilogramm zu anderen Lastwagen, die aus der entgegengesetzten Richtung kamen, zu tragen. Die Front war nah, und die Rote Armee brauchte diese Geschosse dringend.

Die Mitgefangenen kamen dem Befehl zögernd nach. Sie leerten nur sehr langsam den Wagen und stöhnten unter der schweren Last. Ich lief wie ein Verrückter mit den Artilleriegeschossen von einem Wagen zum anderen, hin und her, hin und her. Ein Instinkt trieb mich voran, trotz des Hungers, der Müdigkeit und der schmerzenden Glieder. Ich schleppte fünfmal soviel wie die anderen. Alleine hatte ich bald fast einen halben Lastwagen ausgeräumt. Plötzlich stand der Offizier neben mir. Er hatte mich beobachtet. „Was ist denn mit dir los?" wollte er wissen. „Warum rennst du denn wie ein Verrückter?" Ich antwortete: „Das sind ja Geschosse gegen die Deutschen, das ist mein Beitrag zum Krieg gegen die Deutschen. Darauf habe ich immer schon gewartet!"

Der Offizier blickte mich erstaunt an. Plötzlich breitete sich ein Lächeln über sein hartes Gesicht. „Ich habe dir vorher nicht geglaubt", sagte er. „Jetzt aber glaube ich dir. Morgen lasse ich dich frei." Er bot mir Machorka und ein Stück Zeitungspapier an. Ich drehte mir daraus nach seinem Beispiel eine Zigarette.

Am nächsten Tag in aller Früh befahl der Offizier: „Du kannst gehen, verschwinde bloß, bevor die Wachen abgelöst werden." Ich sagte: „Ich habe keine Ausweise, keine Papiere. Sie haben meine genommen, bitte geben Sie sie mir zurück." Er war jedoch wieder zu seiner steifen Strenge zurückgekehrt. „Verschwinde sofort!" schrie er. „Flüchte, du wirst schon irgendwie durchkommen. Die Spione und SS-Männer werden angeblich nach Sibirien gebracht, doch wir sind hier neben der Front, ich brauche dir nicht zu sagen, was wirklich mit ihnen geschehen wird." Er gab mir einen Laib Brot und eine Konservenbüchse.

In Budapest begab ich mich zum Lokal der „Hanoar Hazioni". Ich traf den Vorsitzenden, Dr. Roth, mit dem ich während meines Aufenthalts in Ungarn freundschaftliche Beziehungen geknüpft hatte. Er konnte meine Geschichte kaum glauben. Ich erzählte ihm über die Mission David Ziemands. Ich bekam neue, falsch Papiere und fuhr damit zurück nach Bukarest.

Ich suchte dann meine Kameraden auf. Schon vor dem Haus begegnete ich Tusia. Als sie mich sah, fiel sie fast in Ohnmacht. „Wo warst du, Manus? Stell dir vor, heute früh zog Magda deine Hemden aus dem Schrank und begann sie zu bügeln. Dabei sagte sie: ‚Manus kommt heute.' Wir alle sahen sie mitleidig an, als wäre sie verrückt geworden. Und jetzt bist du wirklich wieder da!"

■ ■ ■

In Bukarest schließlich traf ich zum ersten Mal jüdische Partisanen, die die Gefangenen aus den Vernichtungslagern befreit hatten, und die uns über Treblinka und Maidanek erzählten. Sie schilderten uns die Gaskammern und die Krematorien und zeigten uns Bilder von all den Schrecknissen. Ich lernte Abba Kobner kennen. Er las uns Gedichte vor, die er in den Wäldern bei den Partisanen geschrieben hatte.

Einige Tage später kam auch die Partisanengruppe der „Hanoar Hazioni" mit Nissan Resnik[1] an der Spitze nach Bukarest. In meiner Begrüßungsrede drückte ich den tiefen Stolz darüber aus, daß unsere „Hanoar Hazioni" in den Wäldern gegen die Deutschen gekämpft hatte.

Während sich meine Kameraden bereit machten, nach Palästina zu fahren, beschloß ich, nach Polen zu reisen, um meine Schwester Hadassa zu suchen, die dort als polnische Christin auf einem deutschen Bauernhof in Breslau gearbeitet hatte. Den 8. Mai 1945, das Ende des Krieges, den Tag der Befreiung, erlebte ich in Budapest. Ein glücklicher Tag für die Menschheit, den ich dennoch nur mit einem Gefühl der Trauer begehen konnte. Ich fuhr mit der Bahn nach Kattowitz. Die Kämpfe waren eingestellt. Im Zug herrschte großes Gedränge und Durcheinander. Es roch schimmelig. Das neue Regime hatte sich

---

1 *Nissan Resnik:* Nissan Resnik war der Anführer des Ghetto-Aufstandes in Wilna gewesen. Die Amerikanerin Aviva Kempner drehte darüber einen Film mit dem Titel: „Die Partisanen von Wilna". Nissan Resnik lebt heute in Israel, und den Autor verbindet eine tiefe Freundschaft mit ihm.

noch nicht etabliert, und das ganze Leben verlief noch nicht in geregelten Bahnen. Der Zug war voller Polen, die in ihre Heimat zurückkehrten. Die Grenzen nach dem Osten waren offen, und es gab kaum Kontrollen. Ich trug einen Safari-Mantel, eine Pelzmütze, Reithosen und Stiefel. Ich sah aus wie ein Soldat und wurde deshalb nicht belästigt.

Nach zehnstündiger Bahnfahrt gelangte ich endlich an mein Ziel – Kattowitz. Als ich meine Schwester Hadassa wiedersah, kannte meine Freude keine Grenzen. Wir küßten einander, lachten und schluchzten zugleich. Lange brachten wir kein Wort hervor. Hadassa hatte sich verändert. Sie war mit einem Schlag erwachsen geworden. Der deutsche Gutsbesitzer in Breslau hatte sie wie eine Tochter behandelt und nie einen Verdacht geschöpft. Er fragte sie einmal sogar: „Warum bist du immer so traurig und lächelst nie?"

Nach Schlesiens Befreiung durch die Rote Armee wollte Hadassa zurück nach Hause. Als sie in Kattowitz niemanden vorfand, gab ihr die christliche Familie Wojniak in Niwka, die sie schon vor der Deportation aus dem Ghetto versteckt hatte, wieder Unterkunft.

Erst von mir erfuhr Hadassa, was mit Vater geschehen war und daß sich unser Bruder Samek nach Palästina in Sicherheit gebracht hatte. Sie konnte nichts sagen und schwieg sehr lange. Unaufhörlich rannen ihr Tränen über die Wangen.

■ ■ ■

Kattowitz. Wieder die Straßen, Gassen, Plätze, Gebäude und Gärten unserer Kindheit. Hier war unser Haus, hier die Volksschule, das Haus der Pfadfinder, dort das Gymnasium und das ehemalige Gebäude des deutschen Konsulats, das nun zur Zentrale der KP geworden war. Vor meinem inneren Auge tauchte wieder die Hakenkreuzfahne über dem Haus auf.[2]

Eine Zeitlang standen Hadassa und ich vor unserem Elternhaus und blickten auf die vergitterten Fenster des oberen Stockwerkes. Wir sahen die Eingangshalle, dieselbe Tür zum Keller, dieselben Stufen. Als wäre die Ruhe hier nie-

---

2 Ich fuhr später mit Tusia noch mehrere Male nach Kattowitz, um im Auftrag der „Bricha" KZ-Überlebende und Flüchtlinge aus der UdSSR nach Budapest zu bringen, die über Graz nach Italien weiterreisten. Unter kommunistischer Herrschaft war in Polen den Juden die Auswanderung nach Palästina verboten, weshalb sie mit falschen Papieren ausreisten, als Griechen, die nach dem Krieg in ihre Heimat zurückkehrten.

mals gestört worden. Ich höre noch die schweren Schritte meines Vaters, als er die Treppe hinaufstieg, und das Lachen meiner Brüder als fernes Echo.

Wir stiegen in den dritten Stock. Vor dem Sabbat hatte meine Mutter hier die Notleidenden der Stadt mit Essen versorgt. Jetzt war der Stiegenaufgang leer.

Oben, in meinem ehemaligen Zimmer, lehnte ich mich wieder an das vergitterte Fenster, von dem aus ich damals, als elfjähriger Junge, das Hakenkreuz zum ersten Mal gesehen hatte. Ich hörte deutlich in meiner Erinnerung das Horst-Wessel-Lied: „Wenn das Judenblut vom Messer spritzt". Das war der Anfang. Und das Blut war nur so gespritzt – 55 Millionen Menschenopfer im Zweiten Weltkrieg.

Nun, mit 23 Jahren, unmittelbar nach dem Krieg, als ich wieder an diesem Fenster stand, wußte ich, daß dieses Hakenkreuz mit seinen Totenkopf-Verbänden von Narvik bis Tunesien und von Stalingrad bis zur Normandie Schrecken und Tod verbreitet und alles Land mit Mord, Raub, Elend und Trauer überzogen hatte. Der Sturm der Geschichte hatte nun auch das tausendjährige Reich, über dem die Hakenkreuzfahne wehte, hinweggefegt.

Auschwitz

Hadassa und ich schritten durch das Tor, das die Vernichtung des jüdischen Volkes symbolisiert, und auf dem eine Aufschrift verkündet: „Arbeit macht frei".

Wir gingen Hand in Hand, langsam, mit gemessenen Schritten, erregt, wie in einem Alptraum. Es herrschte absolute Ruhe rund um uns, Totenstille, keine Menschenstimme, kein Hundegebell und kein Vogelgezwitscher. Alles löste in uns Angst aus.

Wir besuchten Auschwitz, weil sich die Gräber meines Vaters, meiner Mutter und meines Bruders Schmuel dort befanden. Wir konnten Polen einfach nicht verlassen, ohne Auschwitz gesehen zu haben. Von dem Augenblick an, in dem wir das Tor passierten und hineingingen, hatten wir das Gefühl, den Fußstapfen jener teuren Menschen zu folgen, die nicht mehr lebten, und auf einem Boden zu gehen, der von heiligem, unschuldigem Blut durchtränkt war. Als unsere Angehörigen diesen Weg gegangen waren, hatten sie wohl noch nicht gewußt, wohin man sie bringen würde. Vielleicht hatten sie sich noch der Illusion hingegeben, daß man sie in ein Arbeitslager führte. Sie hatten noch nicht die deutsche Vernichtungsmaschinerie gesehen. Sie hatten den Rauch des Krematoriums noch nicht gesehen, der Tag und Nacht zum Himmel emporstieg, noch nicht das Weinen der Kleinkinder gehört, das Stöhnen der Greise und Wehklagen der Mütter, Väter, Brüder und Schwestern.

Wir standen vor der Wand des Erschießungskommandos. Auch hierher hatten sie ihre Opfer gebracht und in Reihen aufgestellt, hier hatten diese Tiere in Menschengestalt die Waffen auf ihre wehrlosen Opfer gerichtet. Hier wurde das Echo der Schüsse gehört, und die Opfer waren einer nach dem anderen auf den Boden gesunken, und ihr Blut war gegen die Mauer gespritzt. Ich sah die mit Blut geschriebene Aufschrift „Jidn Nekume" (Juden-Rache). Wieder dachte ich an meinen Bruder Schmuel. Wie angewurzelt stand ich da, im Angesicht der Greuel der vergangenen Jahre. Nein, ich konnte jetzt nicht einfach nach Palästina, um im Kfar Uscha den Kuhstall zu reinigen oder im Kibbutz Tel-Jizhak Orangen zu pflücken! Ich mußte Rache üben. Hier, am Block Nr. 11, konnte es geschehen sein, daß sie meinen Bruder Schmuel, der im Ghetto gefaßt worden war, während er sich um die Rettung jüdischer Kinder kümmerte, als politischen Häftling erschossen hatten.

Mein Herz klopfte wild, mein Hals war wie zugeschnürt, ich hatte das Gefühl zu ersticken. Ich wollte mich auf die Wand des Blocks stürzen, mit meinen Fäusten gegen sie schlagen, schreien, brüllen, mich rächen.

Wir betraten die Baracken. Wir sahen die engen Holzpritschen, auf denen die Unglücklichen gelegen hatten, verhungerte und geschwächte Skelette, hoffnungslos und sich doch an jeden letzten Funken Hoffnung klammernd.

Leere und verlassene Bunker. Der Raum, in dem die Unglücklichen angewiesen wurden, sich auszuziehen, bevor sie in die Gaskammern gingen. Auf dem Eingang befindet sich heute noch die Aufschrift „Bad". Räume mit Haaren von den ermordeten Frauen. Koffer und neben diesen Schuhe in allen Größen. Der Hausschuh eines Kindes, der Wollschuh eines Säuglings, Stiefel und Prothesen. Räume voller Hausgeräte, Zahnbürsten, Rasierpinsel, Anzüge und Pyjamas, Tausende von Brillen mit verrosteten Rahmen.

Ich sah einen Zylinderkoffer, den Namen darauf konnte ich nicht lesen. Aber ich erinnerte mich an Dr. Steinitz aus Kattowitz, der sich mit so einem Koffer zur Aussiedlung nach Auschwitz begeben hatte ...

Das Krematorium war still, ohne Rauchschwaden. Hier waren die Stufen, die diejenigen, die die Leichen in den Schmelzofen brachten, hinunterstiegen. In der Kinderbaracke sahen wir noch die Aufschrift „Peter Wissler 6446 Kind 20.3.1942". Eine Aufschrift in weißer Farbe auf einem kleinen braunen Koffer, dem Koffer eines Kleinkindes. Derjenige, der ihn gepackt hatte, vielleicht die Mutter, vielleicht der Vater, hatte deutlich das Wort „Kind" geschrieben, um die Mörder milde zu stimmen. Sie hatten ihm etwas Kleidung eingepackt, seine Windeln, Spielsachen, Waschzeug, die ihm an seinem neuen Aufenthaltsort in Auschwitz in Polen dienen sollten. Der kleine Peter konnte die Sachen nicht lange brauchen. Vielleicht eine Stunde, vielleicht drei Stunden, nachdem er in sein „neues Heim" gelangte, war er nicht mehr am Leben. Wie hypnotisiert stand ich vor dem kleinen Koffer und konnte meinen Blick nicht von der Aufschrift wenden.

Ich erinnerte mich an den letzten Blick meiner Mutter, als sie in den Todeswaggon geführt worden war. Ich dachte an die Heldentaten meiner Cousine Irena Jachimowitz, die in Auschwitz im Untergrund aktiv gewesen war und Zangen zum Durchschneiden des elektrischen Zaunes sowie Sprengkörper aus den Rüstungsfabriken unter Lebensgefahr ins Lager geschmuggelt hatte, um einen Aufstand vorzubereiten.

Ich erinnerte mich an die letzten Worte meines Vaters: „Vergiß nie, was der deutsche Amalek uns angetan hat!" Niemals vergessen!

■ ■ ■

Ich kehrte mit meiner Schwester nach Budapest zurück. Wir trafen dort auf einige Mitglieder unserer Gruppe, wie Tusia und ihre Mutter und auch Olek. Wir fuhren fort, die illegale Einwanderung nach Palästina zu organisieren. Wir brachten junge Juden nach Bukarest, damit sie von dort aus ihren Weg nach Palästina fortsetzen konnten. Ich sorgte dafür, daß auch meine Schwester Hadassa zu unserem Bruder Samek ausreiste.

Olek und ich jedoch kamen überein, daß wir nicht mit ruhigem Gewissen nach Palästina gehen konnten, ohne die Mörder unseres Volkes einer gerechten Strafe zuzuführen. Die Schreckensbilder verfolgten mich Tag und Nacht – und sie verfolgen mich noch heute. Die Gaskammern, das Krematorium, die mit Blut geschriebene Aufschrift in Jiddisch: „Juden-Rache".

JUDEN SIND NICHT MEHR VOGELFREI

In Graz, in der Zeit als ich im Ursulinenkloster für die „Bricha" arbeitete, hörte ich über die Racheaktionen gegen frühere SS- und Gestapo-Leute, die an Judenmorden in Ghettos, Konzentrations- und Vernichtungslagern aktiv teilgenommen hatten und sich in Kriegsgefangenenlagern in Norditalien befanden. Zum ersten Mal traf ich Soldaten der jüdischen Brigade, die im Rahmen der britischen Armee gekämpft hatten. Zum ersten Mal stand ich jungen jüdischen Männern aus Palästina gegenüber. Kräftige, stolze Burschen, die unter eigener Flagge, mit eigenem Symbol – dem blau-weißen Davidstern – auf den Uniformen gegen die Deutschen gekämpft hatten. Es waren zumeist Sabres, in Israel geborene Juden, die kein Wort Jiddisch konnten. Ich begriff damals nicht, daß es so etwas überhaupt geben konnte. Dies war meine allererste Begegnung mit diesen wunderbaren Menschen. Ich erzählte ihnen alles, was meine Freunde und ich gesehen und erlebt hatten. Sie konnten es kaum glauben, doch von der Vernichtung der sechs Millionen Juden hatten sie schon gehört. Sie berichteten über ihre Aufgabe, die illegale Einwanderung der Überlebenden des Holocaust, der Verbliebenen aus den Konzentrations- und Vernichtungslagern, zu organisieren und die Blockade, die die Briten verhängt hatten, zu durchbrechen. Sie erzählten auch über den Kampf der Untergrundbewegungen in Palästina, „Haganah", „Etzel" und „Lechi", gegen diese Blockade.

Ich lernte unter anderem Oberst Chaim Laskow von der Brigade kennen, dem ich berichtete, daß ich Ende 1943 in Graz im Gaukrankenhaus als Pathologe gearbeitet hatte. Ich bat ihn, es mir zu ermöglichen, jetzt nach dem Krieg, als Soldat der Brigade, noch einmal die pathologische Abteilung aufzusuchen. Er konnte meine Geschichte kaum fassen, gab mir aber eine Uniform und machte sich erbötig, mich zu begleiten, weil er sich von der Wahrheit des Erzählten selbst überzeugen wollte.

Genau um 9 Uhr 30 kamen wir mit dem Jeep an. Das Personal war gerade beim Frühstück. Ich sprang aus dem Jeep, nahm die Kappe herunter, und da kam mir schon Dr. Ratzenhofer entgegen. „Ah, Dr. Janowski", begrüßte er mich und streckte mir die Hand entgegen.

„Sie werden doch nicht einem Juden die Hand reichen", antwortete ich darauf, da Dr. Ratzenhofer oft antisemitische Äußerungen hatte fallenlassen. Er trat beschämt zurück und verschwand. Einer nach dem anderen begrüßten mich nun die ehemaligen Kollegen, und ein Arzt fragte mich: „Dr. Janowski, wollen Sie wieder bei uns arbeiten?"

Ich übersetzte für Oberst Laskow die Frage und meinte lächelnd: „Vielleicht bleibe ich doch hier, statt bei der ‚Bricha' zu arbeiten!" Dann führte ich ihn durch die Pathologie. Er sah die Leichen auf den Marmortischen und kam aus dem Staunen nicht mehr heraus: „Manus, ich habe schon viel gesehen", sagte er am Ende, „aber wenn ich nicht hier wäre, hätte ich deine Geschichte niemals geglaubt."

■ ■ ■

Es schien mir ein wenig widersprüchlich, sich einerseits den Briten in Palästina zu widersetzen, um die Tore der Heimat zu öffnen, und andererseits in britischer Uniform an ihrer Seite durch die Lande zu ziehen. Einer der jüdischen Soldaten erklärte mit einem bitteren Lächeln: „Wir sind in erster Linie in die britische Armee eingerückt, um gegen die Deutschen zu kämpfen, das war unser heiligstes Gebot, und dann auch um das Kämpfen zu erlernen, damit wir eines Tages dazu bereit sein werden, gegen Briten und Araber und für die Errichtung unseres selbständigen Staates zu kämpfen."

Bevor die jüdischen Brigaden nach Deutschland zogen, standen alle zur Feier um ein Lagerfeuer, an welchem die Gebote der jüdischen Brigade, die nach Europa ging, verlesen wurden:
- Erinnere dich: an deine sechs Millionen ermordeten Brüder!
- Bewahre den Haß über Generationen hinweg gegen die Meuchelmörder!
- Erinnere dich: Du bist ein Entsandter des jüdischen Staates!
- Erinnere dich: Unser organisiertes Auftreten mit Flagge ist eine Rache an den Deutschen!
- Erinnere dich: Die Blutrache ist die allgemeine Rache, jede unüberlegte Tat schadet allen!

- Trete immer als stolzer Jude mit eigener Flagge auf!
- Freunde dich nicht mit ihnen an, mische dich nicht mit ihrem Volk!
- Erinnere dich deiner Aufgabe: Judenrettung, die Einwanderung, der freie jüdische Staat!
- Deine Pflicht: Aufopferung, Treue und Liebe für deine Brüder, die die Lager überlebten!
- Verflucht sei der, der sich nicht daran erinnert, was uns widerfahren ist!

Offiziere und Soldaten der jüdischen Brigade, wie Karni und Tobias, erzählten, daß ihnen ein Gestapo-Mann, der sich in Tarvis versteckte, Namen und Adressen von Gestapo-Leuten gegeben hatte, die sich in Klagenfurt, Villach, Innsbruck und Süddeutschland versteckt hielten. Die Mitglieder der jüdischen Brigade hatten es nicht leicht. Es entsprach weder ihrer Erziehung noch ihrem Stil, in Häuser einzudringen und nach den Verbrechern zu suchen. Doch so fanden sie viele dieser Leute und verhörten sie über ihre Tätigkeit während des Krieges.

Die jüdische Brigade, die in der britischen Armee am Krieg teilnahm, sollte als Besatzungstruppe nach Hamburg und nach Norddeutschland geschickt werden. Als aber die britischen Behörden erfuhren, daß frühere SS- und Gestapo-Leute von britischen Offizieren verhaftet worden und anschließend verschwunden waren, schöpften sie Verdacht, daß die jüdische Brigade hinter diesen Taten stehen könnte. So wurde sie nach Belgien versetzt.

Die „Deutsche Abteilung" war eine Gruppe von Burschen, die im Namen der „Haganah" Aktionen gegen SS- und Gestapo-Leute in Deutschland und Österreich unternahmen. Sie stammten meist aus Österreich oder Deutschland und sahen arisch aus. (So war etwa Wolfgang Lutz ein Offizier in der „Deutschen Abteilung".) Sie wurden unter anderem als Kommandogruppen ausgebildet, um hinter den deutschen Linien Sabotageaktionen durchzuführen. Diese „Deutsche Abteilung" wurde von Mosche Dajan gegründet, als General Rommel vor El Alamein stand und befürchtet wurde, daß seine Armee nach Palästina eindringen könnte. In Palästina befanden sich damals 600 000 Juden, die einen Staat gründen wollten. Auf dem Carmelberg sowie auf anderen Bergen wurden schon Vorbereitungen für den Kampf getroffen.

Die „Deutsche Abteilung" sollte eine der wichtigsten Gruppen im Kampf gegen das Afrikakorps sein. Ihre Mitglieder kamen nach dem Krieg nach Europa und suchten nach Kriegsverbrechern, um sie vor Gerichte zu stellen. „Das sind unsere Nürnberger Prozesse", sagte einer einmal.

Ich hörte auch über mehrere unabhängige Gruppen in Polen, Österreich, Deutschland, Italien, Holland und Frankreich. Die bekannteste davon war die „Lublingruppe", die aus Partisanen bestand, die in den Wäldern gegen die Deutschen gekämpft hatten. Als Lublin von der Roten Armee erobert wurde und als provisorische Hauptstadt von Polen proklamiert worden war, bildete sich diese Lubliner Organisation. Es war Anfang 1945, als der Krieg noch nicht zu Ende war. Nur wegen Geldmangels konnten nicht alle ihre Pläne ausgeführt werden.

Ein jüdischer Partisan, Mitglied der Lublingruppe, der mich im Februar 1945 in Bukarest traf, erzählte mir von einem Massengrab, das er im Hof einer Synagoge auf dem Heimweg gefunden hatte. Alle überlebenden Juden waren gezwungen worden, ihr eigenes Grab zu schaufeln, nachdem ihnen die Goldzähne ausgerissen worden waren und bevor sie dann von den Deutschen erschossen wurden. Mit Hilfe eines Freundes fand er in diesem Massengrab seine eigene Frau. Sie hatte eine Schußwunde im Kopf, und in der Hand hielt sie noch den Spaten, mit dem sie ihr Grab gegraben hatte. Neben ihr lag die zweijährige Tochter, ohne jede Wunde. Sie war wahrscheinlich mit der Mutter ins Grab mitgerissen worden. „Meine Frau mußte, nachdem sie ihr eigenes Grab schaufelte, unsere Tochter mit in den Tod nehmen, wie kann ich jetzt noch wie ein normaler Mensch weiterleben?"

Mosche, ein Neffe von Bronislaw Teichholz, der in diesen Jahren der Leiter des Rothschildspitals war, erzählte mir, daß sich auch in Österreich gleich nach dem Krieg eine unabhängige Gruppe gebildet hatte, die in Wien im Rothschildspital am Währinger Gürtel, wo sich auch der Transit für Tausende Flüchtlinge nach Palästina befand, ihre Unterkunft hatte. Sie bestand aus einem Dutzend Burschen, die sich organisiert hatten, um SS- und Gestapo-Leute zu suchen. Es war nach dem Krieg, als weder Polizei noch Gerichte zu ihrer Arbeitsroutine gefunden hatten. Sie hatten von Überlebenden des Holocaust Aussagen über Mörder und aktiv Beteiligte gesammelt. Einige Gestapo-Leute hielten sich unter falschem Namen versteckt, andere hatten Scheinbegräbnisse veranstalten lassen, wieder andere behaupteten, jüdische Verwandte zu haben oder sogar selbst Juden zu sein, um in den jüdischen Flüchtlingslagern Zuflucht zu finden, einige brachten sich um. Es war seltsam zu beobachten, wie die ehedem allmächtigen Herrenmenschen mit den schwarzen Uniformen und dem Totenschädel als Symbol sich nun wie verängstigte Ratten zu verstecken suchten.

Mosche berichtete mir von einer Frau aus Kroatien, die im Süden Österreichs auf einem Rummelplatz den Mann entdeckt hatte, der ihre Familie ermordet hatte. Er war Besitzer einer Schießbude. Die Überlebende hatte ausgesagt, daß er ein Sadist der schlimmsten Sorte sei, der einige Frauen und Kinder mit seinen bloßen Händen ermordet hätte. Mosche erzählte, der Mann sei ein Kroate, der in den berüchtigten faschistischen Einheiten der Ustascha gedient hatte. Die Frau war ihm zufällig begegnet. Mosche und seine Begleiter fuhren darauf mit ihr in jene Kärntner Ortschaft. Am Schießstand mischte sich die Gruppe unter die anderen Besucher und unterhielt sich mit ihnen in deutscher Sprache mit slawischem Akzent. Die Frau und ihre Mutter hatten ihn sofort erkannt. „Das ist er, das ist der Mörder", flüsterte sie Mosche zu.

Sie warteten, bis sich die Leute ein wenig zerstreut hatten. Der Mann sah die beiden Frauen zwar immer an, aber offenbar schöpfte er keinen Verdacht. Mosche wandte sich lächelnd an ihn. „Wir wollen auch mal unser Glück versuchen", sagte er. Er nahm ein Gewehr und zielte direkt auf den Mann. Dieser erstarrte. „Sind Sie verrückt geworden?" schrie er und versuchte zu fliehen. Sie holten ihn zurück, überwältigten ihn und befragten ihn: „Sind Sie jener Soundso? Waren Sie bei der Ustascha? Waren Sie im Lager Soundso tätig? Haben Sie jemals diese Frau gesehen? Haben Sie die Schädel ihrer Kinder zertrümmert?"

Er zuckte mit den Lidern und zitterte vor Angst. „Nein", sagte er mit schwacher Stimme. „Ich habe sie nie gesehen. Wer sind Sie?"

„Denken Sie gut nach", sagte Mosche. „Natürlich können Sie sich an sie erinnern. Sie waren im selben Lager wie sie. Diese Frau hat von Ihren Missetaten dort erzählt. Sie haben ihre Kinder ermordet."

„Ich habe nur Befehle ausgeführt." Der Mann wollte sich aus dem Griff der Burschen befreien, doch es gelang ihm nicht. Sie drängten ihn in eine Ecke und erschossen ihn mit einer Pistole, die mit Schalldämpfer versehen war.

Als ich nach Kriegsende wieder nach Wien kam, wollte mir scheinen, als hätte hier der Kriegszustand nicht aufgehört. Die Anzeichen der Kämpfe und der Luftangriffe waren noch überall zu sehen – Häuser ohne Dächer, ohne Fenster, ohne Türen. Überall Trümmerhaufen, Ruinen, eingestürzte Gebäude, kahle Grundstücke, tiefe Gräben, aufgerissene Straßen, riesige, verlassene Bunker.

Die Gärten, Rasenflächen und Parkanlagen wirkten vollkommen leer. Die Stadt, die in der ganzen Welt den Ruf einer fröhlichen Metropole genossen hatte, war arm, grau und trostlos geworden. Die Menschen bewegten sich wie Schatten, sie schienen noch immer in Angst zu leben.

Im ersten Bezirk, dem elegantesten und prunkvollsten aller Wiener Stadtbezirke, den ich aus den Erzählungen meines Vaters kannte, fuhr ab und zu der berühmte Jeep mit den Soldaten der vier Besatzungsmächte umher. Es war eine Übergangsphase zwischen Krieg und Frieden, zwischen Chaos und Ordnung.

Auch ich gewöhnte mich nur schwer an die geänderten Verhältnisse. Jedes Geräusch, jeder Schritt verängstigten mich. Ich blickte immerzu um mich, in ständiger Angst, jemand sei mir gefolgt, um mich zu verhaften. Ich streifte durch die Straßen und beobachtete die Arbeiter, welche die Steinhaufen, Überreste von zertrümmerten Häusern, wegräumten. Jeden Passanten, dem ich begegnete, blickte ich an und dachte bei mir: „War vielleicht dieser hier, der mit dem grünen Mantel, ein SS-Mann, der an der Ermordung meines Volkes in den Ghettos und Lagern beteiligt war?"

Die Arbeiter entfernten die Trümmerhaufen, machten den Weg frei für einen neuen Anfang, für ein neues Leben. Und was war nun mit uns? Mit den ersten Opfern der deutschen Raubtiere, die einen so hohen Preis bezahlen mußten? Mein Verlangen, die deutschen und österreichischen Verbrecher und Mörder meines Volkes vor Gericht zu bringen, wurde immer stärker.

■ ■ ■

In meinen Augen ist David Frankfurter der erste Rachekämpfer gegen Hitler. Er war der Sohn eines Rabbiners, der in Frankfurt, in der Schweiz und in Leipzig Medizin studiert hatte. Im Jahre 1936 erschoß er in Davos Wilhelm Gustloff, den Leiter der Landesgruppe Schweiz der Auslandsorganisation der NSDAP. Er hatte die Deutschen, die in der Schweiz wohnhaft waren, in Parteizellen der NSDAP gegliedert. Bei jeder Gelegenheit verbreitete er das Gedankengut, das Goebbels und Hitler in ihrem Handeln bestimmte. Frankfurter, der Hitlers Machtübernahme in Deutschland miterlebt hatte, sah in Gustloff eine große Gefahr für die Juden. Er besuchte Gustlof in Davos und erschoß ihn mit einer ganzen Patronenladung. Er stellte sich der Polizei und wurde zu 18 Jahren Haftstrafe verurteilt. Vierzig Jahre später sollte mir die Ehre zuteil werden, mit Frankfurter und der deutschen Nazigegnerin Beate Klarsfeld aus Paris eine Fackel im Holocaust-Seminar „Massua" im Kibbuz Tel Jizchak anzuzünden.

Semian Petljura, der Hetman der ukrainischen Armee im Bürgerkrieg, organisierte dort 1918 blutrünstige Pogrome, bei denen Tausende von Juden vergewaltigt, ermordet und beraubt wurden. Im Mai 1926 spazierte Petljura die Champs Elysées entlang, als er, von sechs Kugeln getroffen, zu Boden stürzte. – „Das ist die Strafe für deine blutigen Schandtaten, den Mord an meinen Eltern und meinem Volk!" Es war Shalom Schwarzbard, der geschossen hatte. Nach einem langen und international aufsehenerregenden Prozeß wurde er in Paris freigesprochen. Bis heute singt man in jiddischer Sprache noch die Ballade über die große Tat des Shalom Schwarzbard.

Herschel Grynspan, der Sohn eines der nach Polen Zwangsdeportierten, erschoß am 7. November 1938 aus Verzweiflung und Rache in Paris den Gesandtschaftsrat in Paris von Rath. Der 17jährige jüdische Junge konnte der Verfolgung nicht länger tatenlos zusehen. Sein Attentat wurde als Anlaß zum Novemberpogrom 1938 herangezogen.

Nach 2000 Jahren existiert nun wieder der jüdische Staat und bietet seinen Bürgern sowie dem jüdischen Volk auf der ganzen Welt Sicherheit. Juden sind nicht mehr vogelfrei. Hitler-Deutschland ist in Trümmern.

Dies ist unsere Rache.

Eine Dokumentationstelle für deutsche NS-Verbrecher

Als ich nach dem Krieg wieder nach Wien kam und dort ein Zimmer suchte, begegneten mir alle, denen ich mich als Jude vorstellte, mit größter Liebenswürdigkeit. Oft wurde ich gefragt: „Haben Sie auch die Strapazen im KZ durchgemacht?" – Strapazen! Als könnte man ein solches Wort gebrauchen für das, was stattgefunden hatte! Immer wieder sagten sie auch zu mir: „Ich bin Halbjude." – „Ich bin Vierteljude." – „Ich habe jüdische Freunde." – „Ich habe Juden geholfen." – „Ich habe Juden versteckt."

Am 29. November 1945 gingen Olek und ich in Richtung Hotel „Imperial", das als Hauptquartier der Roten Armee in Österreich diente – Olek mit einer Flasche Wodka unter seinem Mantel und ich mit Gläsern in den Taschen. Wir sprachen den am Eingang stehenden Militärpolizisten an, zogen eine Flasche und Gläser heraus und luden ihn ein, mit uns „Lechaim" zu trinken. Er verstand nicht, was wir wollten, ergriff seine Kalaschnikow, richtete sie auf uns und schrie: „Nicht rühren!" Dann läutete er nach dem diensthabenden Offizier. Dieser war von dem Anblick, der sich ihm bot, sichtlich überrascht: zwei junge Burschen mit einer Wodkaflasche und Gläsern in den Händen und ein russischer Militärpolizist mit einer schußbereiten Kalaschnikow.

Olek, der Russisch sprach, erklärte dem Offizier, daß genau am 29. November vor einem Jahr die Rote Armee ihn und zwei Kameraden aus dem Gefängnis in Pecs, in Ungarn wenige Stunden vor ihrer angesetzten Hinrichtung, befreit hatte und daß wir dieses Ereignis aus Dankbarkeit hier feiern wollten. Der Offizier lachte lauthals, rief gleich ein paar andere Offiziere und ließ einen Teller mit Wurst bringen. Wir hoben unsere Gläser, tranken „Lechaim" und feierten so den Tag unserer Befreiung. Seither treffen sich die Mitglieder unserer Gruppe, um an jedem 29. November in Israel diesen Befreiungstag zu feiern.

Ascher Ben Natan, in Wien gebürtig, der damals den Namen Artur Pier trug, eine herausragende Persönlichkeit, wurde als Leiter der „Bricha" in Europa aus Palästina nach Wien geschickt. Er beschloß, eine Dokumentationsstelle für deutsche NS-Verbrecher zu eröffnen. Schon bevor er im Jahre 1946 im Haus Frankgasse 2 in Wien Quartier bezog, hatte er sich mit dem Empfang von Neueinwanderern, von Holocaustüberlebenden, beschäftigt und sie gleich im Hafen von Haifa über die Tätigkeit deutscher NS-Verbrecher gegen Juden verhört. Die Protokolle dieser Aussagen brachte er nach Wien mit. Er hatte auch Fotos und Dokumente gesammelt, die er von amerikanischen und britischen Militärbehörden bekommen hatte.

Zu seinem Vertreter wählte er den jungen Tadek Friedmann, der nach vielen Leidensjahren in Ghettos und Lagern in Polen nach Wien gekommen war. Artur wandte sich an Olek und mich mit der Bitte, an der Dokumentationsstelle mitzuwirken. Er hatte viel über unsere Tätigkeit während des Krieges gehört und wollte nun unsere Unterstützung bei der Suche nach deutschen NS-Verbrechern in Anspruch nehmen. „Heute sind bereits Gerichte, Polizeibehörden und geordnete Regierungsinstitutionen tätig", sagte Artur. „Heute kann man bereits offiziell vorgehen, um Kriegsverbrecher zu entdecken, sie zu verhaften und vor Gericht zu bringen."

Wir bekamen schließlich von der Sicherheitsdirektion Wien die Erlaubnis, den Namen „Jüdische Historische Dokumentation" zu führen. Wir mieteten ein Büro im 18. Bezirk und begannen mit der Arbeit. Tadek, in Radom geboren, war ein kleiner athletischer Mann mit Glatze. Seine Familie war in den Gaskammern von Treblinka umgekommen. Er wurde im letzten Moment von der Deportation in ein Vernichtungslager gerettet, flüchtete in die Wälder und kämpfte in den Reihen der Partisanen gegen die deutschen Mörder. Nach dem Krieg schloß er sich der polnischen Armee an und beschäftigte sich als Offizier mit der Suche nach deutschen Kriegsverbrechern, die sich in Danzig versteckt hielten, und verhörte sie.

Wir gingen mit Eifer und Energie an die Arbeit und brachten eine Gruppe jüdischer Studenten zur Arbeit in unser Büro. Als Sekretär des Zentrums fungierte ein junger Medizinstudent namens Kurt Weigel, der heute ein bekannter Orthopäde in Israel ist, ferner zählte die Rechtsanwältin Ruth Hirschler-Miretzki (heute in Wien) zu den Mitarbeitern.

Es war eine Ameisenarbeit. Zeitungsausschnitte aus der ganzen Welt wurden gesammelt, die über Kriegsverbrecher und SS- und Gestapo-Mörder berichteten. Es wurden Zeugenaussagen von Hunderten DP[1] gesammelt, die Wien auf dem Wege nach Palästina passierten. Sie berichteten über Verbrechen der SS, Gestapo und Polizei, die in den Ghettos, Arbeits- und Vernichtungslagern tätig waren. Wir legten Aktenstücke eines jeden einzelnen Beschuldigten von ihnen an. Es wurden Tausende Dokumente, Ausweise und Fotos gesammelt, und es wurde eine detaillierte Kartei vorbereitet.

Das Haus wimmelte von früh bis spät von Menschen. Holocaustüberlebende, Opfer der Mörder des Dritten Reiches und Invalide gaben einander die Türklinke in die Hand. Wir arbeiteten bis in die späten Nachtstunden. Wir nahmen Kontakte mit der Wiener Polizei und den Behörden der Alliierten auf. Wir fuhren kreuz und quer durch Österreich und Deutschland und sorgten dafür, daß diese Verbrecher vor Gericht gestellt wurden. Einige von ihnen wurden nach Polen und Rußland ausgeliefert und dort hingerichtet.

Olek, als Vorsitzender des jüdischen Studentenverbandes in Österreich, Tadek und ich waren vollkommen vereinnahmt von unserer neuen Arbeit. Wir sammelten Zeugenaussagen von Juden, die noch aus sämtlichen Teilen Osteuropas und Zentraleuropas nach Wien strömten. Olek, Tadek und ich besuchten Gefangenenlager, um SS- und Gestapo-Leute ausfindig zu machen. Wir brachten Zeugen, die vor Gericht aussagten, und aufgrund dessen verhaftete die österreichische Polizei ehemalige Schutzpolizisten, denen schwere Verbrechen während ihres Einsatzes in Galizien angelastet wurden.

Wir prüften von Zeit zu Zeit die Listen der deutschen Kriegsverbrecher und aktualisierten sie. Aufgrund von Zeugenaussagen überwiesen wir auch Listen mit belastendem Material an die amerikanischen, britischen und französischen Militärbehörden, die Mitglieder der Gestapo und der SS in besonderen Internierungslagern gefangenhielten. Im Rahmen meiner Aufgabe, Zeugenaussagen für die Dokumentation zu sammeln, hatte ich die erste Gelegenheit, Herrn Simon Wiesenthal in Linz kennenzulernen. Er organisierte damals eine Wanderausstellung mit Bildern von Kriegsverbrechern, die von den vier alliierten Mächten gefangengehalten wurden. Im Rahmen der Ausstellung waren auch

---

1 *DP, Displaced Persons*: „Verschleppte". Die unter den Nationalsozialisten während des Zweiten Weltkriegs aus ihrer Heimat weggeführten Personen, besonders Zwangsarbeiter aus Osteuropa sowie alle Nichtdeutschen, die 1945 aus Furcht vor der sowjetischen Besatzung ihre Heimat verließen.

die Orte aufgelistet, wo die Kriegsverbrecher Menschen gemordet hatten. In einer eigenen Sammlung konnte man Bilder von gesuchten Verbrechern sehen, die noch nicht gefaßt worden waren. Bereits bei meinem ersten Kontakt mit ihm machte Wiesenthal auf mich einen großen Eindruck, er war von unbestechlicher Entschlossenheit, Kriegsverbrecher vor Gericht zu bringen. In späteren Jahren hatte ich dann auch die Gelegenheit, mit Wiesenthal die Suche nach Kriegsverbrechern fortzusetzen. Von österreichischen Volksgerichten wurden nach dem Krieg 43 österreichische Nazi-Mörder zum Tod verurteilt, 30 davon hingerichtet. Lebenslängliche Haftstrafen erhielten insgesamt 29 Angeklagte, in 650 Fällen wurden Freiheitsstrafen bis zu 20 Jahren verhängt.

Unsere Suche führte uns durch Österreich, Deutschland, Ungarn und Italien. Wir brachten Juden zu Ausgangshäfen, von denen aus sie ihre illegalen Fahrten nach Palästina beginnen konnten. Die DP-Lager waren noch voll. Kein Land wollte die Insassen aufnehmen. Die schrecklichen Erinnerungen, die sie aus ihren Tagen in Polen, Deutschland und Österreich begleiteten, machten es ihnen unmöglich, weiterhin in diesen Ländern zu leben. Sie sahen nur ein einziges Ziel: Palästina. Aber die Tore des Landes waren für die Holocaust-Überlebenden geschlossen, und sie sahen sich gezwungen, jeden nur erdenklichen Weg in Kauf zu nehmen, um nach Palästina zu gelangen.

Zur gleichen Zeit stießen wir auf Schritt und Tritt auf deutsche NS-Verbrecher, die frei herumgingen. Ich bewegte mich wie in Trance durch die Städte Deutschlands und Österreichs, blickte in die Gesichter der Deutschen und Österreicher in einem gewissen Alter und dachte jedes Mal: Wie viele Juden hat dieser getötet? Wie viele Jüdinnen hat jener vergewaltigt? Vielleicht gehörte er sogar zu denjenigen, die den Juden die Zähne herausgebrochen hatten, auf ihrem letzten Weg zu den Gaskammern.

Eines Tages fuhr ich mit Olek nach Nürnberg, um am ersten Prozeß des internationalen Militärgerichts gegen die deutschen Hauptkriegsverbrecher teilzunehmen. Einer der wichtigsten Männer in der amerikanischen CIC in Wien hatte mir einen Empfehlungsbrief an den Staatsanwalt Robert Kempner mitgegeben, und dieser besorgte Olek und mir eine Eintrittsbewilligung in den Gerichtsaal.

Olek und ich saßen auf der Gästetribüne, und vor uns sahen wir die Verbrecher, die für die Vernichtung eines Teiles unseres Volkes verantwortlich waren: Goering, Hess, Frank, Kaltenbrunner, Seyß-Inquart und die übrigen. Sie saßen auf der Anklagebank mit einem unbeteiligten und wie eingefrorenen Gesichtsausdruck, als ob die Verbrechen, die in der Zeit des Zweiten Weltkrieges begangen worden waren, keinerlei Zusammenhang mit ihnen hätten. Ich betrachtete lange Zeit das kalte Gesicht von Julius Streicher, dem Gründer der Zeitung „Der Stürmer", der täglich die antisemitische Hetze gegen das jüdische Volk betrieben und täglich die Parole veröffentlicht hatte: „Die Juden sind unser Unglück." Ich blickte auf Goering, der die Anordnung für die Durchführung der Endlösung der Judenfrage erteilt und Hitler den Rat gegeben hatte, die Endlösung zu beschleunigen – dieser Umstand ist von den Holocaustforschern noch nicht ausreichend berücksichtigt worden –, auf Hans Frank, den einstigen Generalgouverneur von Polen, der für die Tötung von Millionen Juden in den Vernichtungslagern in Polen verantwortlich war, auf Ernst Kaltenbrunner, den Leiter des Reichssicherheitshauptamtes (RSHA) und Nachfolger Reinhard Heydrichs. Ich konnte meinen Blick nicht von ihnen wenden. Abscheu vor dieser förmlichen Gerichtsprozedur erfaßte mich: wie man sie verhörte und wie sie ruhig antworteten und die meisten Anschuldigungen ableugneten.

Goering war sichtlich erfreut, daß man ihm auf der Anklagebank den ersten Platz zugewiesen hatte. Er fühlte sich als Hitlers Nachfolger. Rudolf Hess, einst Stellvertreter des Führers, simulierte Gedächtnisschwund. Der einst so hochfahrende und arrogante Joachim von Ribbentrop sah bleich und niedergeschlagen aus. „500 Jahre werden vergehen, bis die Welt die Mordtaten gegen die Juden vergessen wird", hörten wir seine Zeugenaussage.

Julius Streicher, der Judenfresser von Nürnberg, Sadist und Pornograph, schwitzte und starrte dauernd die Richter an. Er sagte den Wachebeamten, daß alle Richter Juden seien. Auch Wilhelm Keitel war da, der Hunderttausende sowjetische Kriegsgefangene verhungern ließ und alle internationalen Abmachungen mit Stiefeln trat. Dann Alfred Rosenberg, der „Philosoph" und Theoretiker der Partei, der die Rassentheorie ausgearbeitet hatte, die Millionen Menschen das Leben kostete, ebenso wie Baldur von Schirach, Gauleiter von Wien, der von 1941 bis 1943 an die 60 000 Wiener Juden in die Konzentrations- und Vernichtungslager transportieren ließ. Konstantin von Neurath, Hitlers Außenminister, schien völlig gebrochen zu sein. Albert Speer, Reichsminister für Bewaffnung und Munition, war von allen der aufrichtigste und sprach während des langen Prozesses offen und ohne den Versuch zu machen, sich seiner Verantwortung und Schuld zu entziehen.

Nach einer gewissen Zeit konnten wir dies alles nicht mehr ertragen. Wir standen auf und verließen den Gerichtssaal. Erst als wir draußen waren, fühlte ich eine gewisse Erleichterung und doch so etwas wie eine Genugtuung. Ich dachte: Es gibt trotz alledem einen Richter und ein Gericht. Die Leiden, die unser Volk erlitten hat, sind grenzenlos. Ich dachte an die Richter: Sie gehörten Staaten an – USA, Großbritannien, Rußland, Frankreich –, die während der langen Kriegsjahre tatenlos zugesehen und sich nicht um das Los der Opfer gekümmert hatten. Um das Los von Millionen Opfern in den Vernichtungslagern. Sie hatten zwar gegen die Deutschen gekämpft, ihre Städte und Häuser waren von den Deutschen bombardiert und zerstört worden, aber zu unseren wirklichen Verbündeten waren sie erst in dem Moment geworden, in dem sie über die deutschen Kriegsverbrecher zu Gericht saßen. Allerdings bedauerten wir zutiefst, daß keine jüdischen Ankläger im Namen der sechs Millionen Juden, die von den Deutschen vernichtet worden waren, im Nürnberger Gericht auftreten durften.

Sieben der Nürnberger Angeklagten erhielten Gefängnisstrafen: Hess, Raeder und Funk lebenslänglich, Speer und Schirach zwanzig Jahre, Neurath fünfzehn, Dönitz zehn. Die übrigen wurden zum Tode verurteilt. Am 16. Oktober 1946, um 1 Uhr 11 nachts, bestieg Ribbentrop den Galgen in der Hinrichtungskammer des Nürnberger Gefängnisses. Ihm folgten in kurzen Abständen die anderen Verurteilten. Goering vergiftete sich, als er aus der Zelle zum Galgen gerufen wurde.

OPERATION EICHMANN

Am 95. Tag des Jerusalemer Prozesses gegen ihn erklärte Eichmann mit gesenktem Blick: „Ich muß zugeben, daß ich heute die Vernichtung der Juden für eines der schlimmsten Verbrechen in der Geschichte der Menschheit halte. Aber es ist nun einmal geschehen. Wir müssen alles tun, was in unseren Kräften steht, um zu verhindern, daß es noch einmal geschieht."

■ ■ ■

Im September 1946, ich befand mich gerade in Nürnberg bei den SS-Prozessen, erreichte mich in meinem Hotel ein Anruf von Artur, er wollte mich in Salzburg treffen.

Der Name Arturs war damals bereits in ganz Europa bekannt. Ein Zettel mit einem Losungswort von ihm wirkte Wunder an jeder Grenze, durch die DP aus den Lagern auf ihrem Weg nach Palästina geschmuggelt wurden. Es hieß damals, daß man mit einer Parole von Artur von Kamtschatka bis nach Kfar Vitkin in Palästina gelangen konnte. Artur war großgewachsen, hatte ein markantes Gesicht und eine ruhige, angenehme Stimme. Ich war von ihm von allem Anfang an sehr beeindruckt. Er war eine charismatische Persönlichkeit, in der ich die Verkörperung der jüdischen Behörden in Palästina erblickte. Nach der Unabhängigkeitserklärung des Staates Israel im Mai 1948 wurde er zu einem der Begründer des israelischen Geheimdienstes. Als erster israelischer Botschafter in Deutschland war er sehr populär. Bei manchen war er dort unter „Artur von Jürgens" bekannt – wegen seiner verblüffenden Ähnlichkeit mit Curd Jürgens.

Ich fuhr also zu Artur nach Salzburg. Kaum in der Stadt angekommen, eilte ich zum Hauptquartier der „Bricha". Als ich sein Zimmer betrat, unterhielt sich Artur gerade mit einem Vertreter der „Bricha", Abba Weinstein (heute Abba

Gefen). Als er diesen bat, uns allein zu lassen, war mir klar, daß es sich um eine Angelegenheit von äußerster Wichtigkeit handelte.

Artur kam gleich zur Sache: „Weißt du, wer Adolf Eichmann ist?" Natürlich wußte ich das. Ich kannte seinen Namen seit geraumer Zeit, und in Debrecen hatte ich ihn persönlich gesehen, als er die Transporte überwachte, zu einer Zeit, als die Russen schon vor Ungarn standen. Eichmann leitete die Abteilung IV-B-4 des RSHA, die mit der Judenfrage befaßt war. Von seinem Schreibtisch aus veranlaßte er die Massendeportationen.

„Hast du ihn einmal gesehen?" riß mich Artur aus meinen Gedanken. Ich erzählte ihm, daß ich ihn einmal auf dem Bahnhof von Debrecen gesehen hatte. „Ich habe durch Mosche Haupt (Mosche Allon) von deiner Tätigkeit während des Krieges erfahren. Laskow hat mir auch die Geschichte von Graz erzählt. Wir möchten Eichmann um jeden Preis finden. Wir glauben, daß du uns dabei eine Hilfe sein kannst!"

Ich konnte kaum fassen, was ich gehört hatte. Die Haganah hatte mich für die Suche nach Eichmann ausgewählt. Ich empfand unbeschreibliche Freude und Stolz. Ich sah meinen Vater, meine Mutter und meine beiden Brüder vor mir, die umgekommen waren. Ich sah meine Schwester Hadassa bei unserem Besuch in Auschwitz. Ich sah die blutige Aufschrift im Lager. „Juden-Rache". Ich blickte Artur fest in die Augen. Ich war bereit, die Mission zu übernehmen.

„Ich glaube, du bist dir bewußt, mit welcher historischen Mission wir dich im Namen der jüdischen nationalen Institutionen betraut haben?" sagte Artur nach einer Weile. „Ich bin mir dessen bewußt, Kommandant", antwortete ich mit schwacher Stimme. „Der Kommandant der Haganah ist Ben Menachem in Paris", wehrte er ab und fuhr nach einer kurzen Pause fort: „Kannst du hebräisch?"

„Nein", antwortete ich. „Aber mein Bruder befindet sich bereits in Palästina. Im Kibbuz Tel Jizhak. Und meine Schwester besucht die landwirtschaftliche Schule in Ayanoth."

„In welchen KZs waren Sie?" fragte mich Artur.

„Ich war in keinem KZ", antwortete ich. „Ich war im Ghetto. Nicht in eine geschlossenen Ghetto." Ich berichtete ihm kurz über meine Aktivitäten im Ghetto, in Wien und in Budapest.

Er hörte mir aufmerksam zu und sagte dann: „Es ist eine streng geheime Mission im Namen der Haganah. Du wirst mir eine Verpflichtung unterzeichnen müssen, daß du mit keinem Menschen über diese Mission sprichst." Dann griff er in seine Tasche und reichte mir zehn Hundert-Dollar-Scheine: „Das ist einmal für die ersten Unkosten, die du haben wirst. Bring mir eine genaue Abrechnung, denn wir haben nicht viel Geld. Und denk immer daran, daß die Sache geheim ist."

Wie benommen verließ ich das Haus und trat auf die Straße. Eichmann, Adolf Eichmann! Ich mußte ihn finden! Eine historische Mission war mir übertragen worden. Von nun an würde ich mich um nichts anderes mehr kümmern. Von nun an würde es für mich nur ein Ziel geben, dem alles andere untergeordnet war. Ich mußte Eichmann um jeden Preis finden, auch wenn es meinen Tod bedeutete.

■■■

Das Zentrum der „Bricha" befand sich im DP-Lager Riedenburg bei Salzburg. Jüdische Männer, Frauen und Kinder warteten in diesem Lager auf ihre Ausreise nach Palästina, in die USA und in andere Länder. Als ich mich dem Gitterzaun näherte, der das Lager umgab, sah ich eine Gestalt vor mir, die ich nur zu gut kannte. Vor Freude hätte ich fast einen Luftsprung gemacht. Es war Johann Pscheidt. Es war der Mann, der mir und meinen Freunden das Leben gerettet hatte.

„Diamant! Ich kann es kaum glauben ..." Wir umarmten und küßten einander. Ich konnte die Tränen nicht zurückhalten. Wir hatten uns zum letzten Mal während des Krieges in Wien getroffen, als er mir und Mitgliedern unserer Gruppe mit Rat und Tat beigestanden hatte.

„Ich habe Sie nach dem Krieg in Wien gesucht", sagte ich, als ich mich einigermaßen gefaßt hatte. „Die Wohnung in der Garnisongasse war dauernd zugesperrt. Niemand konnte mir Auskunft geben. Ich dachte schon, Sie seien nicht mehr am Leben!" Auf meine Frage, was er in aller Welt hier mache, antwortete er: „Ich bin öfter hier. Dieses Lager zieht mich an. Es ist eine solche Freude für mich, jüdische Frauen mit Kinderwagen zu sehen, wieder jüdische Burschen und Mädchen zu sehen, aber hauptsächlich Säuglinge und Kinder. Zu sehen, daß das jüdische Volk nach all dem, was es durchgemacht hat, wieder lebt ..."

Ich konnte meinen Blick nicht von ihm losreißen. Es war Pscheidt, Johann Pscheidt, der Mensch, Freund und Retter. „Und Sie? Sie sind also am Leben,

Diamant! Das ist die Hauptsache. Und was führt Sie hierher? Was ist mit Ihren Freunden? Was machen Fella, Mietek, Leon, Lustiger?"

Ich erzählte ihm über die Mitglieder der Gruppe, die am Leben geblieben und über die, die von den Deutschen getötet worden waren. Über meinen Bruder Samek und meine Schwester Hadassa, die beide in Palästina waren. Als ich wissen wollte, wie es ihm seit Kriegsende ergangen war, seufzte er: „Es ist nicht leicht. Gar nicht leicht. Ich suchte um eine Lizenz zur Errichtung einer Fabrik an, wurde jedoch abgewiesen. Ich wandte mich sogar an Kardinal Innitzer und bat ihn um eine Intervention. Als ich ihm erzählte, daß ich während des Krieges viele Juden rettete, warf er mir einen seltsamen Blick zu und erhob sich mit den Worten: „Sie müssen mich entschuldigen. Ich habe jetzt keine Zeit!"

Während wir so redeten, gingen wir immer um den Lagerzaun herum. Er kam dabei auch auf seine finanziellen Schwierigkeiten zu sprechen. Ich zog spontan ein paar der Hundert-Dollar-Scheine, die ich für die Operation Eichmann erhalten hatte, aus meiner Tasche und wollte sie ihm geben, aber er weigerte sich, sie anzunehmen. Nach ungefähr einer Stunde trennten wir uns. Er ging seines Weges, und ich machte mich bereit, nach Wien zurückzufahren, um mit den Vorbereitungen für meine Mission zu beginnen.

■ ■ ■

In Wien erhielt ich von Artur ein Schreiben an den Polizeikommandanten, auf das hin mir Kommandostellen, Polizeistationen und Gefängnisse in ganz Österreich offenstanden, damit ich Sträflinge verhören konnte, deren Aussagen mich vielleicht auf Eichmanns Spur brachten.

Zuerst aber fuhr Artur noch nach Bratislava, wo Eichmanns Mitarbeiter, Dieter von Wisliceny, der unter anderem für die Deportation der slowakischen und griechischen Juden in die Vernichtungslager verantwortlich gewesen war, gefangengehalten wurde. Dank Arturs Kontakten wurde ihm jede mögliche Hilfe seitens der Gefängnisleitung gewährt. Nach Arturs Bericht war Wisliceny sicher, daß Eichmann noch lebte. Unter anderem nannte er Artur gegenüber die Eigentümerin einer Pappefabrik in Doppl, Maria Mösenbacher, als eine Geliebte von Eichmann. Eichmann hatte diese Fabrik gekauft und sie 1939 zu einem Umschulungslager für die Zentralstelle für jüdische Auswanderung in Wien umfunktioniert. Die Frau war damals zwischen 30 und 35 Jahre alt. Eichmann hatte von ihr als einer „alten Liebe aus Linz" gesprochen. Möglicherweise war sie später eine Ehe eingegangen, da Eichmann sie nach 1939 nicht mehr erwähnte.

Wisliceny sprach auch von Eichmanns Mitarbeiter, Weiszel, der im Rang eines Oberscharführers im Stab von Eichmann war. Weiszel ging seinerzeit mit dem Stellvertreter Eichmanns, Alois Brunner, nach Frankreich und wurde später nach Prag überführt. Vor dem Zusammenbruch des Dritten Reiches transferierte Eichmann seinen ganzen Stab nach Altaussee, und auch Weiszel war dort. Wisliceny gab an, daß Weiszel, soweit er wisse, Mitglied der Wiener Zentralstelle war. In Altaussee soll sich auch Kaltenbrunner zur selben Zeit aufgehalten haben. Dieser habe sich jedoch geweigert, Eichmanns Wunsch nach einem Treffen nachzukommen. Das habe er, so behauptete Wisliceny, von einem SS-Führer, Wilhelm Höttl, in Nürnberg im Gefängnis erfahren. Höttl war anscheinend der letzte, der mit Eichmann vor dessen Verschwinden gesprochen hatte. Wisliceny sprach auch noch von einer zweiten Geliebten Eichmanns, einer gewissen Margot Kucera in Budapest. Er war mit Eichmann in ihrer Begleitung im Dezember 1944 zusammengetroffen. Schließlich erzählte Wisliceny noch, dem genannten Wilhelm Höttl gegenüber habe Eichmann geäußert, seine Familie nach Österreich gebracht zu haben, wo diese sich nun in Sicherheit befinde. Und dazu meinte er, Eichmann habe immer engen Kontakt mit seinen Brüdern gehalten, und wenn er sich noch irgendwo in Oberösterreich aufhielte, dann würde er sie sicherlich über seinen Aufenthaltsort informiert haben.

■ ■ ■

Ich begab mich in die Polizeidirektion und bekam Abschriften von Eichmanns Aktenmappe. Ein Bild war nicht da. Vor mir lag auch die Fahndungsliste der jüdischen Behörden in Palästina, die Artur mir gegeben hatte. Ein Vergleich mit der österreichischen Fahndungsliste zeigte verblüffende Abweichungen. Laut Fahndungsliste der jüdischen Behörden wurde Eichmann in Scharona, einer Templer-Siedlung bei Tel-Aviv, geboren und sprach Deutsch, Hebräisch und Jiddisch. Aber auch die jüdische Fahndungsliste zeigte kein Bild. Während der Zeit, als er für die SS-Leute eine Art Judaika-Museum in München leitete, lernte Eichmann ein paar Worte Hebräisch und Jiddisch.

1936 wurde er nach Berlin zur Abteilung IV der Gestapo berufen. 1937 reiste er als Begleiter seines Vorgesetzten, Obersturmbannführer Hagen, getarnt als Mitarbeiter des „Berliner Tagblattes", nach Palästina. Sie besuchten die Scharona-Templer-Kolonie bei Tel-Aviv in der Absicht, Agenten zu werben. Dann fuhr Eichmann weiter nach Ägypten, um dort den Mufti zu treffen, der bekannt war für seinen Judenhaß und der Terroranschläge gegen jüdische Siedlungen organisierte. Als er von Ägypten aus wieder nach Palästina reisen wollte, wurde ihm von den Briten keine Einreisegenehmigung mehr erteilt.

Nachdem Eichmann wieder nach Berlin zurückgekehrt war, übernahm er die Abteilung IV-B-4. Im Herbst leitete er schließlich in Wien die Auswanderung der österreichischen Juden von seinem Büro im Palais Rothschild aus.

In seinem Lebenslauf stellte er seinen Werdegang folgendermaßen dar:

„Am 19. 3. 1906 wurde ich in Solingen (Rhld.) geboren. In Linz a/Donau, woselbst mein Vater die Stelle eines Direktors der Straßenbahn und Elektrizitätsgesellschaft bekleidete, besuchte ich die Volksschule, 4 Klassen der Staatsoberrealschule und 2 Jahrgänge der ‚Höheren Bundeslehranstalt für Elektrotechnik, Masch. Bau und Hochbau'.

In den Jahren 1925 bis 1927 war ich als Verkaufsbeamter der ‚Oberösterr. Elektrobau A.G.' tätig. Diese Stelle verließ ich auf eigenen Wunsch, da mir von der ‚Vacuum Oil Company A.G.-Wien', die Vertretung für Oberösterreich übertragen wurde. Bis Juni 1933 arbeitete ich für diese Firma in Oberösterreich, Salzburg und Nordtirol. Um diese Zeit wurde ich wegen Zugehörigkeit zur NSDAP gekündigt. Der Deutsche Konsul in Linz a/Donau, Dirk von Langen bestätigte mir diese Tatsache in Form eines Schreibens, dessen Abschrift meiner P-Akte im SD-Hauptamt beigefügt ist.

Nachdem ich 5 Jahre Angehöriger der ‚Deutsch-österreichischen Frontkämpfervereinigung' war (damals antimarxistische Kampforganisation) trat ich am 1.4.1932 in die NSDAP-Österreich ein und bekam die Mitgliedsnumer 889.895. Zum gleichen Termin trat ich in die SS ein, mit der Ausweisnummer 45.326. Anläßlich der Inspektion der oberösterreichischen Schutzstaffel durch den Reichsführer-SS, im Jahre 1932, wurde ich vereidigt.

Am 1.8.1933 ging ich auf Befehl des Gauleiters der NSDAP Oberösterreich, Pg. Bolleck, zwecks militärischer Ausbildung in das Lager Lechfeld. Am 29. Sept. 1933 wurde ich zum SS-Verbindungsstab nach Passau kommandiert und kam nach Auflösung desselben am 29. Januar 1934 zur österreichischen SS in das Lager Dachau.

Am 1. Oktober 1934 wurde ich zur Dienstleistung in das S. D.-Hauptamt kommandiert, woselbst ich heute noch meinen Dienst versehe.

(gez.) Adolf Eichmann
SS-Hauptscharf."

Ich beschloß, nach Durchsicht der Unterlagen, zuerst einmal ein Foto von Eichmann zu suchen. Denn Wisliceny hatte Artur gesagt, daß Eichmann sich vor Kriegsende dahingehend geäußert habe, er wolle alle seine Fotos, die auf seine Spur führen könnten, vernichten.

Als nächstes machte ich mich deshalb daran, Eichmanns Mitarbeiter Weiszel im Gefängnis im Wiener Landesgericht zu besuchen: Mit Zigaretten, Zeitungen und Süßigkeiten machte ich mich dorthin auf. In der kleinen, düsteren Gefängniszelle stellte ich mich dem niedergeschlagenen Mann, der mir gegenübertrat, als Pole holländischer Abstammung vor, der als Freiwilliger in der niederländischen SS-Einheit gedient hatte. Im Januar 1945 hatte ich nämlich in Bukarest einen holländischen Diplomaten kennengelernt, der mir einen niederländischen Paß auf den Namen *van Diamant* verschaffte. Diese Identität benutzte ich bei meiner Suche nach Eichmann.

Ich erzählte Weiszel sodann, daß ich von einer Frau, die ihren Namen nicht nennen wollte, ersucht worden sei, ihm, Weiszel, dieses Paket zu bringen, welches ihm eine Freundin von Adolf Eichmann schicke. Als der Name Eichmann fiel, trat ein argwöhnischer Zug in Weiszels Gesicht. Er fragte mich gleich, wie diese Frau ausgesehen habe. Da ich Eichmanns Frauentyp kannte, schilderte ich spontan eine vollschlanke Frau mit prallen Brüsten, blauen Augen und blonden Haaren. Weiszel reagierte auch sofort: „Ich weiß schon. Das war sicher Maria Mösenbacher. Wie nett von ihr, daß sie sich noch an mich erinnert." Und dann erzählte er mir, wie er Eichmann immer zu ihr gebracht hatte und wie sie ihm gegenüber immer sehr liebenswürdig gewesen sei. Es handelte sich um eben jene Maria Mösenbacher, von der schon Wisliceny gesprochen hatte. Die Fabrik hatte ursprünglich einem Großvater von ihr gehört, einem Juden namens Pomeranz, wie Weiszel wußte. Natürlich wunderte ich mich, daß Eichmann ein Verhältnis mit einer Halbjüdin gehabt haben sollte, aber Weiszel tat den Einwand ab: „Warum nicht? Sie war ja nur eine Vierteljüdin." Mit einem Lachen setzte er hinzu:

„Auch ich hatte ein solches Verhältnis." Weiszel zufolge hielt sich Eichmann damals in einer Pension in Lambach unweit von Doppl auf. Er erinnerte sich sogar an den Namen der Pension – „Wiess".– „Frau Wiess, die Besitzerin, war eine sympathische, mollige Frau. Sie war verwitwet. Ich mochte sie gern, und auch sie fand offenbar Gefallen an mir. Ich fing ein Verhältnis mit ihr an, während Eichmann sich um die Verwalterin der Pension, die Mizzi hieß, kümmerte. Mizzi war ein Mädchen mit dunklem Teint, aber sehr tüchtig. Ja, das waren noch gute Zeiten!" Ich prägte mir die Namen ein, die er nannte, und versprach beim Abschied, Maria Mösenbacher, sollte ich sie sehen, von ihm zu grüßen.

Als ich mich bereits bei der Tür befand, sagte er: „Keine Sorge, wir werden wieder an die Macht kommen. Ich bin sicher, daß in kurzer Zeit wieder eine Wende kommen wird. Der Westen wird die Hilfe eines starken Deutschland gegen die bolschewistische Gefahr brauchen. Die Bolschewiken wollen die Welt erobern, und der Westen wird dies verhindern wollen. Wir haben Geduld. Wir werden die Bolschewiken fertigmachen."

Nach meinem Besuch im Landesgericht traf ich mit Artur zusammen und berichtete ihm von dem Gespräch mit Weiszel. Am nächsten Tag begab ich mich nach Lambach und Doppl.

■ ■ ■

In Lambach fand ich die Pension Wiess ohne Mühe. Es gab dort noch die mollige Frau Wiess und die Verwalterin der Pension, Mizzi Bauer. Ich quartierte mich bei ihnen ein, wiederum als niederländischer SS-Mann, der nicht mehr nach Holland zurückkehren könne, da er dort von der Polizei gesucht werde. Die Frauen bekundeten Mitleid für meine Situation, und nach einigen Tagen war es mir auch gelungen, das Vertrauen von Frau Wiess zu erlangen. Sie hatte ein zweites Mal geheiratet. Ihr zweiter Mann war nach dem Anschluß Österreichs ans Dritte Reich der NSDAP beigetreten. Seit 1944 war er Parteizellenleiter und Mitglied des Volkssturms. Er war ein reicher Mann, besaß Grund und Boden und führte eine Metzgerei. Er behauptete, daß er seine Aufgaben unter Parteizwang durchgeführt hatte. Zur Bestätigung seiner Behauptung zitierte er die Aussagen einiger Juden, die das Umschulungslager in Doppl überlebt und angegeben hatten, daß er sie in den Jahren 1940 und 1941 mit Nahrungsmitteln und Fleischrationen versorgt habe. Die Juden in Doppl sollen einmal pro Woche bei ihm Fleischrationen gekauft haben.

Frau Wiess wußte eine Menge Einzelheiten über die damaligen Verhältnisse. Die Frau von Alois Brunner hatte ihr sogar den geheimen Aufenthaltsort ihres Mannes anvertraut. Sie erzählte mir, Alois Brunner und seine Frau seien Anfang 1945 zu ihr gekommen und hätten ihr eine große Summe angeboten für ein Asyl in ihrem Haus. Sie hatte den Vorschlag zurückgewiesen und sich sogar geweigert, Frau Brunner mit Nahrung zu versorgen. Zwischen Eichmann und Brunner bestanden freundschaftliche Beziehungen. Brunner hatte volles Vertrauen zu Eichmann, und dieser nutzte dies reichlich aus. Frau Wiess fluchte auf die SS-Offiziere, die sie besucht hatten, insbesondere auf Weiszel und Kindermann, die sich so brutal gegenüber Juden verhalten hatten. Sie wußte, daß die Staatspolizei Brunner suchte und daß er, wenn er aufgespürt wurde, das Todesurteil zu gewärtigen hatte.

Sie erinnerte sich auch genau an Eichmann. Zwei oder drei Mal hatte er bei ihr übernachtet. Aber irgendwie konnte oder wollte sie nicht viele Details über ihn weitergeben. Sie behauptete, nicht zu wissen, wo er sich aufhielt. Ich hatte den Eindruck, daß sie das Thema Eichmann eher vermeiden wollte.

Von Mizzi Bauer erfuhr ich dann bei einer anderen Gelegenheit, daß Brunner und seine Frau bei Frau Richtfeld in Wiesersdorf untergekommen waren. Also fuhr ich nach Wiesersdorf zu Frau Richtfeld. Diese erzählte, sie habe im April 1945 ein Zimmer an Frau Brunner und deren Mutter, Frau Roeder, vermietet. Die beiden Frauen waren bis zum 20. November 1945 bei ihr geblieben. Karl Roeder hatte sie öfters besucht. Frau Richtfeld freute sich zu hören, daß ich eine Botschaft von Brunner an dessen Frau zu überbringen hätte, diese habe bis jetzt keinerlei Nachricht von ihrem Mann bekommen, auch nicht aus den Anhaltelagern der Alliierten. An einen Besuch von Weiszel im Sommer 1945 erinnerte sich Frau Richtfeld, deren Mann sich in russischer Gefangenschaft befand, auch.

Da ich überzeugt war, von Frau Richtfeld und dem Ehepaar Wiess keinerlei weitere Auskünfte mehr zu bekommen, fuhr ich nach Doppl in der Hoffnung, dort mehr zu erfahren. Was mich besonders interessierte, war der Umstand, daß Maria Mösenbacher, Eichmanns Geliebte, einen jüdischen Großvater gehabt hatte. Maria Mösenbacher hatte, so stellte sich heraus, 1939 den Reichsarbeiterführer Lampe geheiratet. Dieser war 15 Jahre älter als sie und wurde seines Postens enthoben, da seine Frau nicht rein arischer Abstammung war. Die Pappefabrik hatte sie 1939 an die Zentralbehörde der SS in Berlin verkauft. Das

Geschäft wurde von Adolf Eichmann abgewickelt, der, nach Aussagen von Bewohnern Doppls, Maria Mösenbacher schon früher gekannt hatte und mehrmals mit ihr in Doppl zusammengetroffen war.

Leute, die ich verhörte, sagten aus, Maria sei in ihrer Jugend eher leichtfertig und nicht sehr beliebt gewesen. Sie pflegte sehr abfällig über Juden zu sprechen und leugnete die eigene jüdische Abstammung entschieden. Sie hatte sich sogar mit einem Freund namens Adolf gebrüstet, der ein hoher SS-Offizier sei und für sie die Fabrik für die Zentralbehörde der SS in Berlin gekauft habe. Nach dem Krieg redete sie jedoch nicht mehr über ihn und erklärte, sie habe in der Zeitung gelesen, daß er tot sei. In letzter Zeit trage sie sich mit dem Gedanken, nach Argentinien auszuwandern. Lampe, ihr Mann, wurde nach dem Zusammenbruch des Dritten Reiches von den Alliierten verhaftet und befand sich lange Zeit in einem Anhaltelager. Während dieser Zeit hatte sie sich von ihm scheiden lassen.

Ich besuchte die Fabrik in Doppl und sprach mit ihrem nunmehrigen Direktor, einem Herrn Neuhäuser. Dieser erzählte mir, daß im Jahre 1939 in Doppl ein Umschulungslager für Juden errichtet worden sei. Der Direktor sei der SS-Unterscharführer Josef Weiszel, der spätere Mitarbeiter Eichmanns, gewesen. Im Jahre 1942 sei die Fabrik von der Zentralstelle der SS in Berlin an einen Herrn Manner verkauft worden, der in der Kulmstraße im 9. Bezirk in Wien lebe. Juden arbeiteten in der Fabrik bis zum Jahr 1943.

Als ich unter der Bevölkerung von Doppl gezielt nach Adolf Eichmann fragte, stieß ich allerdings auf Mißtrauen und sogar Feindseligkeit. Rosa Hawel, die Leiterin der Poststelle während der Kriegszeit und eine Freundin Maria Mösenbachers, behauptete etwa, Eichmann weder gekannt noch je seinen Namen gehört zu haben. Dies erscheint doch eher unglaubwürdig, wenn man in Betracht zieht, daß Eichmann ein Verhältnis mit Maria Mösenbacher hatte.

Auch ein Arbeiter mit Namen Nigel, der während der Errichtung eines Umschulungslagers für Juden in der Fabrik gearbeitet hatte, behauptete mir gegenüber, den Namen Eichmann nie gehört zu haben. Seine Reaktion und sein Verhalten erweckten in mir jedoch den Eindruck, daß er mehr wußte, als er zugab. Später erfuhr ich auch, daß er als Vorarbeiter jüdische Arbeiter brutal mißhandelt hatte.

In der naheliegenden Stadt Altenfelden fand ich eine Jüdin, die damals in der Fabrik in Doppl gearbeitet hatte. Sie erinnerte sich sehr wohl an Eichmann und

Maria Mösenbacher. Sie sagte mir, daß Eichmann ihres Wissens nach zweimal in Doppl gewesen sei. Maria sei bis zum Verkauf der Fabrik durch die SS oft nach Doppl gekommen, danach jedoch nicht mehr.

Einzelheiten über die Fabrik in Doppl erfuhr ich schließlich auch noch in Altenfelden von Anna Neumann, der Witwe eines jüdischen Professors und Schwester des örtlichen Bürgermeisters während der Kriegszeit. Sie gab jedoch ebenfalls an, den Namen Eichmann nie gehört zu haben.

So sammelte ich eine Aussage nach der anderen, manche beinahe deckungsgleich, andere widersprüchlich. Ich ließ mich durch die mühselige Kleinarbeit nicht von meinem Ziel abbringen. Wohin war Eichmann verschwunden? Wo versteckte er sich? Hielt er Kontakt mit seinen früheren Geliebten, mit seiner Frau und seinen Kindern? Warum interessierte sich seine frühere Geliebte Maria Mösenbacher für eine Ausreise nach Argentinien?

Ich war sicher, daß er am Leben war und daß es uns eines Tages gelingen würde, auf seine Spuren zu kommen.

Frau Wiess wollte mir nicht verraten, wo sich Maria Mösenbacher aufhielt. Sie schickte mich zur Leiterin der Poststelle in Doppl. Ich fand eine ältere, kränklich wirkende und unfreundliche Frau, die mir keine Auskunft geben wollte. Erst als ich ihr sagte, daß ich von Adolf Eichmanns Bruder Wertsachen für Frau Mösenbacher überbringen müsse, die ihr Adolf Eichmann geschickt habe, wurde sie freundlicher und verriet mir, daß Maria in der Stadt Urfahr bei Linz wohnte.

Ich fuhr also nach Urfahr. Ich wandte mich an das Meldeamt, konnte jedoch den Namen Maria Mösenbacher nicht entdecken. Ich besuchte die Damenfriseure und Lebensmittelläden der Stadt. Ich ging in Postämter und Apotheken und kontaktierte die Zahnärzte der Umgebung – aber all meine Bemühungen, die Adresse ausfindig zu machen, schlugen fehl. Als ich eines Tages, erschöpft und niedergeschlagen über meinen Mißerfolg, in einer Konditorei saß und mehr aus Gewohnheit die Besitzerin nach Maria Mösenbacher fragte, hatte ich Glück. „Natürlich", sagte die Frau, „Maria wohnt hier gegenüber. Sie ist eine recht einsame Frau und lebt bescheiden und zurückgezogen."

Mein Instinkt sagte mir, daß meine Mission diesmal erfolgreich sein würde, aber ich mußte vorsichtig ans Werk gehen. Ich mietete ein Zimmer in Urfahr und begann das Wohnhaus von Frau Mösenbacher und die Umgebung zu beobachten. Eines Tages, ich hatte schon am frühen Morgen eine strategische Stellung am Schauplatz eingenommen und meinen Standort mehrere Male gewechselt, um mich nicht verdächtig zu machen, da trat plötzlich eine junge Frau mit einem Einkaufskorb unter dem Arm aus dem Haus. Ich hielt den Atem an. Ich war sicher, das war sie: vollschlank, die blonden Haare zu einem Zopf geflochten und blaue Augen.

Nach einigen Tagen hatte ich herausgefunden, wann Frau Mösenbacher gewöhnlich ihr Haus verließ, wo sie ihre Einkäufe machte und welche Orte sie aufsuchte, wenn sie ausging. Und wiederum ein paar Tage später sorgte ich dafür, daß sich unsere Wege kreuzten. Ich trat nach ihr in den Lebensmittelladen, wo sie ihre Einkäufe machte. Es war ein Freitag, und sie kaufte für das bevorstehende Wochenende ein.

Als sie den Laden verlassen wollte, fielen einige Stücke aus ihrem Einkaufskorb auf den Boden. Ich wandte mich schnell zu ihr, zog meinen Hut und bot ihr meine Hilfe an. Ihr Gesicht drückte Überraschung aus, sie lächelte dann aber und antwortete: „Vielen Dank ...! Danke ...! Das ist nicht notwendig, ich kann es allein schaffen." – „Darf ich mich vorstellen", fuhr ich fort. „Ich heiße Henry van Diamant."

Sie blickte mich immer noch mit erstaunter Miene an. Ich streckte ihr meine Hand entgegen, und da sagte sie: „Ich heiße Maria Mösenbacher ..."

Eine ungeheure Erleichterung überkam mich. Wie lange hatte ich mich bemüht, ihre Adresse herauszufinden und sie zu treffen. Und plötzlich stand sie vor mir und nannte einfach ihren Namen. Das waren also die verschlungenen Wege des Schicksals. Ich gab mir einen Ruck und sammelte die Lebensmittel auf. Sodann nahm ich den Korb und verließ mit Maria Mösenbacher den Laden. Auf dem kurzen Weg zu ihrem Wohnhaus begann ich eine belanglose Plauderei. Sie war höflich und freundlich. Vor ihrem Haus dankte sie mir für die Hilfe und verabschiedete sich.

■ ■ ■

Nun galt es, alles zu versuchen, um sie wiederzusehen. Am nächsten Tag wartete ich vor dem Lebensmittelladen auf sie. Als sie den Laden verließ, kam ich ihr wie durch einen Zufall entgegen. Ich grüßte sie, und sie erwiderte den Gruß mit einem Lächeln. Ich begleitete sie und lud sie auf dem Weg zu ihrem Haus in ein kleines Kaffeehaus ein. Sie nahm die Einladung ohne Zögern an. Beim Kaffe erzählte ich ihr beiläufig, daß ich in einer Werkstätte des amerikanischen Militärs jenseits der Brücke arbeitete.

Von da an trafen wir einander öfter. Nach und nach wuchs ihr Vertrauen zu mir, so daß wir eines Tages sogar vereinbarten, einen gemeinsamen Ausflug in die Berge zu unternehmen. Ich wartete die ganze Zeit über mit mühsam beherrschter Ungeduld darauf, in ihre Wohnung eingeladen zu werden, weil ich hoffte, dort irgendwelche Hinweise auf Eichmann zu finden.

Um für alle Fälle gerüstet zu sein, hatte ich ihr erzählt, daß ich leidenschaftlich gern fotografiere, und trug immer einen Fotoapparat bei mir. Außerdem hatte ich mich im Fotoladen einer Nachbarortschaft mit einer Menge Landschafts- und Tierfotografien eingedeckt.

Schließlich war es soweit: Sie lud mich zu sich nach Hause ein. Als Gastgeschenk brachte ich ein Paket mit buntbedruckten Blusen, die ich im Kleidungsmagazin des amerikanischen Militärs erstanden hatte, mit. Als sie das Paket geöffnet hatte, rief sie voller Entzücken: „Was für ein Gentleman Sie doch sind ...! Das ist reizend von Ihnen, Henry." Sie wählte eine Bluse, und zog sie vor dem Spiegel an. Sie betrachtete sich von allen Seiten, wandte sich dann um und küßte mich auf die Wange. „Danke ... vielen Dank", flüsterte sie.

„Ich habe Ihnen auch Süßigkeiten mitgebracht", sagte ich. Sie zog zwei Bonbons heraus, kostete eines und steckte das zweite in meinen Mund. Dann nahmen wir auf dem Sofa Platz, Maria immer noch in der neuen Bluse. Mein Blick glitt im Zimmer herum, auf der Suche nach irgendwelchen Spuren. Während wir Kaffee tranken, nützte ich die Gelegenheit, ihr das Album mit den Fotos aus dem Fotoladen zu zeigen, die ich als die meinigen ausgab. Die ganze Zeit über dachte ich an die Mission, die ich zu erfüllen hatte.

Nach diesem Tag besuchte ich Frau Mösenbacher noch ein paar Mal. Jedes Mal brachte ich Geschenke mit, und unsere Beziehung wurde immer enger. Jedes Mal lenkte ich das Gespräch auch auf mein Hobby, das Fotografieren. Ich zeigte ihr Bilder mit verschiedenen Leuten darauf und gab sie als Familienangehörige aus. Ich erzählte ihr über meine Familie und meine Vergangenheit und erwähnte dabei, daß ich in der niederländischen SS gedient hätte und bei einer Übung verwundet worden sei.

„Auch ich habe ein Album mit Fotos meiner Familie und meiner Bekannten", sagte sie eines Tages spontan und fügte lächelnd hinzu: „Ich hatte viele Verehrer..." Sie stand auf, brachte ein Album mit goldenen Rändern und schlug es auf. Sie wies auf ein Foto mit einem hübschen blonden jungen Pfarrer. „Das ist mein älterer Bruder Werner", sagte sie. Als sie im Album weiterblätterte, stieß sie auf das Bild eines gutaussehenden Mannes mit einer markant vorspringenden Nase und zusammengepreßten Lippen. „Das ist Adolf", rief sie aus und seufzte. „Wer weiß, was mit ihm geschehen ist? Er war der energischeste und charmanteste Mann, den ich je gekannt habe. Wahrscheinlich ist er nicht aus dem Krieg heimgekehrt. Sonst hätte er sicher ein Lebenszeichen von sich gegeben."

Ich konnte nur mit Mühe mein Ruhe bewahren. Ich sah mir das Foto an und jubelte innerlich. Das war er. Das war der Mann, hinter dem ich seit Wochen her war. Endlich hatte ich ein Foto von Eichmann vor mir! Es war mir, als sei ich dem Ziel meines Lebens nahe.

Maria plauderte munter weiter und schilderte mir ihren langen Roman mit Eichmann. Ich war außerstande, mich auf ihre Geschichten zu konzentrieren. Ich überlegte fieberhaft, wie ich ihr das Foto entwenden konnte, ohne ihren Verdacht zu erregen. Ich war bis in mein Innerstes aufgewühlt. Ich konnte nicht mehr länger hier mit ihr herumsitzen. Ich war überzeugt davon, daß Maria nicht wußte, wo sich Eichmann befand. Das Foto war das einzige, was ich von ihr bekommen konnte. Soviel war klar. Ich erhob mich: „Ich bedaure, aber ich muß jetzt leider gehen. Ich muß zur Arbeit. Ich habe einem Arbeitskollegen versprochen, für ihn einzuspringen. Wenn Sie erlauben, werde ich Sie morgen wieder besuchen ..." Damit verabschiedete ich mich hastig.

Kaum war ich auf der Straße, suchte ich die nächste Polizeistation auf. Dort gab ich meine Identität bekannt und zeigte den Beamten das Empfehlungsschreiben der Wiener Polizei mit der Bitte, mir in dieser Situation weiterzuhelfen. Ich mußte eine Hausdurchsuchung bei Maria Mösenbacher in die Wege leiten, um mir das Fotoalbum aus ihrer Wohnung zu verschaffen. Da aber dazu ein Hausdurchsuchungsbefehl erforderlich war, sagte ich dem diensthabenden Polizeioffizier, Maria Mösenbacher habe gestohlene Lebensmittelkarten, versteckt in einem Fotoalbum, bei sich in der Wohnung aufbewahrt. Ein schnelles Handeln sei angezeigt, da sie die Lebensmittelkarten sonst sicherlich fortschaffen würde. Der Offizier stellte nicht viele Fragen. „Wir werden das gleich erledigen", sagte er. „Ich werde zusammen mit einem zweiten Polizisten hingehen. Warten Sie hier, bis wir zurückkommen!"

Die beiden Beamten machten sich auf den Weg. Ich wartete unterdessen in der Polizeistation auf sie. Nach einer Stunde kamen sie zurück. „Wir haben die Wohnung gründlichst durchsucht", erklärte der Polizeioffizier stolz. „Die Frau war aus allen Wolken. Sie war wie in einem Schock. Ich sagte ihr, sie sei verdächtigt, gestohlene Lebensmittelkarten zu besitzen. Und dann habe ich die Alben beschlagnahmt." Damit reichte er mir zwei Fotoalben. Ich blätterte schnell in dem einen Album. Mein Herz schlug bis zum Hals. Ein Gefühl unbändiger Freude erfüllte mich. Ich triumphierte. Da war das Bild. Das einzige Foto Eichmanns, das wir in unseren Besitz bringen konnten.

Noch in derselben Nacht kehrte ich mit dem Zug nach Wien zurück. Auf der Fahrt erst fiel mir ein, daß ich damals Mantel und Hut bei Maria Mösenbacher gelassen hatte. Das war es mir wert.

In Wien angekommen, ging ich direkt zu Artur. Mein Atem ging schwer, so sehr hatte ich mich abgehetzt. Ich brachte anfangs kein Wort heraus, sondern zog nur das Foto hervor und legte es auf den Schreibtisch vor Artur hin. Er blickte mich einige Sekunden lang ruhig an, dann betrachtete er lange das Bild, und seine Hand zitterte dabei. „Ja, das ist er. Du hast gute Arbeit geleistet, Manus", sagte er dann. „Der Mörder unseres Volkes. Das ist der erste Schritt, um Eichmann zu fangen. Jetzt können wir zum ersten Mal sehen, mit wem wir es zu tun haben. Wir werden Hunderte Kopien von dem Foto machen und sie in ganz Europa verteilen. Wir werden auch welche nach Israel schicken, denn angeblich spricht er Hebräisch und Jiddisch. Jetzt wird es leichter sein, ihn zu identifizieren ..."

Artur rief den Leiter der Bricha in Europa an und teilte ihm das Ergebnis meiner Mission an. Er schickte Kopien des Fotos an alle Polizeistationen in ganz Europa und auch nach Israel. Eine Kopie davon brachte ich Simon Wiesenthal, der mir bei meiner Mission sehr große Hilfe geleistet hatte. Wiesenthal wiederholte mir gegenüber Arturs Worte: „Jetzt wissen wir, wie er aussieht."

Dieses einzige Foto Eichmanns diente auch dem israelischen Mossad bei seiner Suche nach Adolf Eichmann, der 15 Jahre später in Jerusalem vor Gericht stehen sollte.

■ ■ ■

Das Lob Arturs spornte mich an. Ich schlug ihm vor, mich an Eichmanns Frau heranzumachen, um eventuell von ihr zu erfahren, wo sich ihr Mann aufhielt. Artur willigte ein und versprach mir alle notwendige Hilfe.

Ich fuhr zuerst nach Linz. Simon Wiesenthal hatte mir die Elektrogerätehandlung von Eichmanns Vater und Brüdern gezeigt. Ich brauchte nicht lange, um den Laden zu finden. „Eichmann Elektrowaren-Handlung" stand auf dem Firmenschild.

Ich mietete ein Zimmer und beobachtete den Eingang des Ladens sorgsam. Eines Sonntags folgte ich einem der Brüder auf den Bahnhof zu einem Zug. Ich setzte mich in denselben Waggon und ließ den Mann nicht aus den Augen, bis er sich vor der Haltestelle Bad Aussee zum Aussteigen anschickte.

Ich verließ den Zug ebenfalls und verfolgte ihn. Er ging rasch, ohne sich umzusehen. Sein Gepäck bestand in einem Blumenstrauß und einem kleinen Päckchen. In Bad Aussee blieb er vor einem Brunnen unweit des Seeufers stehen. Er drehte sich immer wieder um und hielt offenbar nach jemandem Ausschau. Nach über einer Stunde des unruhigen Wartens erschien eine Frau. Dieser übergab er das Paket und den Blumenstrauß. Er küßte sie dabei auf beide Wangen. Nachdem sie sich voneinander verabschiedet hatten, folgte ich der Frau, bis sie in einem Haus verschwand. Ein Passant erklärte mir, daß in diesem Haus mit der Adresse Fischerdorf 8 „eine Frau namens Vera mit ihren drei Söhnen" wohne, „eine arme Frau, eine Witwe, deren Mann im Krieg gefallen ist", sagte er noch.

Ich holte tief Luft. Ich hatte den Wohnsitz von Eichmanns Frau gefunden. Ich schlenderte durch Bad Aussee. Was für eine bezaubernde Gegend! Ein blauer See am Fuß eines fast 3 000 Meter hohen Berges, und ringsherum erstreckten sich schneebedeckte Berggipfel und grüne Wälder.

Ich mietete mir ein Zimmer und fing an, Frau Eichmann, die offiziell den Namen Liebel trug, zu beobachten. Mit der Zeit wußte ich, wann sie das Haus verließ, ihre Einkäufe tätigte und wann sie mit ihren drei Söhnen spazierenging.

Bei einem meiner Spaziergänge stieß ich auf einen Antiquitätenladen. Mein Blick fiel auf jüdische Ritualgegenstände in der linken Ecke des Schaufensters. Es war sehr wahrscheinlich, daß hier deutsche Partei-Aktivisten jüdisches Vermögen beschlagnahmt und Wertgegenstände daraus weiterverkauft hatten. Als ich mich beim Ladeninhaber danach erkundigte, von wem er diese Gegenstände erworben habe, begann er zu stottern und meinte schließlich, er könne sich nicht mehr erinnern. Um keinen Verdacht zu erregen, kaufte ich etliche Gegenstände bei ihm.

Nachdem ich die Lebensweise von Frau Eichmann genügend auskundschaftet hatte, fuhr ich nach Wien zurück, um Artur Bericht zu erstatten. Ich hatte mir auch schon einen Plan zurechtgelegt, wie ich in das Haus Vera Eichmanns gelangen konnte: mit Hilfe Gertrud Rotners[1], die Artur vor unserer gemeinsamen Fahrt nach Bad Aussee genau instruierte.

In der Folge bewarb sich Gertrud Rotner als Aufräumefrau bei einer Nachbarin Vera Liebels, die eine Bude am See besaß, als Dienstmädchen, und nach einiger Zeit hatte sie soweit das Vertrauen ihrer Dienstgeberin gewonnen, daß diese sie auch an Frau Liebel als Putzfrau für einige Stunden am Tag weiterempfahl.

Gertrud Rotner konnte von da an drei Tage in der Woche zu Frau Eichmann kommen. Sie verfolgte, genau nach meinen Anweisungen, aufmerksam jedes Gespräch im Haus. Sie richtete ihr Augenmerk auch auf die Post, die ins Haus gelangte, aber es war kein Hinweis auf Adolf Eichmann zu entdecken. Es gab keinerlei Kontakt zwischen ihm und seiner Frau. Nach ihrem Ehemann gefragt, pflegte Vera Eichmann zu antworten, sie wisse nicht genau, was mit ihm geschehen sei, ob er in Gefangenschaft geraten oder an der Front gefallen sei.

Frau Eichmann hatte eine Freundin namens Kristina, mit der sie jeden Tag zusammentraf. Kristina, so fand ich heraus, hatte eine große Leidenschaft: Sie ging für ihr Leben gern im Wald Pilze suchen. Also folgte ich ihr eines Tages und kam auch gleich bei dieser ersten Gelegenheit mit ihr ins Gespräch. Es stellte sich heraus, daß sie Witwe war. Ihr Mann, ein Flieger der deutschen Luftwaffe, hatte für seine Tapferkeit das Ritterkreuz erhalten.

Nach dieser ersten Begegnung trafen wir einander öfter. Kristina war eine hübsche Frau, die angenehm plaudern konnte. Ich erzählte auch ihr, daß ich aus Holland stamme, in Bad Aussee Urlaub mache und daß ich in der niederländischen SS gedient hätte, weshalb ich nicht mehr in meine Heimat zurückkehren könne. Nach und nach kamen wir einander näher, und eines Tages nahm sie mich nachmittags zum Kaffee zu ihrer Freundin Vera Liebel mit.

Ich hatte also mein Ziel erreicht. Ich würde Vera Eichmann kennenlernen.

---

1 Name vom Verfasser geändert.

Vera Eichmann

Zum vereinbarten Zeitpunkt gingen Kristina und ich also zu Vera Liebel. Auf unser Läuten hin machte uns eine kleine dunkelhaarige Frau in einem Dirndl die Tür auf. „Das ist Henry van Diamant, mein Bekannter aus Holland", stellte mich Kristina vor. Die Frau warf einen kurzen Blick auf mich und reichte mir die Hand: „Sehr erfreut. Bitte kommt herein."

Als wir im Wohnzimmer Platz nahmen, bemerkte ich, wie Vera Liebel mich interessiert musterte. Plötzlich wandte sie sich an Kristina: „Erkennst du keine Ähnlichkeit zwischen deinem Bekannten und meinem Bruder?" Kristina nickte. „Er sieht meinem Bruder tatsächlich sehr ähnlich." Kaum hatte Frau Liebel das gesagt, ging die Tür auf, und drei Kinder stürzten ins Zimmer. Vera Liebel stellte sie uns vor: Klaus, Hans und Dieter, alle blond und mit rosa Wangen. „Wer ist dieser Onkel?" fragte der Jüngste. „Das ist Onkel Henry aus Holland", erklärte Frau Liebel.

„Henry?" Der älteste von Eichmanns Söhnen, Dieter, sprang auf meinen Schoß, sah mich mit seinen blauen Augen an. Ich verspürte ein tiefes Unbehagen. Diese Ironie des Schicksals: Der Sohn jenes Mannes, der eine Million jüdische Kinder ermordet hatte, saß nun auf meinem Schoß, und ich streichelte ihm über das Haar.

„Laßt Onkel Henry zufrieden", sagte Vera zu ihren Kindern. Sie sah mich an und bemerkte meine Blaßheit. „Fühlen Sie sich nicht wohl? Möchten Sie vielleicht eine Tasse Tee?" fragte sie. „Ja", meinte ich, „mir ist nicht gut. Das Wetter schlägt um. Das macht mir zu schaffen ..." Ich konnte mich nicht länger zusammennehmen. Ich drehte mich herum zu Eichmanns Frau und entschuldigte mich. Auch Kristina stand auf. Vera Liebel begleitete uns bis zur Tür und sagte: „Kommen Sie doch wieder. Wir würden uns freuen, wenn Sie uns wieder besuchten!"

Von da an traf ich die drei Eichmann-Kinder fast jeden Tag am Seeufer. Jedes Mal wollte ich mich im ersten Augenblick davonstehlen, aber die Kinder liefen mir nach: „Onkel Henry, Onkel Henry ...", riefen sie. Da mir keine andere Wahl blieb, schloß ich mich ihnen an. Als ihre Mutter kam, packte mich Abscheu. Was sollte ich bloß mit ihr, mit der Frau des Massenmörders meines Volkes? Sie jedoch merkte nichts davon und begegnete mir immer sehr freundlich.

Eines Tages schließlich gab ich mir einen Ruck und fragte sie nach dem Vater der Kinder. Einen Augenblick lang glaubte ich, in ihrem Gesicht Unsicherheit zu erkennen, aber sie sammelte sich schnell: „Er ist im Krieg umgekommen." Ich wollte nicht weiter in sie dringen.

Unsere gemeinsamen Spaziergänge führten uns entlang des Seeufers. Die Kinder hingen wie die Kletten an mir. Ich kaufte ihnen Süßigkeiten und Luftballons. Ich konnte kaum glauben, was geschah. Ich, Manus Diamant, schlenderte nun an der Seite der Frau eines der größten Mörder der Geschichte dahin und spielte mit seinen Kindern, als ob nie etwas geschehen wäre.

Obwohl wir sehr oft miteinander verkehrten, war es mir nicht möglich, Vera Liebel Näheres über den Verbleib ihres Mannes herauszulocken. Also verließ ich bei günstiger Gelegenheit Bad Aussee für einige Tage und wandte mich nach Berchtsgaden, wo sich meinen Erkundungen zufolge eine Geliebte Eichmanns aufhielt – Margot Kucera.

■ ■ ■

Frau Kucera war zweifelsohne ganz nach Eichmanns Geschmack: eine mollige, blauäugige Blondine. Auch mit ihr machte ich nach kurzem Bekanntschaft. Bei einem Abendessen in einem vornehmen Restaurant, nachdem sie bereits einige Gläser Wein und auch Cognac getrunken hatte, sagte ich ihr rundheraus, ich hätte gehört, sie sei mit Adolf Eichmann bekannt gewesen. Ich fügte gleich hinzu, ich müsse etwas Dringendes mit ihm besprechen, und wenn sie mir helfen könnte, ihn zu finden, wäre dies nicht nur ein Dienst an mir, sondern auch an ihm. Ich blickte sie dabei offen an. Es war unglaublich, wieviel Wein und Cognac diese Frau vertrug, ohne daß man ihr etwas anmerkte.

Aber sie schöpfte keinen Verdacht und schilderte mir die leidenschaftliche Liebesaffäre, die sie mit Eichmann in Budapest gehabt hatte. „Das war ein toller Mann", sagte sie, „aber eines Tages verschwand er, wie vom Erdboden verschluckt, und tauchte nie wieder auf."

Sie kicherte dabei und plauderte munter weiter. Von Eichmanns Aufenthaltsort erfuhr ich von ihr jedoch nichts. Plötzlich überraschte sie mich mit einem Vorschlag. „Besuchen wir doch Hitlers Haus", meinte sie. Ich war einverstanden, und wir brachen auf. Wir machten einen Spaziergang in der Nähe des Hauses und durften auch kurz ins Haus hinein. Ich durchquerte die prachtvollen Räume und Gänge, und ein Schaudern durchlief mich, als ich daran dachte, wie sich jenes Ungeheuer an diesem Ort eingeschlossen und von hier aus immer neue Befehle zur Ausrottung meines Volkes erteilt hatte.

„Was haben Sie denn?" fragte meine Begleiterin, als sie meine Aufregung bemerkte. Sie pries den Führer und ihren Adolf, der dem Führer treu gedient habe. „Leider sind jene schönen Tage nun vorbei", sagte sie, und auf ihrem runden Gesicht zeichnete sich ein Anflug von Trauer ab.

■■■

In Bad Gastein, dem Kurort in den Salzburger Alpen, machte ich einen weiteren Besuch bei einer der vielen Geliebten Eichmanns, der Frau eines ungarischen Adeligen, namens Ingrid von Ihne. Ich hatte mich in einem Brief bei ihr angekündigt als Schriftsteller, der durch historische Studien auf ihren Namen gestoßen war. Sie wohnte in einer wunderschönen Villa. Ich klingelte an der Tür, und ein typisch österreichisches Dienstmädchen, mit einer weißen Bluse, einem schwarzen Rock und einem weißen Spitzenhäubchen, öffnete mir. Mit einem freundlichen Lächeln führte sie mich in ein reichmöbliertes Wohnzimmer, wo mit bordeauxfarbenem Samt bezogene Armsessel und Stühle standen. An der Wand hingen mehrere Gemälde. Mein Blick wanderte über die Wände und in jeden Winkel des Zimmers, um ein Foto von Eichmann zu entdecken. Ich hatte jedoch nicht lange Gelegenheit, mich genau umzusehen, denn Frau von Ihne erschien. Ich begrüßte sie mit einem Handkuß. „Herr van Diamant", begann sie. „Sie haben in Ihrem Brief den Grund Ihres Besuches bei mir nicht erwähnt."

„Ich bin gekommen, um mich mit Ihnen über einen Ihrer Bekannten zu unterhalten", sagte ich sofort.

„Über Adolf Eichmann etwa?" Ich nickte, und sie fuhr fort: „Was wollen Sie über ihn wissen?" Ihre Stimme wurde schärfer, ihre Augen verschmälerten sich mißtrauisch. „Alle Polizeiorganisationen der Welt sind auf der Suche nach ihm."

Ich erwiderte: „Ich bin Schriftsteller, ich schreibe ein Buch über den Zusammenbruch des Dritten Reiches und sammle Material über SS-Offiziere."

Sie lächelte. „Sie werden sicher wissen wollen, ob ich Eichmanns Aufenthaltsort kenne? Sie sind nicht der erste. Amerikanische Offiziere haben mich bereits danach gefragt. Sie haben sogar mein Haus durchsucht, sicher nach Fotos und Briefen von ihm."

Sie lächelte immer noch. „Ich muß zugeben, daß Sie schlau und gerissen sind, aber ich weiß nicht viel mehr über Eichmann. Und auch wenn ich es wüßte, würde ich es Ihnen wahrscheinlich nicht verraten. Es tut mir leid, aber ich kann Ihnen nicht helfen." Und damit klingelte sie nach dem Dienstmädchen. Ich erhob mich, machte eine Verbeugung und küßte ihre Hand.

■ ■ ■

Ich kehrte nach Bad Aussee zurück. Gertrud, die mittlerweile Vera Liebels Lebensgewohnheiten mit unverminderter Sorgfalt beobachtet hatte, erklärte mir, daß sie keine Verdachtsmomente im Haus bemerkt habe. Ich wußte, um welche Uhrzeit Vera Liebel für gewöhnlich mit ihren Kindern am See spazierenging. Ich wartete an einer günstigen Stelle auf sie, und als sie an mir vorbeigingen, änderte ich abrupt die Richtung und schritt auf sie zu. Die drei Kinder drängten sich an mich und riefen aufgeregt: „Onkel Henry! Onkel Henry! ..."

Wir schlenderten eine Weile entlang des Ufers. „Ich dachte, Sie wären bereits fort", sagte Vera Liebel. Es war ein schöner, warmer Tag, die Sonne schien. Wir unterhielten uns, und Frau Liebel ereiferte sich darüber, daß sie beschattet und ständig von allen möglichen Leuten mit Fragen behelligt werde, wohin ihr Mann verschwunden sei. „Niemand will glauben, daß er bei einem der Luftangriffe verletzt wurde und nach kurzer Zeit starb", fügte sie dann hinzu.

Ich hörte, daß die Leute des amerikanischen CIC[1] ihr Haus durchsucht hatten. Es war wahrscheinlich der jüdische Offizier Ben-Chorin, der die CIC-Einheit in Salzburg kommandierte und seine Leute hingeschickt hatte, um nach Fotos und Briefen von Eichmann zu suchen. Vergeblich.

Mit der Zeit schwand in mir die Hoffnung, durch Vera Liebel auf die Spuren

---

1 *CIC Counter Intelligence Corps:* Die militärische Abwehrorganisation der Vereinigten Staaten.

Adolf Eichmanns zu stoßen. Trotzdem brach ich den Kontakt nicht sofort ab. Ja, ihre drei Söhne, denen ich immer Spielzeug und Süßigkeiten mitbrachte, mochten mich immer lieber. Ich spielte mit ihnen und fuhr mit ihnen auch ab und zu in einem Boot auf den See hinaus. Bei einer dieser Bootsfahrten, als ich sah, wie vergnügt die Kinder miteinander spielten, fielen mir plötzlich die Kinder ein, die Eichmann ermordet hatte, eine Million Kinder. Er war besessen davon, in erster Linie jüdische Kinder zu vernichten. „Das muß ich durchführen, das ist die Zukunft des jüdischen Volkes. Wenn einer überlebt, dann kommen zehn nach", so hatte ihn Dieter Wisliceny in Bratislava zitiert. Ich dachte, daß so ein Massenmörder auf eine schreckliche Weise bestraft werden müßte. Er sollte das fühlen, was unsere Mütter gefühlt hatten. Erst 18 Monate waren vergangen seit meinem Besuch in Auschwitz, wo ich Tausende Kinderschuhe gesehen hatte und bergeweise Spielzeug von ermordeten Kindern.

Am nächsten Morgen fuhr ich nach Wien. Artur brannte darauf, die Ergebnisse meiner Nachforschungen zu erfahren. Er lobte mich für mein Engagement bei der Operation Eichmann, für die Kontakte, die ich knüpfen konnte, und für meine Ausdauer und Unbeirrbarkeit in der Suche nach jenem Mann, der als der größte Kriegsverbrecher gegen unser Volk galt. „Unsere wichtigste Aufgabe ist momentan", sagte er, „Eichmanns Spuren ausfindig zu machen und ihn vor ein Gericht zu stellen wegen der Verbrechen, die er gegen unser Volk begangen hat."

■■■

So machte ich mich denn auf zur nächsten Geliebten Eichmanns, deren Adresse ich von Weisel erhalten hatte. Jene Eva, ursprünglich aus Prag stammend, wohnte in Linz. Auch sie bat ich schriftlich um ein Gespräch. Ich trat ihr gegenüber als Journalist auf. Meine Erfahrungen hatten mich gelehrt, daß alles im Leben seinen Preis hat, und daß auch das entschiedenste „Nein" einer Frau für eine bestimmte Summe Geldes zu einem „Ja" umgewandelt werden konnte.

Als ich Eva zum ersten Mal sah, war ich sehr erstaunt. Sie paßte gar nicht zum Typus von Eichmanns Frauen. Ihr Gesicht ähnelte jenem einer Jungfrau auf einem Gemälde von Raffael. Sie war groß, schlank und zierlich. Als ich in ihre mandelförmigen Augen sah, fragte ich mich unwillkürlich: „Wie war das nur möglich?"

Als ob sie meine Gedanken gelesen hätte, sagte sie, als ich Eichmann erwähnte und den Zweck meines Besuches erklärte: „Sie haben recht, Herr van Diamant, ich war jung und unerfahren, als es passierte. Ich behaupte nicht, daß ich nicht verstanden hätte, was Adolf von mir wollte, oder was ich tat. Ich wußte, daß ich nicht die einzige Frau für ihn war. Jedes Mal, wenn dieses Ungeheuer mit mir schlief, empfand ich Abscheu. Aber ich konnte mich nicht widersetzen, ich hatte keine andere Wahl. Er wandte mir gegenüber auch Gewalt an." Ihre Stimme wurde leise und unsicher. Ich sah, wie sich ihre Augen mit Tränen füllten.

„Es tut mir sehr leid, daß ich in Ihnen unangenehme Erinnerungen wecke", sagte ich.

„Nein, das dürfen Sie nicht denken", sagte sie. „Ich weiß, daß Sie Jude sind, und ich freue mich, Gelegenheit zu haben, mich mit einem Juden zu unterhalten, einem der zahlreichen Opfer. Du lieber Himmel, ich glaube nicht, daß es möglich ist, in einer menschlichen Sprache einen Ausdruck dafür zu finden. Als ich davon hörte, wie er jüdische Kinder in die Gaskammern schickte, wie Menschen in Massengräbern verscharrt wurden, wie er Tausende nackte und zum Teil schwangere Frauen in die Todeskammern drängte, Mütter, die ihre Säuglinge in den Armen hielten – du lieber Himmel, es ist wie ein Alptraum für mich, ich glaube, wir sind alle verrückt geworden!"

Sie bedeckte mit einem leisen Wimmern ihr Gesicht mit beiden Händen. Ein Zittern durchlief ihren Körper. Ich hatte mich ihr nicht als Jude vorgestellt, aber sie spürte intuitiv meine wahre Identität. Ich berührte mit der Hand leicht ihren Kopf und versuchte, sie zu beschwichtigen.

„Bitte rühren Sie mich nicht an", murmelte sie. „Ich bin es nicht würdig. Als ich Ihren Brief erhielt, wußte ich sofort, daß Sie Jude sind, und wartete auf Ihr Kommen. Denn vor wem sollte ich mein Gewissen offenbaren, wenn nicht vor einem Juden, der allein verstehen kann, wie ich lebe und leide. Ich lebe in einem Alptraum. Tag und Nacht jagen mich die Schreckensbilder aus den Vernichtungslagern, über denen Eichmanns Schatten liegt. Manchmal sehe ich nachts im Traum, wie dieses Ungeheuer unzählige nackte Frauen in die Gaskammern stößt. Und dann sehe ich mich selbst in seinen Armen, und dann schreie ich und wache schweißgebadet auf."

Ich hörte ihren Worten ungläubig zu. Ich war wie betäubt. Ich konnte kein Wort des Trostes hervorbringen. Mit einem Mal verstummte sie, schaute mich mit ihren verweinten Augen an und fragte: „Hassen Sie mich denn nicht? Sie sind Jude, Sie müssen mich doch hassen." Ich antwortete, wer könne ihr Leid besser verstehen als ich, der Jude.

Daraufhin beruhigte sie sich etwas und sagte: „Ich möchte Ihnen mehr erzählen, damit Sie mich besser verstehen. Ich bin zu Eichmann gegangen, um ihn zu bitten, einen meiner Freunde vor dem Abtransport in ein Konzentrationslager zu bewahren. Er war nicht Jude, aber sie hatten ihn in so ein Lager gesperrt. Eichmann versprach, stellte jedoch eine Bedingung ..."

Sie brach wieder in Tränen aus und konnte nicht weiterreden. „Ich verstehe den Rest", versuchte ich sie zu beruhigen. „Sie müssen keine weiteren Details hinzufügen. Es ist alles klar. Ist Ihr Freund gerettet worden?"

Wilder Haß trat in ihre Augen. „Nein!" Sie schrie es beinahe. „Diese Bestien haben ihn zu Tode geprügelt. Was kann ich tun? Wie kann ich mich reinwaschen und von diesen Alpträumen befreien?"

„Die Zeit wird alle Wunden heilen", tröstete ich sie. „Sie werden noch Glück in Ihrem Leben erfahren." Ich fragte sie, ob ihr etwas über Eichmanns Aufenthaltsort bekannt sei. „Nein", sagte sie schroff. „Eines Tages verschwand er. Ich habe nichts mehr von ihm gehört. Wahrscheinlich ist er geflohen. Ich glaube nicht an das Märchen, daß er gestorben ist. Für mich war es eine wahre Erlösung. Doch bis heute kann ich den Schmerz, den er mir zugefügt hat, nicht überwinden."

■■■

Noch einmal kehrte ich nach Bad Aussee zurück. Und diesmal berichtete mir Gertrud, daß einige verdächtig erscheinende Leute zweimal bei Vera Liebel zu Besuch gewesen waren. Sie könnten ehemalige SS-Leute gewesen sein, die ihr Nachrichten von ihrem Mann überbrachten.

Ich beschloß daher, den Kontakt mit Vera Liebel aufrechtzuhalten. Während einer meiner Besuche bei ihr versuchte ich, mich mit ihr über ihren Mann zu unterhalten. Was war mit ihm geschehen? Wie war er gestorben? Darauf erzählte sie mir, wie sie zum Verhör bei der Polizei und der CIC-Stelle geführt worden war. Aber offenbar hatte man dort auch nicht mehr von ihr erfahren. „Er war seiner Aufgabe so ergeben, so diszipliniert und verläßlich. Er war auch ein guter Ehemann und Vater. Die Kinder liebten ihn. Seit seinem Tod sind es nicht mehr dieselben Kinder ..." Irgendwie hatte ich den Verdacht, daß sie mir etwas vorspielte. Ihr Mann war am Leben, und sie erhielt wahrscheinlich regelmäßig Nachrichten von ihm.

Eines Tages war ich wieder mit den drei Kindern in einem Boot am See. Der Himmel war blau und die Düfte waren betörend. Die Kinder strahlten vor Freude. Sie baten mich, ihnen Abenteuergeschichten zu erzählen und ihnen Lieder zu singen. Während der Bootsfahrt überkamen mich wieder diese beklemmenden Erinnerungen. Schreckensvisionen, schwarze Uniformen, Stiefel, Peitschen, Schreie von Frauen und Kindern, Schüsse ... Ich sah die drei Kinder, die spielten und sangen, die drei Kinder des Mörders meines Volkes – des Mannes, der verantwortlich war für die Ermordung von einer Million jüdischer Kinder. Auf einmal ergriff mich ein unwiderstehlicher Impuls: Rache nehmen! Jetzt! Jetzt! Ich hob eines der Ruder. Dieter blickte mich mit seinen blauen Augen an. Meine Gedanken wurde wieder klar. Mein Arm sank nieder. „Laßt uns zum Ufer zurückkehren, Kinder", sagte ich mit schwacher Stimme. Ich brachte sie nach Hause. Vera empfing mich mit einem Lächeln. „Ich beneide Sie nicht", sagte sie zu mir, „die Kinder sind Ihnen sicherlich sehr zur Last gefallen. Sie sehen sehr müde aus."

„Es ist nichts passiert", beruhigte ich sie. „Die Kinder haben sich ordentlich benommen."

Sie sah mich mit einem seltsamen Blick an. Vielleicht sagte ihr ihre mütterliche Intuition, daß die Kinder in Gefahr gewesen waren.

Von da an besuchte ich Vera Eichmanns Haus nie wieder.

■ ■ ■

Ich habe die Verfolgung Eichmanns niemals aufgegeben. Ich sammelte jede Einzelheit über ihn. Wir beobachteten ständig alle Bewegungen Vera Eichmanns und ihrer Kinder, aber es war alles umsonst. Eines Tages, Mitte 1952, verschwanden sie. Es war Vera Eichmann gelungen, die österreichische Polizei und unsere Beschattung zu überlisten und aus Österreich zu fliehen. Dies war ein handfester Beweis dafür, daß Eichmann lebte und sich in irgendeinem Land der Welt versteckt hielt. Nun waren seine Frau und seine Kinder zu ihm gestoßen. Der größte Kriegsverbrecher gegen unser Volk war uns samt seiner Familie entwischt. Aber wir gaben nicht auf. Wir schworen, nicht zur Ruhe zu kommen, bis wir ihn finden und in Israel vor ein Gericht bringen würden.

Am 23. Mai 1960 verkündete David Ben-Gurion, daß Adolf Eichmann sich in einem israelischen Gefängnis befände und vor Gericht gestellt werde.

Am 10. April 1961 saßen Artur und ich in der ersten Reihe im Gerichtssaal. Artur war die treibende Kraft bei der Suche nach Eichmann gewesen – wie Simon Wiesenthal, der sich seit 1945 mit dem Fall Eichmann eingehend befaßt hatte. Schließlich war der Mossad in Argentinien auf Eichmanns Spur gekommen.

Als der Richter den Saal betrat, erhoben sich alle. Die Blicke der Anwesenden wandten sich nach links, wo sich die Glaskoje befand. Sekunden vergingen. Dann öffnete sich die Seitentür, und Adolf Eichmann tauchte auf. Begleitet von zwei Polizisten, die neben ihm in der kugelsicheren Koje Platz nahmen.

Unwillkürlich drückte ich Arturs Hand. Fünfzehn Jahre hatten wir auf diesen Moment gewartet. In diesem Augenblick dachte jeder dasselbe: „So sieht ein Ungeheuer aus."

Als ich ihn damals auf dem Bahnhof von Debrecen gesehen hatte, wie er Kinder in die Waggons trieb, war er Herr über Leben und Tod gewesen. Nun sah er wie ein jämmerlicher kleiner Buchhalter aus, der bei einer Unterschlagung erwischt worden war. Ja, er war auch in der Tat ein Buchhalter, ein Buchhalter des Todes. Damals, im April 1944, als die russischen Truppen schon an der rumänischen Grenze standen, war er noch persönlich nach Ungarn geeilt – „Sonderkommando Eichmann", so hatte Himmler ihn und seinen Stab genannt.

Der Hauptankläger, Gideon Hausner, fing an, die Anklageschrift zu lesen: „Hier, in diesem Gerichtshof, stehen statt meiner sechs Millionen Ankläger gegen den größten Mörder der Geschichte." Nach jedem Punkt der Anklageschrift wies der Ankläger mit dem Zeigefinger auf Eichmann, ob er seine Schuld anerkenne.

„Nicht schuldig", sagte Eichmann deutlich und selbstsicher und schüttelte den Kopf dabei. Das ging fünfzehn Mal so, bis zum letzten Punkt der Anklage. Erst nach über drei Monaten legte Eichmann im israelischen Gerichtssaal mit gesenktem Kopf das Geständnis ab: „Ja, das war das größte Verbrechen in der Geschichte der Menschheit."

Über hundert Zeugen erschienen vor Gericht, über 1 600 Beweisdokumente wurden vorgelegt. Tagtäglich, monatelang, stand ich von 7 Uhr früh an in der Warteschlange vor dem Gerichtsgebäude. Die Besucher wurden von bewaffneten Polizisten strengstens kontrolliert und nach Waffen untersucht. Es wimmelte von bewaffneten Soldaten, die Eichmann vor der Rache der Opfer schützen sollten. Zwei Rettungswagen standen ständig bereit. Einer der wichtigsten Zeugen von Auschwitz, der unter dem Pseudonym K. Zetnik mehrere Bücher über das Vernichtungslager verfaßte, fiel während der Zeugenaussagen in Ohnmacht. Sehr oft brachen Leute während den Verhandlungen zusammen. Mit dem Eichmann-Prozeß kamen nach fünfzehn Jahren die Schreckensbilder der Vernichtungslager in die Bürgersalons. Hätte man Eichmann gleich nach dem Ende des Krieges gefaßt und in Nürnberg verurteilt, dann wären seine Verbrechen heute wohl längst vergessen.

Am 15. Dezember 1961 verkündete der jüdische Gerichtshof das Todesurteil:

„Dieses Gericht erteilt Adolf Eichmann die Todesstrafe wegen seiner Verbrechen an dem jüdischen Volk, wegen seiner Verbrechen an der Menschheit und der Kriegsverbrechen." Das Gericht fügte hinzu, daß Eichmann nicht für seine Zugehörigkeit zu feindlichen Organisationen bestraft werde. Eichmanns Verteidiger, Servatius, legte Berufung ein, die aber vom Obersten Gerichtshof abgelehnt wurde.

Am 30. Juni 1962 wurde die Todesstrafe vom Obersten Gerichtshof bestätigt. Am 1. Juli 1962 zerstreuten Polizisten, darunter mein Schulfreund aus Kattowitz, Michael Giladi, die Asche Eichmanns jenseits der Grenzen von Israels Hoheitsgewässern im Meer.

Ausblick: Die Fackel

Während des israelischen Befreiungskriegs im Jahre 1948 setzte ich in Wien meine Suche nach Eichmann und nach Belastungsmaterial gegen die deutschen Kriegsverbrecher, die sich im Gefangenenlager befanden oder noch frei herumgingen, fort. Ich mußte oft daran denken, daß mein Vater Hitler als „blutleeren Napoleon mit dem Totenkopf auf seiner SS-Kappe" bezeichnet und hinzugefügt hatte: „Eine Nation, die sich einen Totenkopf als Symbol wählt, wird nur Leid und Unglück bringen."

Amos Label, Arturs Nachfolger, beauftragte mich, die Waffenlieferungen von der Tschechoslowakei an die Haganah nach Israel zu beschleunigen. Im Rahmen dieser Tätigkeit fuhr ich oft in die Tschechoslowakei. Dort lernte ich den Studenten Marian Bankier kennen, der mir erzählte, daß die Emaillenfabrik des Österreichers Oskar Schindler früher seinem Vater gehört hatte. Marians Vater war ein enger Mitarbeiter und Vertrauter Oskar Schindlers.

Von Marian Bankier hörte ich zum ersten Mal über die großartige Rettungsaktion Oskar Schindlers. Ich empfand eine tiefe Dankbarkeit und Wertschätzung für ihn, weil er Juden gerettet hat – und weil ich selbst einem Österreicher mein Leben verdanke. Marian Bankier war vom KZ Großrosen ins KZ Buchenwald überführt und dort schließlich befreit worden. Er hatte sehr gute Verbindungen in Prag, und dank dieser Verbindungen war es mir möglich, die tschechischen Waffenlieferungen nach Israel zu beschleunigen. Jedes Gewehr und jeder Tag konnten für den Existenzkampf Israels und für die Juden in aller Welt entscheidend sein.

Die Tschechoslowakei war damals das einzige Land, das Waffen an die Juden lieferte. Die Amerikaner hatten ein striktes Waffenembargo verhängt. Ich fragte mich: Wo war das internationale „Weltjudentum", das nach den Begriffen Hitlers „die Welt regierte", in dieser schicksalhaften Stunde, in der 600 000

Juden hundert Millionen bewaffneten Soldaten aus den arabischen Staaten gegenüberstanden? Aber die Tapferkeit der 600 000 straft die Behauptung Goebbels über die feigen Juden Lügen.

Im Zweiten Weltkrieg haben in allen alliierten Armeen 1 300 000 Juden gekämpft; aus den USA 500 000, aus Rußland 500 000, aus Israel 57 000, aus Südafrika 10 000, aus England, Australien, Polen, der Tschechoslowakei, Italien, Jugoslawien und Frankreich 250 000.

Als Marian von Prag nach Wien kam, traf ich ihn am „Graben" in Wien. Natürlich war unsere Wiedersehensfreude groß. Er zeigte mir druckfrische Visitenkarten: „Marian Bankier – Diplom-Ingenieur" und sagte voller Stolz: „Die erste Visitenkarte schicke ich jetzt meinem Vater nach Polen, der ist dort Präsident der Vereinigung der jüdischen Kultusgemeinde. Die zweite Karte überreiche ich heute abend meinem Cousin Max Berger[1]. Und dir, Manus, gebe ich die dritte." Bis zu seinem Tod war ich ihm in tiefer Freundschaft verbunden. Er war eine große Persönlichkeit, voller Optimismus, immer gutgelaunt, seiner Familie sehr ergeben und in ganz Wien ausgesprochen beliebt.

■ ■ ■

Im August 1949 kam ich nach Israel. Als sich das Schiff Haifa näherte und ich zum ersten Mal die Lichter dieser Stadt sah, fühlte ich, daß ich mich meinem Endziel näherte. Während der schweren Nachkriegsjahre war ich unermüdlich tätig, um Juden die Einwanderung nach Palästina zu ermöglichen. – Nun stand ich zum ersten Mal selbst vor der Verwirklichung dieses Ziels. Ich näherte mich der realgewordenen Vision Theodor Herzls. Der Gedanke, an den Abenden vom Carmelberg auf das Lichtermeer der Stadt Haifa zu Füßen des Berges herabsehen zu können, bezauberte mich. Ich war auch von den kahlen Bergen Jerusalems, die die Stadt mit ihrem orientalischen Zauber umgeben, entzückt und ebenso von der ersten jüdischen Stadt der Welt, Tel-Aviv, die Tag und Nacht voller Leben, Lärm und Bewegung ist. Vor allem jedoch begeisterte es mich, daß alle Leute hebräisch sprachen, daß die Sprache der Bibel neu belebt wurde. Ich war vollkommen außer mir, wie in Trance.

Das herrliche Gefühl, wieder mit den Kameraden und Kameradinnen unserer Gruppe zusammentreffen zu können, die eine Hölle durchgemacht hatten,

---

1 *Max Berger:* weltberühmter Wiener Judaika-Sammler.

bis sie in den sicheren Hafen gelangten. Die Augenblicke des Glücks und der Freude waren allerdings getrübt durch die Trauer um jene Kameraden und Kameradinnen, die von den Deutschen ermordet worden waren und denen es nicht vergönnt war, dieses herrliche Land zu sehen.

∎ ∎ ∎

Der 20. Juli erweckt bei mir viele Erinnerungen an die Nazi-Deutschen, die in meinen Augen die Grausamkeiten an meiner Familie und an meinem Volk begangen haben. Sechs Millionen Juden wurden umgebracht, und ab dem 20. Juli 1944 wurden über zwei Millionen Deutsche umgebracht. Die Witwen und Waisen von diesen zwei Millionen sollten Hitler dafür verantwortlich machen. Nach dem 20. Juli haben SS-Leute 5 000 Deutsche verhaftet und gefoltert und 2 000 von ihnen, Generäle der Wehrmacht und Persönlichkeiten des Geisteslebens, ermordet.

Ende Juli näherten sich die Alliierten der deutschen Grenze, und der Krieg war bereits entschieden. Trotzdem schickte Hitler mit seinen SS-Mördern weitere zwei Millionen Deutsche in den Tod. Ich erinnere mich an das letzte Bild Hitlers: Einige Tage, bevor er das Urteil des Weltgewissens mit eigener Hand vollstreckte, schickte er noch 12 deutsche Jugendliche in den sicheren Tod. Vielleicht wird eine von den Müttern dieser jungen Burschen diese Zeilen lesen.

∎ ∎ ∎

In Jerusalem, in „Yad Vashem", der Gedenkstätte des Holocaust, gibt es einen Allee: „Die Gerechten der Völker". Tausende Menschen haben unter Gefährdung ihrer eigenen Familien und ihrer Existenz Juden gerettet. Diese Retter werden von „Yad Vaschem" nach Israel eingeladen, und sie bekommen Diplome und eine Medaille, auf der geschrieben steht: „Wer eine Seele rettet, rettet die ganze Welt", und sie pflanzen einen Baum in der Allee der „Gerechten der Völker". Bis heute sind es 92 Österreicher und 362 Deutsche, die diese Auszeichnung erhalten haben als „Gerechte der Völker". Darunter sind:

Der Österreicher Johann Pscheidt, der mich und meine zwanzig Kameraden rettete.

Mein Freund Nissan Resnik erzählte mir über Anton Schmidt, einen Soldat der Wehrmacht aus Wien, der mit seinem Wehrmachtslastwagen Juden aus dem

Ghetto in Wilna gerettet hat. Die Juden nannten ihn „Robin Hood von Wien". Es bildeten sich viele Legenden um seine Rettungsaktion. Im Januar 1942 wurde er verhaftet und in Wilna von der SS getötet.

Da ist ein Baum von Hugo Agmann, auch ein österreichischer Offizier, der unter Lebensgefahr Juden vom Ghetto Baranoviče gerettet hat.

Der Deutsche Eberhard Helmrich diente in Drohobycz (in Galizien). Er und seine Frau Donata besorgten jungen Mädchen falsche Papiere und holten sie nach Deutschland, wo sie als Dienstmädchen arbeiten konnten. Donata war nach dem Krieg Privatsekretärin von Konrad Adenauer.

Roman Erich Pecza, ein Österreicher, der Juden in Novi Sad, an der jugoslawisch-ungarischen Grenze rettete, indem er sie in seiner Wohnung versteckte.

Max Schmeling, ein Idol der deutschen Jugend, der Weltmeister im Boxen, war ein ausgesprochener Nazigegner[2] und rettete 12 Juden der Familie Lewin in Berlin. In seiner Wohnung wurden unter anderen Heinz und Werner Lewin versteckt. Meine Beziehung zu dem berühmten deutschen Schwergewichtsboxer Max Schmeling begann noch im Jahre 1938, als ich als sechzehnjähriger Junge Zeitungsausschnitte vom Weltmeisterschaftskampf zwischen Schmeling und dem amerikanischen Neger Joe Louis in den Briefkasten des deutschen Generalkonsulats in Kattowitz einwarf. Damals wurde ich erwischt und verprügelt. Die Pressebilder zeigten, wie Max Schmeling nach einem K.O. zu Füßen des amerikanischen Negers lag. Unter dem Bild stand zu lesen: „Die weiße Rasse zu Füßen eines Schwarzen." Ich hatte damals auf einen Zettel geschrieben: „Schicken Sie diese Bilder an Ihren Führer."

Max Schmeling, der im Jahre 1930 Weltmeister im Schwergewichtsboxen wurde, hat das Leben einer jüdischen Familie gerettet. Dies enthüllte Heinz-Henry Lewin bei einem feierlichen Bankett zu Ehren des 84. Geburtstages von Schmeling in Las Vegas. Sein Vater, David Lewin, der ein großer Sportfan war, traf – wie Heinz-Henry erzählte – Schmeling zum ersten Mal im Jahre 1930 in Berlin, als er ihm zu seiner Weltmeisterschaft gratulierte und ihn mit seiner ganzen Sportmannschaft einlud. Damals freundeten sie sich an. In der Kristallnacht, im November 1938, ersuchte Lewin Schmeling, seine zwei Söhne, Heinz und Werner, damals 14 und 15 Jahre alt, zu retten.

---

2 Vgl. das Buch von Erich Silver: „The Book of the Just. The Silent Heroes Who Saved Jews from Hitler."

Schmeling nahm die beiden in sein Hotel „Excelsior" am Alexanderplatz und hielt sie dort vier Tage lang versteckt. Er meldete dem Portier, daß er krank sei und nicht gestört werden wolle. Als die Unruhen abflauten, brachte Schmeling die zwei Jungen in seinem Mercedes-Sportwagen zurück. Kurze Zeit später wanderte die Familie Lewin nach Shanghai und im Jahre 1946 nach Amerika aus. David Lewin war in der Weimarer Republik in Deutschland Inhaber eines der größten Hotels und eines Restaurants in Potsdam gewesen. Wie die meisten deutschen Juden fühlte er sich mehr als Deutscher denn als Jude. Er hatte eine eigene Loge in der Oper und die besten Plätze bei Boxkämpfen und Pferderennen. Schmeling verkehrte oft bei Lewin und trainierte im Sportraum seines Hotels.

Beim Bankett zu Ehren von Schmeling in Las Vegas, an dem auch der damalige Schwergewichtsweltmeister Mike Tyson teilnahm, erzählte Heinz-Henry Lewin: „Schmeling riskierte damals für uns sein Leben. Wären wir von den Nazis in seinem Zimmer entdeckt worden, hätten Max und ich heute nicht vor euch erscheinen können." Niemand hatte bis dahin davon gewußt.

Lewin erzählte, daß sein Vater beim Ausbruch der Unruhen bereits Fahrkarten nach Shanghai in der Tasche hatte. Wäre die Familie in der Kristallnacht von den Nazis gefaßt worden, hätten sie die letzte Gelegenheit zu ihrer Rettung versäumt. Alle seine anderen Familienangehörigen wurden in der Kristallnacht verhaftet und sind seither verschwunden.

„Es besteht kein Zweifel darüber, daß Schmeling für mich und für meinen Bruder sein Leben riskiert hat, im Fall, daß wir von den Nazis entdeckt worden wären", erklärte Lewin, „denn einen Nationalhelden, der ein Judenretter war, das hätte sich Goebbels nicht erlauben können. Es wäre eine Schande sogar für den Führer gewesen."

Außer David Lewin hatte Schmeling noch viele jüdische Freunde. Bei dem Bankett ergriff Schmeling das Wort und sagte: „Ich möchte nicht gelobt werden, es war meine menschliche Pflicht. Ich bedaure, daß ich nicht Gelegenheit hatte, noch mehr von meinen jüdischen Freunden zu retten." Lewin fuhr damals fort: „Ich habe mich entschlossen, der Welt dieses Geheimnis nach 51 Jahren zu enthüllen, weil Max heute 84 Jahre alt ist. Ich bin 65 Jahre alt. Max erfreut sich zwar guter Gesundheit, aber ich bin nicht sicher, wie lange wir beide noch leben werden."

Während des Zweiten Weltkrieges diente Schmeling als Fallschirmjäger.

Nach dem Krieg baute er ein blühendes Geschäft als Vertreter von Coca-Cola in Westdeutschland auf. Heinz-Henry Lewin, der von seinem Vater die Liebe zum Boxsport geerbt hatte, nahm gleich nach dem Krieg Kontakt mit seinem Lebensretter Schmeling auf und drückte ihm seine Dankbarkeit aus. Die Freundschaft, die mit dem Vater begonnen hatte, wurde mit dem Sohn erneuert.

Im Jahre 1981, als Joe Louis starb, ersuchte Schmeling Lewin, ihn beim Begräbnis zu vertreten, und schickte ihm einen großen Geldbetrag an die Witwe mit, die mittellos zurückgeblieben war.

1936 schlug er in der 12. Runde den Schwarzen Joe Louis, genannt der „schwarze Bomber", der bis zum Kampf mit Schmeling keinen einzigen Boxkampf verloren hatte. Goebbels nannte den Sieg einen Sieg der weißen Rasse. Ein riesiger Propaganda-Feldzug in Kinos, Zeitungen, Radio usw. brach los. Schmeling wurde ein Nationalheld, ein Mythos der Jugend, und er ist dies bis zum heutigen Tag geblieben.

1938 besiegte der „schwarze Bomber", Joe Louis, Schmeling in der ersten Runde mit einem K.O., und hielt den Titel als Weltmeister für die nächsten zehn Jahre. Es war eine Weltsensation, daß der als unbesiegbar geltende Schmeling einen Kampf verlor.

■ ■ ■

Im Jahre 1974 besuchte ich mit meiner Frau die USA, und als der Fremdenführer uns durch Chicago führte, zeigte er uns auch das Haus von Joe Louis. Ich bat unseren Fremdenführer anzuhalten, und meine Frau und ich gingen in das Haus von Joe Louis. Joe Louis war im Garten und schnitt Blumen. Ich erzählte ihm von dem Bild in der Zeitung mit der Unterschrift „Die weiße Rasse zu Füßen der schwarzen Rasse", das in der ganzen Welt gezeigt worden war und das ich in den Briefkasten des deutschen Konsulats geworfen hatte. „Ich wurde erwischt und deinetwegen verprügelt", sagte ich zu ihm. Er lächelte, packte mich an der Schulter und sagte: „Bleibe zum Mittagessen, oder ich schlage dich K.O." Als ich ihm erklärte, daß ein voller Bus auf uns wartete, erwiderte er: „Macht nichts, ich lade alle ein. Ich bin ein guter Koch."

Ich erzählte ihm kurz über meine Eichmann-Mission. Als ich geendet hatte, ging er in das Zimmer und kam mit Boxhandschuhen zurück. „Da du meinetwegen geprügelt wurdest, und außerdem wegen der Mission, die du ausgeführt hast. Mit diesen Boxhandschuhen habe ich Schmeling K.O. geschlagen. Sie sind mir sehr wertvoll!" Damit reichte er mir die Handschuhe und ein Foto mit der Widmung: „Manus, dem stolzen jungen Juden von 1938". Bis heute hängen die Boxhandschuhe im Zimmer meines Sohnes Mulli.

■ ■ ■

Mosche Beiski lernte ich noch vor dem Krieg kennen, als Mitglied der jüdischen Organisation „Hanoar Hazioni". Im Krieg befand er sich im KZ Plaschow bei Krakau. In Plaschow verging kein Tag, an dem der sadistische Mörder, der Wiener Amon Goeth, nicht Menschen getötet hätte. Unsere Gruppe in Sosnowitz hatte einen Plan entwickelt, um Beiski aus dem KZ von Plaschow zu befreien. Wir schickten Fredka Kozuch, die Frau des Untergrundkommandanten, nach Plaschow. Sie traf ihn unter Lebensgefahr am Zaun des KZ und informierte ihn über den Rettungsplan. Beiski war von der Begegnung tief erschüttert, aber er sagte: „Nein, vielleicht werde ich von euch gerettet, aber nach Amon Goeths Anordnungen wäre dies gleichbedeutend mit der Hinrichtung von 25 jüdischen Gefangenen als Vergeltungsaktion." Es ist sicherlich eine Seltenheit in der Geschichte, daß ein Richter des Obersten Gerichtshofs, der Mosche Beiski später geworden ist, als Fälscher von Dokumenten angefangen hat. Auch Beiski war ein enger Vertrauter Schindlers, er arbeitete in dessen Fabrik und half Juden bei der Beschaffung neuer Dokumente. Beiski war es, der die berühmte Liste Schindlers von 1 200 Juden zusammenstellte. Noch heute bewahrt Beiski in seiner Wohnung in Tel-Aviv den gefälschten Gummistempel mit dem Adler und dem Hakenkreuz in der Mitte auf. Er ist Vorsitzender der Organisation der 1 200 von Schindler geretteten Juden. Ich nahm an allen Zeremonien und Empfängen für diesen wunderbaren Menschen, Oskar Schindler, teil. An seinem Begräbnis in Jerusalem trauerte ich zusammen mit allen Geretteten und erwies ihm die letzte Ehre.

■ ■ ■

Ich hatte jedoch deutsche Kriegsverbrecher, die an der Vernichtung des jüdischen Volkes beteiligt waren, frei und stolz in Westdeutschland, Ostdeutschland und Österreich auf den Straßen gesehen, und einige von ihnen bekleiden sogar hohe Posten in diesen Ländern. Einer der Berater des „anständigen und ehrlichen" Konrad Adenauer war Hermann Globke, der sich unter jenen befand, die die Nürnberger Gesetze gegen die Juden verfaßt hatten. Ich konnte dies nicht fassen, und ich kann es bis heute nicht. Ich wußte davon noch aus meiner Zeit in Österreich, als Simon Wiesenthal sich mit der Suche nach Adolf Eichmann befaßte und auch mich dabei unterstützte. Tuvia Friedmann beschäftigte sich jahrelang damit und appellierte die ganze Zeit über an die israelische Regierung und an die Öffentlichkeit, alles zu tun, um Eichmann zu fassen.

Ich wußte, daß der Mossad sich auf den Spuren Eichmanns in Argentinien befand. Ich wollte an der Suche nach Eichmann teilnehmen, aber Fraim Jari, ein hochrangiger Angehöriger des Mossad, hatte zu mir gesagt: „Manus, ich war vor einem halben Jahr auf deiner Hochzeit, gründe Deine Familie und fang an, ein normales Leben zu führen. Du hast das Deinige getan und solltest stolz darauf sein."

Jeder Mensch hat große Momente in seinem Leben. Mein größtes Erlebnis war, als ich in Salzburg im Jahre 1946 von Artur den Auftrag bekam, die Operation Eichmann zu beginnen. Mein zweites großes Erlebnis war, als ich im Jahre 1961 im Jerusalemer Gerichtssaal zusammen mit Artur dem Mann gegenübersaß, der es sich zum Ziel gesetzt hatte, das jüdische Volk zu vernichten. Damals wurde sein Todesurteil verkündet. Ich blickte auf ihn und sah den Mörder meines Vaters, meiner Mutter und meiner zwei Brüder. Es war wie eine Fata Morgana, und ich dankte dem Schicksal, daß ich diesen Augenblick erleben konnte.

■ ■ ■

Der Generalinspektor der israelischen Polizei, Amos Ben-Gurion, wandte sich seinerzeit mit dem Vorschlag an mich, aufgrund meiner Erfahrung in den Polizeidienst zu treten. Er wollte, daß ich die Abteilung für deutsche Kriegsverbrecher leiten sollte. Aber ich lehnte diesen Vorschlag ab. Ich wollte lieber ein Holocaust-Zentrum gründen, in dem Jugendliche aus der ganzen Welt die Geschichte des Holocaust lernen sollten, unter dem Motto: „Wer sich des Vergangenen nicht erinnert, ist gezwungen, es noch einmal zu erleben." Ich war und bin für das Gedenken an den Holocaust tätig. Als lebender Zeuge des Holocaust hielt ich Vorlesungen in Schulen und in Militärakademien, denn in zwanzig, dreißig Jahren wird es nur mehr papierene Zeugen geben.

Im Jahr 1962 war ich Mitbegründer des Holocaust-Zentrums „Massua" im Kibbuz der Hanoar-Hazioni-Bewegung Tel-Jizhak. Mosche Beiski und ich sind in der Leitung der „Massua". Seit seiner Gründung haben 120 000 Jugendliche aus aller Welt, davon 2 800 aus deutschsprachigen Ländern, das Holocaust-Zentrum besucht und an den dreitägigen Seminaren im Internat teilgenommen. Der aktive Direktor ist seit Jahren Menachem Wirt. Die pädagogische Leiterin ist ein Mädchen der jungen Generation, Aia Ben-Naftalli. Neben der „Massua" gibt es auch, einmalig in der Welt, die Post-Holocaust unter der Leitung von Naftali Tzachar. Es werden dort Briefe von Holocaust-Zeiten, wie auch alle Briefmarken, Dokumente, Zeichnungen und Tagebücher aus der ganzen Welt gesammelt, die nach dem Krieg erschienen sind. Die meisten Gelder für Massua stammen von Spendern. Der Hauptspender ist das Judentum von Toronto unter der Leitung von Alex Grossmann.

Ich erinnere mich an einen Fall nach meiner Vorlesung, in dem ein deutsches Mädchen aus Karlsruhe in hysterisches Weinen ausbrach und schrie: „Das ist schrecklich, ich kann ja nicht glauben, daß so etwas wahr sein kann", und sie fiel in Ohnmacht. Für mich war das ein Beweis, daß in Deutschland eine andere Generation herangewachsen ist.

Oft haben mich die Presseleute von den verschiedensten Rundfunkstationen um Interviews über meine Lebensgeschichte ersucht. Ich habe ihnen statt dessen die Schrecken des Holocaust, deren Zeuge ich war, geschildert.

Holocaustgedenktag im Jahre 1977: Im Auditorium des Holocaust-Zentrums „Massua". Wie jedes Jahr war es an diesem Tag voll besetzt. Mein Kampfkamerad Alex (Olek) Gattmon saß neben mir.

■■■

Die Gedenkfeier stand diesmal im Zeichen des Kampfes gegen die Mörder des jüdischen Volkes.

Der Hauptredner war Nissan Resnik, einer der Kommandanten des Aufstandes im Ghetto Wilna. Es sprachen Partisanen, die Offiziere der jüdischen Brigaden, die an der Front gegen die Deutschen gekämpft hatten, ein Fallschirmspringer, der sich 1944 den Partisanen angeschlossen hatte, und die Rächer in Deutschland während des Krieges und nach Kriegsende.

Ich wurde zusammen mit David Frankfurter, dem Rächer an einem deutschen Naziführer, und der Nazijägerin Beate Klarsfeld, vom Vorsitzenden der Gedenkfeier, dem Kibbuzmitglied Baruch Scharoni, mit dem Anzünden der Fackel betraut. Frankfurter war der erste Rächer, der einen deutschen Naziführer außerhalb Deutschlands getötet hatte. Es war am 4. Februar 1936 in Davos. Er erschoß den Führer der Nazipartei in der Schweiz, Wilhelm Gustloff, und verbrachte die Zeit bis zum Kriegsende in einem Schweizer Gefängnis.

Die deutsche Christin Beate Klarsfeld, die in Paris wohnt, hatte sich zum Ziel gesetzt, nach deutschen Kriegsverbrechern zu suchen, damit sie vor Gericht gestellt werden konnten. Sie demonstrierte in der ganzen Welt gegen neonazistische Strömungen. Es gelang ihr, unter anderem, mehrere Kommandanten der Gestapo, die in Frankreich tätig waren, sowie französische Kollaborateure vor Gericht zu bringen. Ich fühlte, wie Olek meine Hand fest drückte, als der Vorsitzende Scharoni sich an mich wandte: „Als ich Manus Ende 1946 in Wien besuchte und eine ganze Nacht lang Abschriften der Berichte las, die Manus über die Operation Eichmann an Artur sandte, war ich tief gerührt und stolz darauf, daß eines der Mitglieder der Hanoar Hazioni die wichtigste Mission im Namen der sechs Millionen Opfer Eichmanns durchführte."

Wir drei zündeten darauf die Fackel an – zum Gedenken an die Opfer des Holocaust und an diejenigen, die an deutschen Judenmördern Rache genommen hatten. Als ich die Fackel hob, zitterte ich am ganzen Körper. Die Tränen rannen mir über das Gesicht. Es war einer der aufwühlendsten Momente in meinem Leben. Für mich hatte sich der Kreis beinahe geschlossen, ganz aber wird er sich wohl nie schließen. Man sagt, daß es Augenblicke im Leben eines Menschen gibt, in denen in Sekunden die Ereignisse in seinem Leben wie ein Film an ihm vorüberziehen. Der Augenblick, als ich die Fackel entzündete, war ein solcher. In diesem Augenblick sah ich mich als elfjährigen Jungen, der in Kattowitz von seinem Fenster aus auf das gegenüberliegende Gebäude blickt, und zum ersten Mal das Symbol sieht, das ihn sein ganzes Leben lang verfolgen würde: das Hakenkreuz.

In diesem Augenblick zog vor meinen Augen der Abschied von meiner Mutter in Bendzin vorüber, bevor sie von Angerer in den Zug geschafft wurde, der nach Auschwitz fuhr. Der Abschied von meinem Vater, der in Richtung der Deportationswaggons im Ghetto Schrodula ging. Mein Bruder Ahron, der noch im Januar 1940 von den Deutschen verhaftet und ermordet wurde. Mein Bruder Schmuel, der nach Auschwitz deportiert wurde, weil er jüdische Jugendliche vor der Deportation retten wollte.

Ich sah die Mitglieder unserer Gruppe vor mir, diejenigen, die ein ewiges Untergrundbündnis gegen die Deutschen während des Krieges geschlossen hatten. Diejenigen, die von den Deutschen ermordet wurden, wie der Führer unserer Untergrundbewegung, Jozek Kozuch, Harry Blumenfrucht, Natan Rosenzweig, Hipek Glitzenstein, Janek Zimmermann, Samek Meitlis und seine Frau Lolka, Bolek Kozuch (der Bruder Jozeks), Chaim Tennenwurzel, der aus der Slowakei nach Polen zurückkehrte, um sich zu rächen und Juden zu retten.

Ich sah Artur, als er mich im Namen der Haganah beauftragte, die Operation zu beginnen. Und ich sah Johann Pscheidt, der unter Lebensgefahr in Sosnowitz Juden rettete.

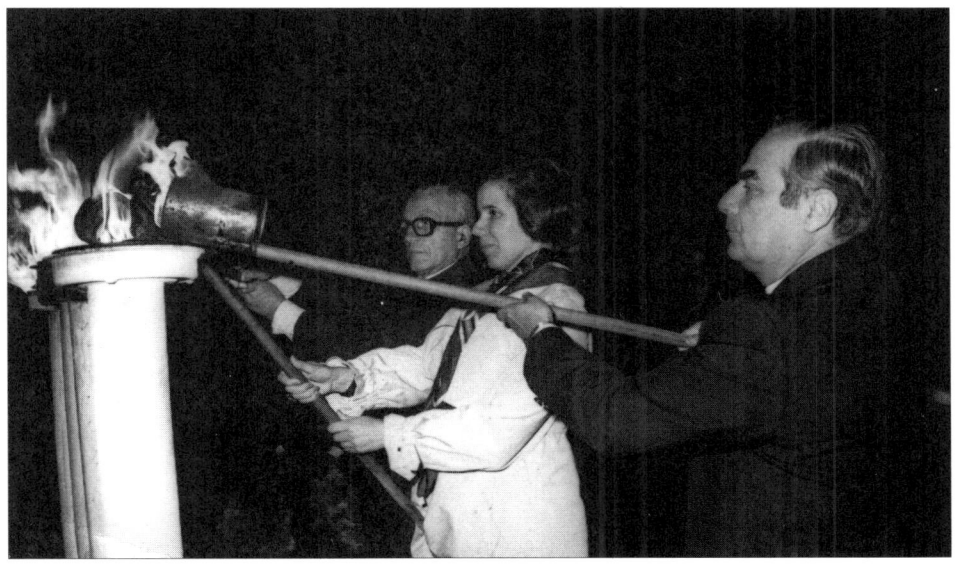

Manus Diamant bei Entzünden der Fackel, gemeinsam mit Beate Klarsfeld und David Frankfurter

Adolf Eichmann
SS. Hauptscharf.

Berlin, den 19.7.1937

Lebenslauf.

Am 19.III.1906 wurde ich in Solingen (Rhld.) geboren. In Linz/Donau, woselbst mein Vater die Stelle eines Direktors der Straßenbahn- und Elektrizitätsgesellschaft bekleidete, besuchte ich die Volksschule, 4 Klassen der Staatsoberrealschule und 2 Jahrgänge der „Höheren Bundeslehranstalt für Elektrotechnik, Masch. Bau und Hochbau".

In den Jahren 1925 bis 1927 war ich als Verkaufsbeamter der „Oberösterr. Elektrobau A.G." tätig. Diese Stelle verließ ich auf eigenen Wunsch, da mir von der „Vacuum Oil Company A.G.-Wien", die Vertretung für Oberösterreich übertragen wurde. Bis Juni 1933 arbeitete ich für diese Firma in Oberösterreich, Salzburg und Nordtirol. Um diese Zeit wurde ich wegen Zugehörigkeit zur NSDAP gekündigt. Der Deutsche Konsul in Linz/Donau, Dr. von Langen bestätigte mir diese Tatsache in Form eines Schreibens,

Eigenhändig geschriebener Lebenslauf Adolf Eichmanns

Dessen Abschrift meiner P-Akte im SD-Hauptamt beigefügt ist.

Nachdem ich 5 Jahre Angehöriger der „Deutschösterreichischen Frontkämpfervereinigung" war, (damals antimarxistische Kampforganisation) trat ich am 1.4.1932 in die NSDAP-Österreich ein und bekam die Mitgliedsnummer 889.895. Zum gleichen Termin trat ich in die S.S. ein, mit der Ausweisnummer 45.326. Anläßlich der Inspektion der oberösterreichischen Schutzstaffel durch den Reichsführer-SS im Jahre 1932, wurde ich vereidigt.

Am 1.8.1933 ging ich auf Befehl des Gauleiters der N.S.D.A.P.-Oberösterreich, Pg. Bolleck, zwecks militärischer Ausbildung in das Lager Lechfeld. Am 29. Sept. 1933 wurde ich zum SS-Verbindungsstab nach Passau kommandiert und kam nach Auflösung desselben am 29. Januar 1934 zur österr. SS. in das Lager Dachau. Am 1. Oktober 1934 wurde ich zur Dienstleistung in das S.D.-Hauptamt kommandiert, woselbst ich heute noch meinen Dienst versehe.

Adolf Eichmann
SS-Hauptscharf.

תיאבנות היהודית לארץ־ישראל
THE JEWISH AGENCY FOR PALESTINE
Political Department

RECORDS OF WAR CRIMINALS
instigators and Perpetrators of Crimes against Jews.

Jerusalem June 8th, 1945.

File No. Ref. No. 6/94

A. PARTICULARS:

1. Name in full:	E I C H M A N N
2. Possible versions:	
3. Rank (date, promotion):	Obersturmbannfuehrer S.S.
4. Place of birth: date:	Allegedly Sarona, German templar colony in Palestine
5. Alias or nicknames:	'Eichie'
6. Lived in:	Berlin in 1935-37, Vienna in 1938-44, Budapest in March 1944
7. Home-address:	
8. Nationality. At birth: At present:	German German
9. Single, Married (to): (Residence of family):	Married
10. Children (names):	One child
11. Education:	High School
12. Languages (dialects):	German, Hebrew and Yiddish
13. Occupation: past: during the war: possible:	High official of Gestapo H.Q. Department for Jewish Affairs ditto
14. Profession:	
15. Property:	
16. Passport and documents (No. etc.):	
17. Party membership: No. of membership card:	N.S.D.A.P.
18. Relatives (names and addresses):	
19. Close associates (dates, localities):	
20. Remarks:	

Steckbrief der Jewish Agency for Palestine *vom 8. Juni 1945. Dieser Steckbrief, mit dessen Hilfe man Eichmann habhaft zu werden hoffte, enthielt teilweise falsche Informationen (z. B. den Geburtsort – siehe Eichmanns Lebenslauf)*

Abschr.v.S.3e:

Schutzhaft genommen bzw. in den Bunker gesteckt.

Da ich befürchtete, dass man mich bei der Einvernahme erkannt habe, dass ich jüdischer Abstammung bin, fasste ich den Entschluss, aus dem Lager zu fliehen. Ich besprach mich mit einem polnischen Gefangenen, namens Borislav K u b i k am folgenden Tage um die Mittagszeit, wann die Aufsicht etwas schwächer ist, auf der rückwärtigen Seite, hinter den Baracken über den Zaun zu steigen, in der Hoffnung, dass wir von dort ungesehen werden entkommen können. Es ist uns auch gelungen, den Zaun und den Wassergraben zu überwinden und liefen zunächst neben einem Schrebergarten und von dort auf die Strasse. Wir wurden jedoch von der SS-Mannschaft beobachtet, die uns sogleich verfolgte. Es liefen uns etwa 20 S -Männer nach, die während des Laufens aus ihrer Pistole auf uns Schüsse abgaben. Ich wurde am rechten Ohr verletzt, während mein Kamerad, Borislav K u b i k einen Schuss in den Oberschenkel erhielt und darauf niederstürzte. Während wir beide am Boden lagen, kamen die SS Leute näher, um uns in das Lager zurückzubringen. Ich bemerkte unter den SS Leuten den Beschuldigten und hörte, wie er zu den anderen SS Leuten sagte, jetzt erledige ich sie, sie sind ohnehin schon verwundet. Ich möchte hier bemerken, dass uns nicht alle 20 SS Leute zugleich eingeholt haben, sondern nur von etwa 4, unter denen sich auch der Beschuldigte befand. Der Beschuldigte fasste den Borislav K u b i k und legte ihn mit dem Gesichte zu Boden und feuerte aus seiner Pistole auf ihn, ich glaube auf den Hinterkopf, einen Schuss ab. Daraufhin kam der Beschuldigte zu mir, offenbar auch in der Absicht, um mich zu erschiessen.

Eine Seite des Vernehmungsprotokolls, das nach dem Krieg über den Aufenthalt Manus Diamants in Maria Lanzendorf angefertigt wurde

Sicherheitsdirektion Wien.

SD 9715/47.   Wien, am 24.Juli 1947.
Verein: "Jüdische Historische
Dokumentation"

Bildung ~~Umbildung~~

An
die Proponenten des Vereines:"Jüdische Historische
Dokumentation", zu Handen des Herrn Hans R a b l ,

W i e n , XIX.,
Kreindlgasse 1a.

B e s c h e i d :

Die Bildung ~~Umbildung~~ des Vereines nach Inhalt der vorgelegten ~~gezeichneten~~ Statuten wird gemäss den §§ 4 und 7 des Vereinsgesetzes vom 15. November 1867, R.G.Bl. Nr. 134, nicht untersagt. Der Verein kann nunmehr seine Tätigkeit aufnehmen.

Eine Begründung entfällt im Hinblick auf § 58, Absatz 2, des Allgemeinen Verwaltungsverfahrensgesetzes vom 21. Juli 1925, B.G.Bl. Nr. 274.

Eine Statutenausfertigung folgt anbei zurück.

Sofern der Verein statutengemäss eine Tätigkeit beabsichtigt, deren Ausübung von der vorherigen Erfüllung gewisser Bedingungen oder von der vorherigen Erwirkung einer besonderen behördlichen Bewilligung abhängig ist, obliegt der Vereinsleitung die Verpflichtung, vor der Aufnahme der Tätigkeit diese Bedingungen zu erfüllen oder die erforderliche behördliche Bewilligung zu erwirken. Insbesondere wird darauf hingewiesen, dass nach der Ministerialverordnung vom 26. Februar 1917, R.G.Bl. Nr. 79, für den öffentlichen Gebrauch von Vereinsabzeichen, Vereinstrachten (Uniformen) und Vereinsfahnen eine besondere behördliche Bewilligung erforderlich ist. Das Ansuchen um Erteilung einer solchen Bewilligung ist bei der Polizeidirektion Wien, V.B., einzubringen.

Amtliche Bestätigung der Sicherheitsdirektion Wien über die Gründung der „Jüdische(n) historischen Dokumentation"

– 3 –

§ 15

Über die Art der Vermögensanlage des Vereines "jüdische historische Dokumentation" beschliesst der Ausschuss.

§ 16

Für den Fall der Auflösung des Vereines "jüdische historische Dokumentation" in Wien fällt das Vermögen jüdischen charitativen Zwecken zu.

§ 17

Das letzte Blatt der Bestätigung mit den Unterschriften Tuvia Friedmanns und Manus Diamants

ATTESTATION

Le présent Diplôme atteste qu'en sa séance du 22. octobre 1963 la Commission des Justes près l'Institut Commémoratif des Martyrs et des Héros, Yad Vashem a décidé sur foi de témoignages recueillis par elle, de rendre hommage à JOHANN PSCHEIDT

qui, au péril de sa vie, a sauvé des Juifs pendant l'époque d'extermination, de lui décerner la Médaille des Justes et de l'autoriser à planter un arbre en son nom dans l'Allée des Justes sur le Mont du Souvenir à Jérusalem.

Fait à Jérusalem, Israël, le 25 février 1966

POUR L'INSTITUT YAD VASHEM

POUR LA COMMISSION DES JUSTES

Die Urkunde, die Johann Pscheidt von Yad Vashem verliehen bekam

Bei der Hochzeit mit seiner Frau Haya

Die Kameraden des Widerstandes an der Hochzeitstafel. Von rechts nach links: Alex Gattmon, seine Frau Charmit, Emil Brig, Tusia Herzberg, Jozek Rosenberg und Karol Tuchschneider

*Mit David Ben-Gurion am Tage
der Urteilsverkündung im Eichmann-Prozeß*

*Empfang bei Oberst Izhak Rabin,
dem späteren Premierminister Israels*

Kampfgefährten

*Jozek Kozuch,
Kommandant der Untergrundbewegung im Ghetto.*

Natan Rosenzweig

Hipek Glitzenstein

Janek Zimmermann

Henrik Lustiger

Chaim Tennenwurzel

POLEN

Mordechai Anilewicz

Janusz Korczak

*Der Autor vor dem Denkmal für die
jüdischen Opfer des Zweiten Weltkriegs*

*Das Foto Adolf Eichmanns,
das Manus Diamant fand*

*Adolf Eichmann bei seinem Prozeß
in Jerusalem*

*Das Haus im Salzkammergut, in dem die Frau Eichmanns
mit ihren Kindern nach dem Krieg lebte.*

JUDENRETTER

Johann Pscheidt, der dem Autor mehrmals das Leben rettete

Friedrich Born

Max Schmeling

Raoul Wallenberg

Jadzia Gertner

Marian Bankier

Rechts: Manus Diamant und Ascher Ben Natan („Artur"), der die Suche nach Eichmann initiierte. Links Simon Peres. Stehend: Menachem Wirth, der Leiter der Massua

Manus Diamant als Hauptredner bei der Einweihung des Denkmals für die Juden in Kattowitz

**Dieses Buch widme ich meinen Eltern und meinen beiden Brüdern,
die im Feuerofen
des Dritten Reiches umgekommen sind**

Die Mutter

*Vom Vater
existiert kein Bild*

Der Bruder Schmuel

Der Bruder Ahron

Eine Blume pflückte ich vom Grabe.
Ich gewann aus ihr Honig.
Und während ich noch
Die Kälte des Grabes verspürte
Fragte ich dich, meine Blume,
Die kindliche Frage:
Was erwartet uns Menschen dort?

(Übersetzung aus dem Polnischen)

BILDNACHWEIS

Autor und Verlag danken dem Pressedienst Votava
für die freundliche Genehmigung zum Abdruck folgender Fotos:
Adolf Eichmann (Umschlag)
S. 258: Adolf Eichmann (rechts oben)
S. 259: Max Schmeling, Raoul Wallenberg.

Photo Simonis danken wir für das Foto auf
S. 260: Jadzia Gertner.

Alle anderen Fotos und Dokumente stammen
aus dem privaten Archiv des Autors.
Die Rechtslage bezüglich der reproduzierten Bildvorlagen
wurde – soweit möglich – sorgfältig geprüft;
eventuelle berechtigte Ansprüche werden vom Verlag
in angemessener Weise abgegolten.

Nr. 135 94 Seiten Preis inkl. »Zeitbilder« 60 Rp. 68. Jahrgang

Tages-A[nzeiger]
für Stadt und Kanton Z[ürich]

(Zürcher Anzeiger — Stadt-Anzeiger — General-A[nzeiger])

mit wöchentlichem illustriertem Unterhaltungsblatt »Z[eitbilder]«

Unparteiisches Organ für jedermann und Haupinsertionsb[latt der]
deutschsprachige Schweiz

Auflage über **150 000** Exemplare

Erscheint an allen Werktagen mittags

Hauptgeschäft: Zürich 4, Werdstrasse 15   Postfach Zürich 1
Telephon 27 09 50, Redaktion 27 09 53   Postcheck VIII 735

[...]

ДИАМАНТА

М. Диамант

— За день до конца войны
стры, которая работала на
стианку, — рассказывал мне
Диамант, — нашел ее, и мы
убили наших родителей, бра[тьев]
ло солнышко. Жмурилась на
в лагерь. Обошли его весь.
чудовищного. Я много повид[ал]
допрашивался с пристрастие[м]
пол[ь]...

Der phantastische Fall Eichmann
Von Kurt Pahlen, Montevideo

Phantastisch ist die Tatsache, daß einer der schlimmsten Massenmörder aller Zeiten so lange Jahre lang dem Zugriff der Justiz, dem Erkanntwerden inmitten eines zivilisierten, westlichen Staates entziehen konnte. Phantastisch, wie er die Spuren seiner grauenvollen Vergangenheit und vielleicht sogar die Stimme seines Gewissens unkenntlich machen, erlöschen und als schlichter Bürger ein Heim haben, einem Beruf nachgehen, einen Freundeskreis um sich versammeln konnte. Und

nichts im Wege. Immer wieder kehrte er nach Buenos Aires zurück. Dort leben seine Frau und seine drei Kinder. Ob die erwachsenen Kinder wußten, wer ihr Vater wirklich war, oder ob sie ihn für *Richard Krumey* hielten — einen der Helfer Eichmanns in seiner großen SS-Zeit, als den er sich manchmal auszugeben pflegte — steht nicht fest. Eichmann hatte ein kleines Häuschen in San Fernando, etwa zwanzig Kilometer von der Stadt Buenos Aires entfernt, am Río de la Plata gelegen. Er soll verschiedene Stellungen gehabt haben, zuletzt in einer Automobilfirma.

Am 11. Mai verschwand er. Am gleichen Abend noch begann seine Familie ihn zu suchen, da sie einen Unfall befürchtete. Diese Suche wurde nicht offiziell vorgenommen, d. h. nicht mit Hilfe der Polizei, die Frau Eichmann keinesfalls auf die wahre Fährte locken wollte. Vielmehr bestand die Suche in der Nachfrage in Spitälern und bei Unfallstationen. Erst am dritten Tag erschien der älteste Sohn bei der Firma und wollte eine regelrechte Suchaktion veranlassen. Wenige Tage später wurde die ganze Welt durch die lakonische Bekanntgabe der Tatsache, daß Adolf Eichmann *in Israel gefangen sei*, auf den Fall aufmerksam, der nun, einer Lawine gleich, zu rollen begann. Am 1. Juni erklärte Argentiniens Außenminister Taboada, er erwarte eine »konkrete und offizielle Erklärung Israels«, um dementsprechende Schritte einleiten zu können.

Der Fall ist außerordentlich schwerwiegend; es handelt sich um *Menschenraub im Dienste einer fremden Macht*. Wer wurde geraubt? In Argentinien hat es niemals einen Herrn Eichmann gegeben. Argentinien hätte allerdings viel Grund, nicht unnötigen Staub aufzuwirbeln, trotz der unleugbaren Verletzung seiner Souveränität. Heute zittern viele Menschen in Argentinien, einige Argentinier und viel mehr Nationalsozialisten. Ihre Situation ist — wenn

Betracht zu ziehe[n]
von einem »morali[schen]
Der Prozeß gegen [Eichmann]
»historischen Akt[...]
stellen. »Ich verke[...]
das durch die for[...]
die tiefgehenden B[...]
Rechtfertigung die[...]
sonen in der Welt [...]
Hinweis auf die b[...]
ren sich der ehem[aligen]
der Schuldige, nur [...]

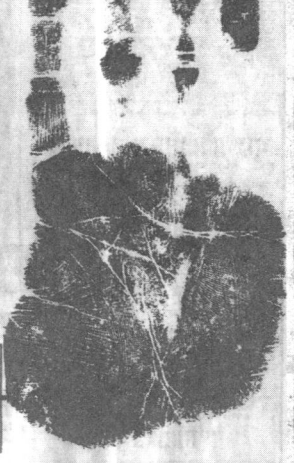

מנוס ריאפנד בחברת דוד בן גוריון

ומרשג ברפואה אין. תגובת בית החולים היתה כי רופאים
מדינות הגוש המזרחי לא מתקרבות לעברים, אבל יש אפשרות
מאנוס כמה שנקרא "קלטה קליניקה" (קליניקה קרה).
מאנוס היה בשם שמרתו בפראקסי או משהו כזה. כשנכנס
לקליניקה" חשכו עיניי. הוא מצא את עצמו עומד במרכז של
חדר מתים שם שנים־עשר שולחנות (בשל כל שלחנו המתות
נשפ. בעדרו מתבוננו גרומס ניגש אליו אחד הסטגרים, הלבישו
סינור מר לתן ומרגלם בדם מגניפורהם קודמות ורשע לו נוגש
מכשירים רשימי זוגרת נפהומים, אחר לשלושי בבוד ושוני להלות.

Ein Bild Adolf Eichmanns, das nach
seiner Überführung nach Israel aufgenommen wurde.

הפרס על ראשו של מנגלה עלה
ל־3.5 מיליון דולר. ביאטה
קלארספלד שבאה לחפש בפרגוואי
גורשה השבוע בפקודת הנשיא
המטרה שנשארה בעיניה: לתת להם
למות בשקט "במחנה" בדק
ארועים בתולדות מלחמת הנקם,
ושמע גם טענות על טיפול המדינה
בנושא. ד"ר מיכאל בר זוהר:
"מבצע מנגלה" היה חובבני

Eichmann-Pr[ozeß]

Fortsetzung von S. 19

Ansicht, daß der Prozeß ganz fair geführt werden muß."

Das Gericht trägt dafür Sorge: Schon jetzt, noch ehe der Prozeß eigentlich begonnen hat (er wird es erst in dieser Woche mit den ersten Zeugenvernehmungen), läßt Oberrichter Moshe Landau daran keinen Zweifel.

Noch „unschuldig"

Mit alttestamentarischer Strenge brachte er augenblicklich zwei Lacher zum Schweigen, die sich über eine Bemerkung von E[ich]-

Servatius amüsiert hatten. Manchmal durchbricht der geborene Danziger das Zeremoniell und sagt der Verteidigung einige Worte in seiner deutschen Muttersprache, noch ehe der Dolmetscher sich hebräisch einschalten kann.

In dem klugen, feinen Gesicht Landaus zuckte nicht ein Muskel, als der deutsche Anwalt davon sprach, daß Eichmann „ohne Schuld" sei und fälschlicherweise angeklagt werde, weil er nur die Befehle eines Regimes ausgeführt habe.

Dem Laien mag eine solche Formulierung grotesk erscheinen. Sie